O Mundo Que Enlouqueceu
Os Diários
da Guerra
1939-1945

Astrid Lindgren
Autora de *Píppi Meialonga*

O Mundo Que Enlouqueceu
Os Diários da Guerra
1939-1945

Tradução:
Fulvio Lubisco

MADRAS

Publicado originalmente em inglês sob o título *A World Gone Mad*, por Pushkin Press, 71-75 Shelton Street, Londres WC2H 9JQ, em 2016.
Publicado pela primeira vez em 2015 por Salikon Förlag, na Suécia, sob o título *Krigsdagböcker 1939-1945*.
© 2015, Texto: Astrid Lindgren/ The Astrid Lindgren Company AB.
©Fotos: The Astrid Lindgren Company AB.
Foto p. 6: Ricard Estay.
Fotos particulares: p. 12, 26, 30, 67, 78, 103, 126, 162, 250 e 300.
Reprodução dos diários, Andrea Davis Krounlund, Biblioteca Nacional da Suécia, Estocolmo.
© 2016, tradução do sueco para o inglês, Sarah Death.
A tradução do sueco para o inglês teve o apoio financeiro do Conselho de Artes Suecas.
Para mais informações sobre Astrid Lindgren, acesse: www.astridlindgren.com.
Todos os direitos estrangeiros são tratados pela The Astrid Lindgren Company AB, Lidingö, Suécia.
Para mais informações, entre em contato com info@saltkrakan.se
Direitos de edição e tradução para o Brasil.
Tradução autorizada do inglês.
© 2018, Madras Editora Ltda.

Editor:
Wagner Veneziani Costa

Produção e Capa:
Equipe Técnica Madras

Tradução:
Fulvio Lubisco

Revisão da Tradução:
Jefferson Rosado

Revisão:
Jerônimo Feitosa
Silvia Massimini Felix

Dados Internacionais de Catalogação na Publicação (CIP)
(Câmara Brasileira do Livro, SP, Brasil)Lindgren, Astrid, 1907-2002

O mundo que enlouqueceu: os diários da guerra: 1939-1945/Astrid Lindgren; tradução Fulvio Lubisco. – São Paulo: Madras, 2018.
Título original: A world gone mad : the Astrid Lindgren
  ISBN 978-85-370-1119-5

  1. Lindgren, Astrid, 1907-2002 – Diários
  2. Segunda Guerra, 1939-1945 – Narrativas pessoais sueca I. Título.
  18-12416   CDD-839.78
  1. Lindgren, Astrid: Diários: Literatura sueca 839.78

É proibida a reprodução total ou parcial desta obra, de qualquer forma ou por qualquer meio eletrônico, mecânico, inclusive por meio de processos xerográficos, incluindo ainda o uso da internet, sem a permissão expressa da Madras Editora, na pessoa de seu editor (Lei nº 9.610, de 19/2/1998).
Todos os direitos desta edição, em língua portuguesa, reservados pela

MADRAS EDITORA LTDA.
Rua Paulo Gonçalves, 88 – Santana
CEP: 02403-020 – São Paulo/SP
Caixa Postal: 12183 – CEP: 02013-970
Tel.: (11) 2281-5555 – Fax: (11) 2959-3090
www.madras.com.br

ÍNDICE

Introdução 7
Nota da tradutora da edição inglesa 9
Diário **1939** 11
Diário **1940** 27
Diário **1941** 77
Diário **1942** 125
Diário **1943** 161
Diário **1944** 249
Diário **1945** 299
Glossário de Nomes 356

"Que Deus ajude o nosso planeta enlouquecido."

Introdução

por Karin Nyman

Eu tinha 5 anos de idade quando foi deflagrada a Segunda Guerra Mundial. Para nós, crianças, na Suécia, parecia ser o estado normal das coisas, quase um estado natural para todos que me cercavam, o fato de que estávamos atravessando um período de guerra. Nós simplesmente assumimos que nosso país houvesse assegurado as garantias de não sermos envolvidos, e isso nos era constantemente enfatizado: Não, não! Não tenha medo, a guerra não chegará à *Suécia*. Parecia ser algo especial, mas de uma maneira estranhamente razoável e justificada, o fato de termos sido "aqueles que foram poupados".

Para mim, não pareceu estranho o fato de minha mãe recortar artigos de jornais e colá-los em cadernos de exercícios; apenas presumi que fosse algo que os pais fizessem rotineiramente. Agora sei que isso era algo raro. Uma mulher de 32 anos, dedicada ao lar e com um curso de secretariado, porém sem nenhuma experiência em termos políticos que, no entanto, estava determinada a documentar o que acontecia na Europa e no mundo para a sua plena satisfação; ela persistiu com seus recortes e comentários durante todos os seis anos da guerra. Também é estranhamente raro e especial encontrar, em diários, registros tão bem escritos, a ponto de ser reproduzidos integralmente, proporcionando uma leitura instantânea e empolgante.

É claro que é por isso que Salikon Förlag quis, originalmente, publicá-los, pois eles proporcionam uma imagem fiel da vida familiar, na Suécia, na época da guerra, que expressa vivamente o desespero da impotência humana diante dos horrores lidos nos jornais da manhã. Os jornais cotidianos eram a principal fonte de notícias, não havia televisão e, embora houvesse o rádio, não existiam transmissões ao vivo ou correspondentes.

As notícias do rádio consistiam da leitura de telegramas recebidos da agência sueca de notícias, a Tidningarnas Telegrambyrå (TT).

Entretanto, depois do primeiro ano da guerra, Astrid teve acesso a uma nova fonte de informação. Foi-lhe oferecido um trabalho de Segurança do Estado na Divisão Secreta de Controle Postal, na função de censora da correspondência militar e privada enviada e recebida de outros países. As cartas deviam ser abertas no vapor e lidas com o objetivo de obliterar qualquer e todas as localidades de importância militar e outras informações classificadas. Em casa, as pessoas conversavam em tom tão baixo que nós, crianças, nunca soubemos aonde minha mãe ia trabalhar, à noite. Porém, as restrições não a impediram de copiar ou de citar partes interessantes das cartas em seu diário, partes que proporcionavam *insights* das condições nos países ocupados.

Os diários mostram outro lado da autoria de Astrid Lindgren. Ela ainda não era uma autora com obras publicadas, tampouco tinha qualquer intenção de tornar-se uma. Mas, no meio das tensões convulsivas da época, em algum momento do inverno de 1941, ela começou a incluir histórias de uma personagem imaginária, Píppi Meialonga, uma aventureira amante da liberdade – que no início eram, para mim, histórias para ser lidas antes de dormir. Depois, para ser lidas a qualquer hora do dia, dedicadas a uma crescente audiência de crianças, as suas e outras, todas querendo ouvir mais.

No início de 1944, ela escreveu algumas histórias e delas fez um livro que foi publicado pela Rabén & Sjögrens Förlag, em 1945, sendo que havia sido recusada pela Bonniers. E foi assim que tudo começou. É quase surpreendente pensar que, antes dessa data relativamente recente, Píppi Meialonga simplesmente não existia, e Astrid Lindgren nunca poderia imaginar a futura carreira que se descortinava para ela como autora de histórias para crianças.

O fato de ela, e de nós, não termos como sabê-lo, não importava! Mas quão irreal ter-lhe-ia parecido se tivesse a possibilidade de ter um vislumbre dessa carreira à sua frente. Posso imaginar que ela teria se espantado e desviado o olhar aterrorizada. Com a idade já avançada e sua fama reconhecida, assim como sua pouca visão para ler as pilhas de cartas de agradecimento, com testemunhos tocantes de quanto seus livros tiveram um papel importante nas vidas daquelas pessoas, quando eu mesma tive de ler as cartas para ela, às vezes ela me interrompia e dizia, quase atemorizada: "Mas isso é notável, você não acha?". E eu respondia que sim, porque eu também achava aquilo notável. Verdadeiramente.

Nota da Tradutora da Edição Inglesa

Até 2013, 17 diários amarrados encontravam-se em um cesto de roupa na residência de Astrid Lindgren, situada em Estocolmo, na rua Dalagatan, nº 46. Os diários englobam os eventos ocorridos no período de 1939 a 1945. O título que ela própria lhes dedicou foi *Os Diários da Guerra*, que hoje estão acessíveis ao público pela primeira vez. Os diários são repletos de recortes de artigos de jornais colados entre os registros, à mão, por Astrid. No meio do corpo dos textos, ela faz referência ao tempo que levava para buscar os jornais e as revistas, folheá-los e selecionar os artigos a ser recortados e colados em seus cadernos de anotações. Esse era um trabalho que ela mesma se impôs e realizou completamente, com o número de recortes aumentando a cada ano. No prefácio de seu livro em edição sueca, Kerstin Ekman, outra eminente autora sueca, expressa sua admiração pela realização inusitada de Astrid Lindgren:

> Os diários da guerra eram redigidos pelo próprio pessoal das unidades militares, no campo de ação. Seus mapas operacionais, relatos de batalhas e observações seriam usados para a criação de uma edição da história futura. É impressionante pensar nessa mãe de 32 anos, com dois filhos, que trabalhava fora de casa, assumindo o mesmo tipo de tarefa com tanta seriedade. E isso ela fazia apenas para si mesma, pois tentava somente saber o que estava acontecendo.

A edição sueca inclui um bom número de cópias dos recortes de jornais constantes nas páginas duplas do diário. Em certos trechos desta edição, o leitor poderá encontrar referências cruzadas a respeito desses recortes, e a Pushkin Press pediu-me para providenciar notas explicativas onde quer que isso fosse necessário.*

Os comentários da própria Astrid Lindgren são colocados entre parênteses, enquanto os colchetes indicam explicações acrescentadas pelos editores suecos, com algumas adições para esta edição (de língua inglesa), a fim de proporcionar um pouco mais de informações históricas para os leitores não suecos.

O objetivo era manter o caráter geral do original, mas datas e abreviações foram harmonizadas. Os nomes biográficos foram corrigidos e os nomes de alguns lugares foram traduzidos. Longas listas de obras, livros e títulos de filmes suecos também foram traduzidas.

Normalmente, os suecos usam o termo "Inglaterra" para qualquer parte das Ilhas Britânicas, e foi essa a forma que Lindgren usou em todos os seus diários.

Sarah Death

---

*N.T.: Esta edição foi traduzida do original em inglês. Portanto, mantivemos essa estrutura, descrita por Sarah Death, e também incluímos as imagens dos recortes de jornais e anotações de Astrid em seus diários, constantes na versão sueca, no final de cada capítulo.

1939

Astrid e seu marido Sture, em casa, na Vulcanusgatan, 1939.

1º DE SETEMBRO DE **1939**

Oh! Hoje a guerra foi declarada. Ninguém podia acreditar nisso.

Ontem à tarde, Elsa Gullander e eu estávamos sentadas no Parque Vasa, com crianças correndo e brincando à nossa volta, e falávamos mal de Hitler, fofoca de mulheres. E, afinal, decidimos que, definitivamente, não haveria guerra. E olhe o que aconteceu! Fomos enganadas! Hoje, a guerra foi declarada! De manhã cedo, os alemães bombardearam várias cidades polonesas e estão marchando sobre a Polônia de todas as direções. Eu ainda consegui me conter para não começar a acumular reservas de mantimentos, até agora, mas hoje comprei um pouco de cacau, de chá e uma pequena quantidade de sabonetes, além de algumas outras poucas coisas.

Um terrível desânimo pesa sobre tudo e sobre todos. A rádio não para de transmitir notícias novas a toda hora e o dia inteiro. Muitos dos nossos homens estão sendo convocados e há certa proibição nos transportes particulares. Deus ajude este pobre planeta dominado por essa loucura.

2 DE SETEMBRO

Um dia triste, muito triste! Acabei de ler os anúncios da guerra e tinha certeza de que Sture seria convocado, mas isso não aconteceu. Entretanto, muitos outros homens tiveram de sair de casa, a fim de atender ao chamado do dever. Estamos num estado de "intensificada prontidão para a guerra". O volume de estoque de abastecimento é inacreditável, de acordo com os jornais. As pessoas estão comprando principalmente café, sabonetes, sabão e especiarias. Aparentemente, há açúcar suficiente no país para durar cerca de 15 meses, mas, se ninguém resistir ao impulso de fazer estoque, acabaremos, de qualquer forma, tendo falta de produtos essenciais. No mercado, não havia sequer um quilo de açúcar disponível para comprar, (mas estão esperando chegar mais, claro).

Quando fui comprar café em meu fornecedor favorito, havia um aviso na porta da loja dizendo: "Fechado. Estoque esgotado por hoje!".

Hoje é o Dia da Criança e, olhe só, que dia terrível para essa comemoração! Levei Karin para o parque esta tarde e deparei-me com o aviso oficial de que todos os homens nascidos em 1898 [o ano de nascimento de Sture] seriam convocados. Tentei ler o jornal enquanto Karin brincava no escorregador, mas não consegui e fiquei ali sentada com lágrimas nos olhos.

As pessoas parecem estar normais, como sempre, apenas um pouco mais tristes. Todos falam sobre a guerra, o tempo todo, até mesmo com pessoas desconhecidas.

3 DE SETEMBRO

O sol está brilhando. É um dia lindo e quente. Esta Terra poderia muito bem ser um lugar maravilhoso para se viver. Hoje, às 11 da manhã, a Inglaterra e, mais tarde, a França, declararam guerra à Alemanha, que havia recebido um ultimato que exigia a retirada de suas tropas da Polônia até as 11 da manhã, para então entrar em conversações, caso em que a invasão seria totalmente desconsiderada.

Mas nenhuma ação ficou evidente até as 11 horas, e Chamberlain declarou, em seu discurso à nação britânica, nessa tarde de domingo: "(...) consequentemente, este país está em guerra contra a Alemanha".

"A responsabilidade (...) está nas mãos de um único homem", Chamberlain disse ao Parlamento Britânico. E o julgamento histórico de Hitler será amaldiçoado – se isso vier a se tornar outra guerra mundial. Muitas pessoas enxergam esses acontecimentos como a decadência da raça branca e da civilização.

Diversos governos já estão procurando em quem colocar a culpa. A Alemanha alega que a Polônia atacou primeiro, e que os poloneses podiam fazer o que quisessem sob a proteção da garantia anglo-francesa. Aqui na Suécia, não conseguimos enxergar isso de outra forma senão o fato de que Hitler *quer* a guerra ou não consegue enxergar qualquer outro meio que não lhe faça perder prestígio. Também está bem claro o fato de que Chamberlain fez de tudo para manter a paz; ele abaixou a cabeça em Munique justamente por essa mesma razão.

Desta vez, Hitler exigiu "Danzig e o Corredor", mas ali, bem no fundo, sua vontade, provavelmente, é a de querer governar o mundo inteiro. Que posição a Itália e a Rússia devem assumir? Fontes polonesas dizem que, durante os dois primeiros dias de guerra, 1.500 poloneses perderam a vida naquele país.

4 DE SETEMBRO

Anne Marie veio me visitar esta tarde e posso dizer que nunca tivemos uma reunião tão desanimadora. Tentamos conversar sobre outras coisas, sem falar da guerra, mas foi impossível. Também tentamos tomar um gole de uísque para alegrar-nos um pouco, mas não adiantou.

Um grande navio a vapor de passageiros, com 1.400 pessoas a bordo, foi torpedeado pelos alemães, que negam ter sido os culpados e alegam que o navio deve ter sido vítima de uma mina. Mas os ingleses nunca teriam colocado minas na costa noroeste da Escócia. Acredito que a maioria dos passageiros foi salva (60 morreram, não, mais, 128?), alguns deles foram salvos pelo Wenner-Gren no *Cruzeiro do Sul*, em viagem de lazer, com seus tanques cheios do óleo, que eles estiveram estocando. Ele já tinha sido admoestado severamente pela imprensa por essa estocagem temerária.

Os ingleses prepararam um bombardeio sobre a Alemanha, mas, em vez de bombas, eles bombardearam a Alemanha com panfletos – dizendo que o povo britânico não quer entrar em guerra contra o povo alemão, mas apenas contra o regime nazista.

Presume-se que os britânicos esperavam por uma revolução na Alemanha. Isso realmente aborreceria Hitler. E ele decretou trabalhos forçados para qualquer pessoa que ouvisse estações de rádio estrangeiras e a pena de morte para aqueles que espalhassem informações de transmissões estrangeiras para outros cidadãos.

Uma bomba de um avião não identificado caiu sobre Esbjerg, na "pequena e pacífica Dinamarca", destruindo uma casa e matando duas pessoas, entre elas uma mulher.

Os serviços de ônibus deverão ser restritos em Estocolmo a partir de amanhã. Nossas ruas já parecem desertas, agora que o uso de carros particulares foi proibido.

Hoje, juntei meu pequeno estoque de mantimentos num canto da cozinha, pronto para ser armazenado no sótão. Ele consiste de dois quilos de açúcar em cubos, cinco quilos de arroz, um quilo de farinha de batata, 1,5 quilo de café em várias latinhas, dois quilos de sabão, duas caixas de detergente, três barras de sabonete, cinco pacotes de cacau, quatro pacotes de chá e algumas especiarias. Aos poucos, tentarei juntar um pouco mais porque, certamente, os preços logo aumentarão. Karin me chamou para pedir um copo de água depois que a coloquei na cama, ontem à noite. "Pelo menos não temos de nos preocupar em estocar água." Ela achou que poderíamos muito bem viver com água e geleia, se entrássemos na guerra.

5 DE SETEMBRO

Chamberlain fez um discurso pelo rádio endereçado ao povo alemão – que não tem permissão de ouvir.

Por enquanto, nada está acontecendo no front ocidental, mas parece claro que a Alemanha está dando uma boa surra na Polônia.

Comprei sapatos para mim e para as crianças, antes que os preços subam: dois pares para Karin por 12,50 coroas o par, um par para Lasse por 19,50 coroas e um par para mim por 22,50 coroas.

6 DE SETEMBRO

Dizem que os franceses colocaram cartazes na fronteira ocidental: "Nós não vamos atirar". E os alemães também puseram seus próprios cartazes: "E nós também não!". Mas não deve ser verdade.

A partir de amanhã, os veículos de transporte pesado também estarão sujeitos a restrições.

7 DE SETEMBRO

Tudo está quieto no Schipka Pass [na ilha sueca de Gotska Sandön, estrategicamente posicionada no Mar Báltico]. Mas os alemães logo estarão em Varsóvia.

8 DE SETEMBRO

Sim, eles conseguiram. Coitada da Polônia! Os poloneses diziam que, se os alemães conseguissem apoderar-se de Varsóvia, significaria que o último soldado polonês fora abatido.

17 DE SETEMBRO

Os russos também marcharam para a Polônia "a fim de salvaguardar os interesses da minoria russa". Agora a Polônia deve estar afundada até os joelhos e deve estar pensando em enviar um negociador para a Alemanha.

Ainda não há muita ação no front ocidental, mas, de acordo com os jornais de hoje, Hitler está planejando uma grande ofensiva aérea contra a Inglaterra.

Estamos recebendo notícias muito preocupantes sobre acontecimentos no mar: muitos navios torpedeados ou afundados após baterem contra minas alemãs. Eu acho que as rotas de suprimentos para a Alemanha deverão ser cortadas.

3 DE OUTUBRO

A guerra continua normalmente. A Polônia rendeu-se. O país está um caos total. A Alemanha e a Rússia dividiram o país entre si. Parece simplesmente incrível que essas coisas possam acontecer no século XX.

Foi a Rússia quem mais se beneficiou com essa guerra. Somente depois que os alemães esmagaram a Polônia é que os russos entraram e apossaram-se de uma parte dos despojos, e não foi uma pequena parte. Assume-se geralmente que os alemães não estivessem muito satisfeitos com esse estado de coisas, mas eles nada podem fazer a respeito. A Rússia está fazendo uma série de exigências nos estados bálticos e está conseguindo o que quer.

Não há dúvida de que a Alemanha está travando uma guerra contra nós, os países neutros. Todos os nossos navios no Mar do Norte estão sendo capturados e afundados. Eles têm espiões nos portos, que verificam as cargas e destinos. E nós não somos a única nação neutra cujos navios estão sendo afundados. Eu não posso imaginar o que eles esperam realizar.

Ainda não há muita coisa acontecendo no front ocidental.

Aqui, em casa, temos de lidar com algumas pequenas inconveniências às quais precisamos nos adaptar. Por exemplo, não há mais linha branca para costurar e, além disso, somos autorizados a comprar apenas um quarto de quilo de sabão de cada vez.

Agora, muitas pessoas estão desempregadas por causa da crise. É uma pena que ninguém tenha atirado em Hitler. A próxima semana será dramática: a Alemanha e a Inglaterra prometeram reunir-se para negociar. A expectativa é que a Alemanha proporá um tratado de paz que a Inglaterra não poderá aceitar. Mas as pessoas em todo o mundo querem a paz.

14 DE OUTUBRO

A guerra começou de verdade, e agora ela nos afeta, mas principalmente, é claro, afeta a Finlândia, pois é curta a distância que nos separa. A Rússia "convidou", um por um, os ministros das relações exteriores dos estados bálticos para uma reunião em Moscou. E agora é a vez da Finlândia. O ministro Paasikivi há alguns dias está em reunião com Stalin, e deixou a Finlândia, a nós e o mundo todo em suspense. Helsinki evacuou grandes setores de sua população e o país está se preparando para uma guerra que gostaria muito que tivesse sido evitada. A solidariedade dos povos nórdicos é maior do que nunca. O rei Gustaf convidou todos os chefes de Estado dos países nórdicos para uma conferência, na próxima semana, em Estocolmo. A Finlândia está depositando sua confiança na Suécia. Nossa expectativa é que logo haverá uma mobilização geral. Lars voltou da escola com uma lista de *kits* de produtos, no caso de os alunos precisarem ser evacuados. Juntamente com a sra. Stäckig, fui à loja de departamentos para comprar mochilas e roupa íntima para os nossos garotos.

Um navio de guerra britânico, o *Royal Oak*, foi afundado com mil homens a bordo. Eu não sei quantos foram salvos.

18 DE OUTUBRO

Hoje, os quatro chefes dos Estados nórdicos e seus ministros das relações exteriores reuniram-se aqui, em Estocolmo, a convite do rei Gustaf. Esse dia histórico foi brindado com um sol brilhante e, no centro da cidade, parecia um dia de festa, com todas as bandeiras esvoaçando. Pelle Dieden e eu fomos ao Ópera Grill para um lanche. À tardezinha, centenas de milhares de pessoas reuniram-se na área ao redor do palácio. Nós já estávamos em casa e ouvimos as notícias pelo rádio. Por volta das 10 horas, Suas Três Majestades e o presidente Kallio apareceram em uma sacada acima do Lejonbacken [a rampa que leva ao palácio] e foram recepcionados com grande ovação por parte da multidão. "Kallio, Kallio", as pessoas clamavam, de maneira que o amável presidente foi forçado a aparecer uma segunda vez.

Neste momento, os olhos do mundo estão focados em Estocolmo. Roosevelt e todos os presidentes das repúblicas da América do Sul enviaram telegramas de apoio ao rei Gustaf.

Paasikivi volta para Moscou no sábado à noite e vamos esperar para ver o que acontece.

12 DE NOVEMBRO

Paasikivi e os outros finlandeses ainda estão em Moscou participando das festividades em honra da Revolução. Sillanpää ganhou o Prêmio Nobel e todos os outros países nórdicos estão angariando fundos para ajudar a Finlândia.

Ninguém ainda sabe o que vai acontecer, mas nos últimos dias os olhos do mundo voltaram-se para outro lugar. Houve uma bomba em Munique dias atrás e um atentado contra a vida de Hitler, que ali se encontrava para a comemoração do aniversário do atentado Putsch, em 1923. Ele fez um discurso no Bürgerbräukeller e, 20 minutos depois de ele ter saído do *hall*, algum tipo de bomba ou artefato infernal explodiu, matando oito pessoas e ferindo 60. Infelizmente, o temporizador atrasou 20 minutos. Mas talvez não devêssemos dizer "infelizmente", porque o ataque apenas geraria mais ódio, e os alemães colocariam a culpa nos ingleses, como de costume.

Ainda não há nada de novo acontecendo no front ocidental, mas o suspense é terrível e todos estão aguardando uma ofensiva alemã para eclipsar qualquer coisa que o mundo jamais viu.

Wilhelmina da Holanda e Leopoldo da Bélgica renovaram um esforço para a paz; eles adoram seus pobres países.

Partes da Holanda já foram deliberadamente inundadas a título de defesa. Eles esperam uma invasão a qualquer momento.

Imagine se pudéssemos ter paz! Paz na Terra! Ontem foi o dia do armistício, 21 anos desde o fim das hostilidades.

30 DE NOVEMBRO

Eli, Eli, lama sabachtani! [Meu Deus, meu Deus, por que me abandonastes!]. Quem iria querer viver neste mundo! Hoje, os russos bombardearam Helsinki e vários outros lugares na Finlândia. Enquanto isso, eles estão também forçando o Istmo da Carélia, mas parece que ali eles levaram uma surra. Estivemos posicionados entre esperança e desespero por muito tempo, mas, quando a delegação finlandesa voltou de Moscou sem ter chegado a qualquer acordo, de repente, tudo ficou quieto e calmo. Muitas das pessoas que haviam sido retiradas de Helsinki estavam voltando. E, de repente, os russos começaram a dizer que atiradores finlandeses estavam sendo ativos na fronteira, o que os finlandeses negam. Mas os russos querem um confronto – e agora eles iniciaram um, apesar de a opinião mundial ser contrária a isso.

Eu não posso me lembrar de um dia mais negro do que este! Hoje, eu estava na Associação Nacional de Atacadistas. De manhã, o mensageiro entrou e anunciou as terríveis notícias, as quais ninguém entre nós poderia imaginar que viessem a acontecer. Meus joelhos ficaram tremendo o dia inteiro e à noite fui à casa de Anne-Marie e Stellan chorando. O que mais pode acontecer e qual será nosso destino? Pobre Finlândia!

7 DE DEZEMBRO

Que tempos terríveis estamos passando! A Finlândia está mantendo a Rússia bloqueada com incomparável coragem. Mas, rancorosos, ontem os russos começaram a fazer uso de gás. Batalhas sangrentas estão ocorrendo no Istmo da Carélia e nos arredores de Petsamo, mas, por enquanto, em razão das condições atmosféricas, não houve nenhum bombardeio aéreo.

Os russos estão mal equipados e têm muita dificuldade em meio a tempestades de neve; eles já perderam muitos homens. O mundo está cheio de admiração pelas Forças Armadas finlandesas, mas a população civil, ao norte, fugindo através da fronteira sueca, está em condições precárias. Aqui, na Suécia, as pessoas estão doando tudo o que podem para a Finlândia. Toneladas de roupas e de dinheiro estão sendo angariadas e remetidas para esse sofrido país. Eu mesma fui até o sótão anteontem e peguei tudo o que pude achar, inclusive o sobretudo de Sture e aquele suéter horroroso de sua mãe [a sogra dela].

O mundo todo está torcendo intensamente pela Finlândia. Somente a Alemanha não se pronuncia a respeito. Mas a Itália, "Aliada do Eixo", está mais furiosa com os soviéticos do que qualquer outro país. Dias atrás, 21 aviões italianos pousaram no aeroporto de Bromma e dali seguiram para a Finlândia – embora os jornais não tivessem permissão de divulgar essa notícia.

A Inglaterra e a América também fornecerão armas a crédito. A América propôs cancelar a dívida de guerra. Mas a Finlândia, é claro, espera mais: ela quer que o mundo se junte e faça algo mais incisivo a esse respeito. E nossos jornais estão publicando apelos para que nós façamos parte disso, embora isso não seja expresso de forma direta. Muitos suecos gostariam de se apresentar como voluntários.

Seguindo uma diretiva de Moscou, um comunista finlandês, um pequeno canalha chamado Kuusinen, estabeleceu algo chamado República Democrática Finlandesa, em Terijoki. A Finlândia apelou para a Liga das Nações, mas Molotov recusa-se a tomar parte em qualquer tipo de conferência. A Rússia não está em guerra com a Finlândia, o caro homem insiste, eles estão simplesmente libertando o povo finlandês que está sendo teimoso e recusa-se a ser libertado.

E, além disso, há todo o resto para se preocupar; hoje, no escritório, ouvi rumores sobre uma mobilização geral que, possivelmente, não seja verdade, apenas boatos. Entretanto, a Norlândia já implementou a mobilização a fim de não ser atacada de surpresa. Muitas pessoas foram enviadas para lá nos últimos dias.

No front ocidental, o cessar-fogo continua. Entre os muitos rumores, há um que diz que Hitler está confinado numa cela; Göring já é carta fora do baralho e o poder está nas mãos de Goebbels, Himmler e Ribbentrop.

A história de hoje conta o seguinte:
Dois homens, num bonde, conversando:

– Afinal, esta guerra mundial diz respeito a quê? O que eles estão tentando provar?
– Meu caro amigo, eles deixaram isso bem claro antes de começar. É tudo uma questão de quem deve controlar Danzig.

Sim, realmente – esse foi o motivo original que desencadeou toda essa loucura. Mas Petsamo é um bocado longe de Danzig! E a Alemanha terá de assumir a culpa perenemente por deixar os bárbaros russos soltos na Europa.

13 DE DEZEMBRO

Hoje temos um novo governo. Sandler, Engberg, Strindlund e outros já foram substituídos – embora, em minha opinião, tanto uns quanto outros são bem evasivos em tudo o que dizem e fazem. De qualquer forma, foi bom livrarmo-nos de Sandler.

Dizem que hoje uma unidade de 5 mil homens partiu da Suécia para socorrer os finlandeses. Espero que isso seja verdade. Ontem, eu estava tão deprimida que fui procurar refúgio nas palavras de Deus, e a Bíblia deu-me a seguinte resposta: "Ó Senhor, além de ti não há quem possa nos socorrer em uma batalha entre poderosos e fracos" [2 Crônicas 14:11].

Ah! Como eu gostaria que fosse verdade! Por enquanto, a Finlândia está se superando, mas por quanto tempo? A Liga das Nações reuniu-se, mas com resultados ínfimos.

A VÉSPERA DO ANO-NOVO

No noticiário das 19 horas foi divulgada a maior vitória conseguida até hoje pelos finlandeses: eles dizimaram mil russos e capturaram armas de todos os tipos. Mas, à medida que o ano-novo amanhece, ficamos contemplando o futuro com terror. A Suécia continuará mantendo sua neutralidade ou participará da guerra? Há inúmeros voluntários dirigindo-se para a Finlândia. E, se nós entrarmos, teremos então um cenário de teatro em Skåne: Alemanha contra Inglaterra. É o que as pessoas estão dizendo.

De qualquer forma, já angariamos 5 milhões de coroas para a Finlândia e enviamos grandes quantidades de armas e equipamentos antiaéreos, e outros tantos tipos de coisas.

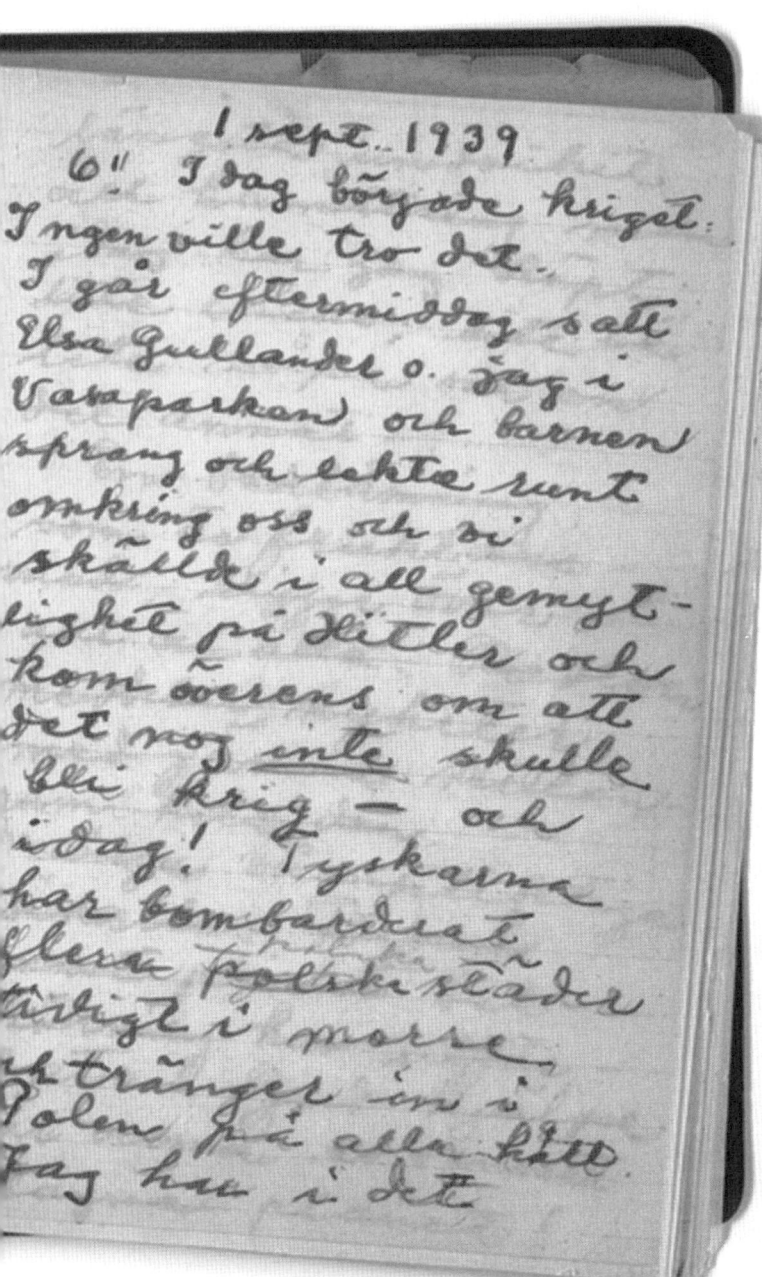

1º de setembro de 1939. Primeiro relato.
Os Diários da Guerra 1.

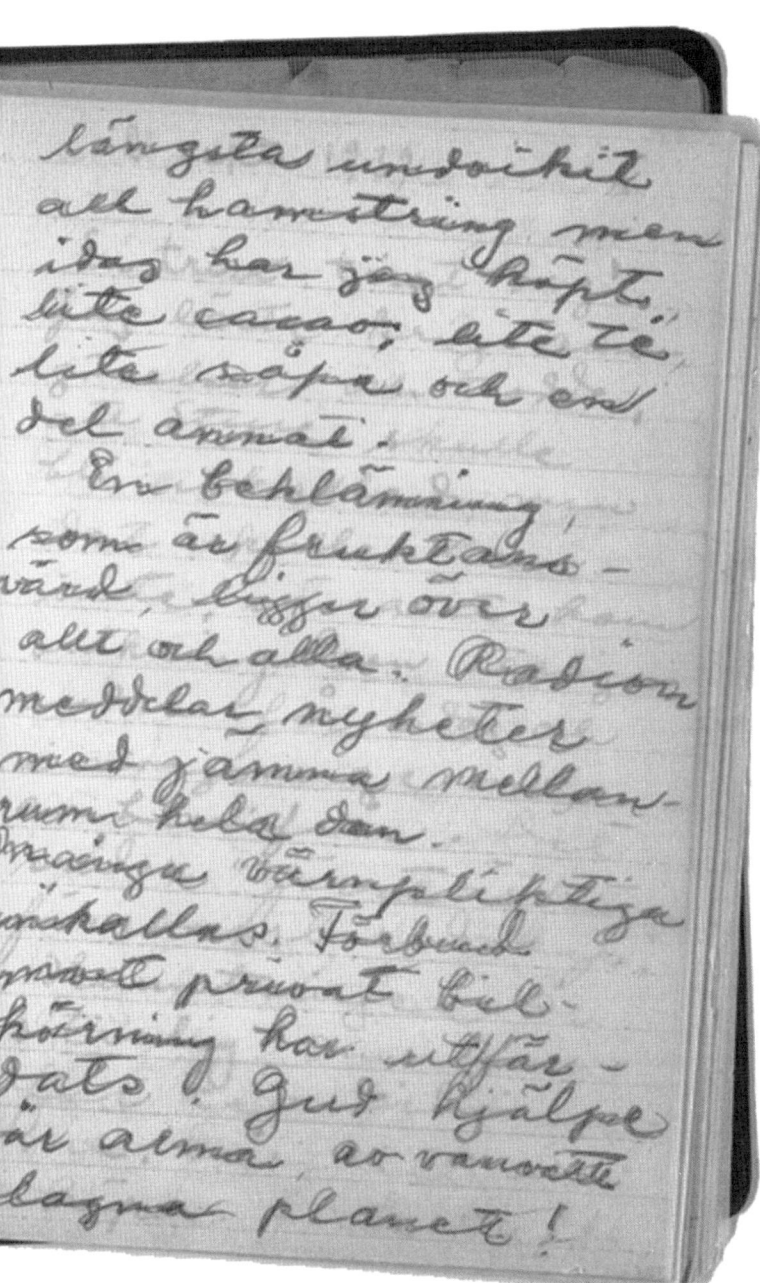

Continuação do relato anterior.
Os Diários da Guerra 1, setembro de 1939.

Verão em Näs. Acima: os irmãos Stina e Gunnar, o primo Omar e sua Lydia.
Astrid no meio, de chapéu branco. A esposa de Gunnar, Gullan; o pai de Astrid,
Samuel August, com a neta Gunvor (na família) e Karin;
a irmã Ingegerd e a prima Ellen.

1940

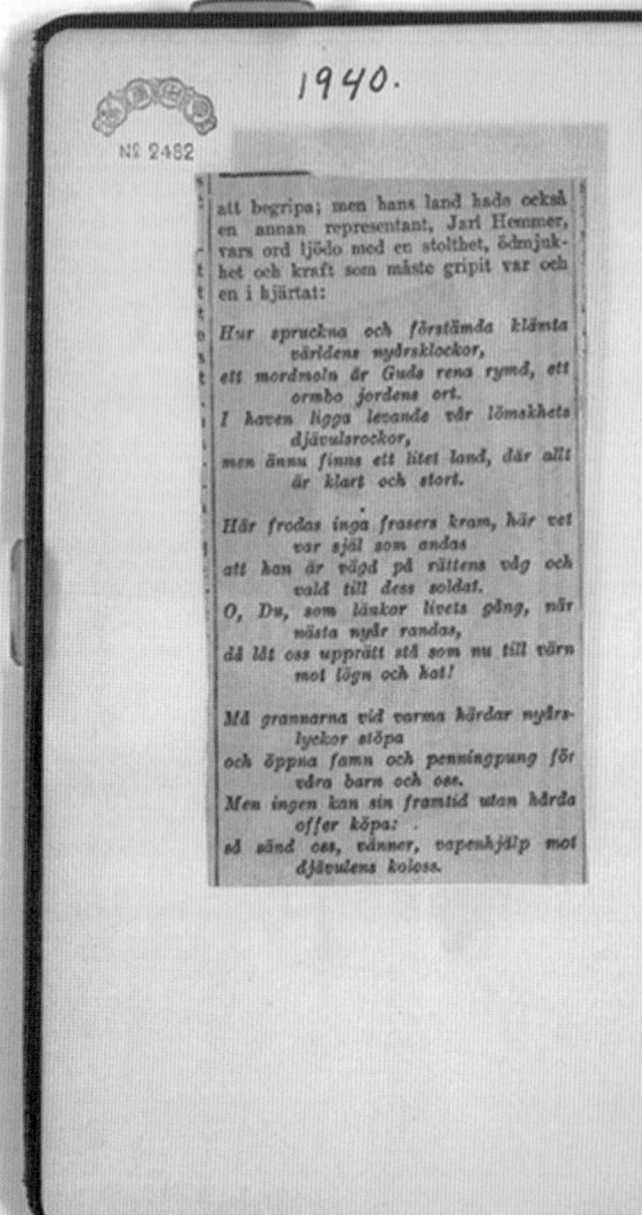

> Sist läste Gunnar Mascoll Silfverstolpe, och man undrade om han någonsin skrivit något bättre. Rad efter rad fastnade i minnet, och om de två sista kan det sägas att de voro Sveriges hälsning till Finland denna nyårsnatt:
>
> *Hotet som förr är oss nära;*
> *ingen oss fordom betvang.*
> *Frihet, vår nordiska ära,*
> *tala i klockornas klang!*
>
> *Östanhavs tiger dock*
> *kyrktornens mörka malm.*
> *Gömda och flock vid flock*
> *sjunga soldater en psalm.*
>
> *Hetare sång än denna*
> *steg ej mot stjärnornas bloss.*
> *Så kan sin tro bekänna*
> *Finland, som kämpar för oss!*
>
> *Syskon, se natten är stor,*
> *tecknet på natthimlen klart.*
> *Värnande det som är vårt*
> *står nu vår yngste bror.*
>
> *Bort mot hans frostiga mosse*
> *tankarna gå från en värld:*
> *Benjamin, fältklädde gosse,*
> *välsignad vare din färd!*

När nyårsklockorna ringde in 1940, läste Nordens skalder sina dikter i radio. Alla de nordiska skalderna länderna var representerade, men

"Inesquecível Ano-Novo. Fatídico,
desprezível e responsável".
SvD, 2 de janeiro de 1940.
Os Diários da Guerra 2.

Astrid com seus dois filhos, Lars e Karin, do lado de fora de seu bloco de apartamentos, na Vulcanusgatan, em torno de 1940.

2 DE JANEIRO DE **1940**

Em 1940, com todos os sinos tocando e anunciando o ano-novo, alguns de nossos poetas nórdicos liam e transmitiam suas obras pelo rádio. Todos os países nórdicos estavam representados, mas eu decidi colar as obras de Jarl Hemmer e Silfverstolpe que mais me emocionaram; porque "emocionar" é a verdadeira palavra para o que senti. Não foi fácil passar pelo início de um ano novo. O futuro parece tão desesperador, tão ameaçador. Ninguém se sente alegre ou feliz.

[Recortes do Svenska Dagbladet, *1940: Poesias de Hemmer e Silfverstolpe]*

"Possa você, Ó Criador do mundo, quando o próximo ano novo amanhecer, fazer com que sejamos tão fortes quanto agora, em fiel resistência contra as mentiras e o ódio."

[Jarl Hemmer]

15 DE JANEIRO

A pobre Finlândia sofreu vários e terríveis bombardeios. E, no entanto, depois de um mês e meio de guerra, os russos nada ganharam, mas, ao contrário, sacrificaram muitos homens e materiais. Dias atrás, o *Dagens Nyheter* disse que os russos perderam cerca de 100 mil homens desde o início da guerra no campo. É claro que o frio intenso contribuiu muito para essas enormes perdas. Além disso, os finlandeses ganharam um par de vitórias importantes em Suomussalmi desde o início do ano novo.

Muitos voluntários suecos dirigem-se para a Finlândia diariamente, além de contingentes que consistem de médicos e de duas ambulâncias doadas pela Cruz Vermelha. O volume de dinheiro já arrecadado chega a 9 milhões de coroas. Dizem que o governo sueco também contribuiu com 70 milhões de coroas. Estamos também enviando sangue engarrafado, cobertores, roupas e todo tipo de coisas. Mas será que estamos fazendo tudo o que é possível e devemos fazer? Sem dúvida, a posteridade será o juiz desse tempo.

1º DE FEVEREIRO

Ontem à tarde, encontrei Gunnar, que voltava da Finlândia, onde estivera com a delegação do Sindicato dos Agricultores. Ele estava impressionado com os civis finlandeses que estão levando uma vida normal, apesar da chuva de bombas russas. Gunnar disse que dos aviões eles atiravam em homens, mulheres e crianças com metralhadoras. Ele me contou de um caso em que alguns aviões caçavam uma enfermeira com duas crianças. Eles atiraram e mataram a enfermeira, mas as crianças escaparam milagrosamente. Esse tipo de guerra não faz sentido, como também deve ser antieconômico para os russos.

Finalmente tenho o número total de voluntários suecos que foram à Finlândia: 8 mil. Eu esperava e acreditava que fosse um número maior do que esse. Assim mesmo, os finlandeses são muito gratos aos suecos por essa ajuda. Eles precisam de mais gente. Não muito mais, eles dizem que apenas um par de divisões seria suficiente, porque os russos não podem fazer uso de todo o seu pessoal – e nem os homens nem os equipamentos são feitos com os materiais corretos.

Gunnar descreveu o curso dos eventos quando os finlandeses dizimaram 12 mil russos no gelo do Lago Kiantajärvi. Os russos vieram por uma estrada que terminava no meio do nada e tinham de atravessar o lago congelado. Foi então que os finlandeses os cercaram. Os finlandeses insistiram três vezes para que os russos se rendessem, mas eles tinham ordens para não serem capturados vivos. Depois do terceiro pedido, a artilharia finlandesa abriu fogo contra as tropas apavoradas em meio ao gelo. Quando 900 dos 12 mil foram deixados vivos, eles se renderam, pobres-diabos. Mas ainda restam 11 mil russos sobre o gelo do Lago Kiantajärvi. O que acontecerá na primavera, quando o clima esquentar?

9 DE FEVEREIRO

Que mundo! Que existência! Ler os jornais é um passatempo deprimente. Bombas e metralhadoras caçando mulheres e crianças na Finlândia, os oceanos cheios de minas e de submarinos, marinheiros neutros morrendo ou, na melhor das hipóteses, sendo resgatados no momento certo depois de dias e noites de privação em algum tipo de bote deplorável; a tragédia do povo polonês (ninguém deveria saber o que está acontecendo, mas algumas coisas acabam sendo publicadas nos jornais), setores especiais nos bondes para a "dominante raça alemã", a proibição de os poloneses saírem de casa depois das 8 horas da noite, etc. Os alemães falam sobre seu "tratamento severo, mas justo" aplicado aos poloneses – e, é claro, conhecemos o tipo de ódio que isso irá gerar! E, afinal, o mundo estará tão cheio de ódio, a ponto de nos matarmos uns aos outros.

Eu acredito que seja o castigo de Deus visitando nosso mundo. E, além de tudo, estamos sendo assolados com o mais rigoroso inverno que já tivemos. O gelo tornou a comunicação mais difícil e há também falta de carvão. Faz muito frio em nosso apartamento, mas estamos nos acostumando. Praticamente abandonamos a ideia do ar fresco e do arejamento do local onde vivemos, embora, anteriormente, estivéssemos acostumados a dormir com a janela aberta o ano todo.

A situação dos combustíveis na Dinamarca é ainda pior do que aqui, na Suécia, e, além disso, suas casas não são tão bem construídas. É por isso que acabei comprando um casaco de pele – apesar de parecer que o "Dia do Juízo" chegará antes mesmo de eu poder usá-lo.

18 DE FEVEREIRO

"Eu quero ficar neutra até morrer", disse Frida [epônimo protagonista de uma coleção de músicas líricas, de 1922, de autoria do poeta Birger Sjöberg], e Per Albin Hansson diz o mesmo. Algum tipo de indiscrição levou a que fosse vazada para a imprensa (*Folkets Daghblad*) a informação de que o governo finlandês tinha pedido assistência militar direta à Suécia, e que essa assistência fora recusada. Per Albin foi obrigado a providenciar uma explicação – e ela foi muito pior do que péssima. Basicamente, ele se referiu à sua declaração no debate sobre o orçamento, há cerca de um mês; em outras palavras, o fato é que a Suécia "quer permanecer neutra até sua morte". Ó meu Deus, é terrível ter de agonizar dessa forma e ainda saber qual a linha de conduta correta a ser tomada. Os finlandeses, e muitos suecos, pensam que, do ponto de vista da Suécia, o passo mais sábio a ser empreendido seria empunhar as armas imediatamente, porque é estupidez acreditar que a Rússia, depois de acabar com a Finlândia, simplesmente parará seu avanço pelo Rio Torne. Mas o governo sueco, que deveria estar de posse de todas as informações, não declarando guerra aberta contra a Rússia, assume o risco de a Alemanha virar-se contra a Suécia, tornando-a o campo de batalha entre as duas grandes potências. Que se dane a Alemanha!; ah, se nos deixassem em paz a fim de podermos ajudar os finlandeses contra os russos.

Nesses últimos dias, as coisas ficaram críticas na Linha Mannerheim. A intensidade da ofensiva deve ser algo jamais visto ou ouvido na história do mundo. Os finlandeses recuaram um pouco – contudo Mannerheim insiste que a Linha Mannerheim não pode ser quebrada – Deus queira que isso seja verdade!

Hoje, um navio alemão de abastecimento, o *Altmark*, foi capturado por destróieres ingleses em águas territoriais norueguesas, e vãos foram os protestos da pobre Noruega. Tudo o que a Alemanha diz é expresso por meio de uma linguagem cheia de ódio, o que nos faz pensar no pior, e a Inglaterra tampouco se dignará a pedir desculpas para a Noruega pela violação de sua neutralidade. O impacto da guerra no mar é ainda muito dirigido aos navios mercantes dos países neutros – não, eu quero permanecer neutra até morrer.

Eles impuseram um blecaute temporário na cidade, e ele está sendo mil vezes mais horrível do que o da última vez, porque naquela ocasião não se pensava que fosse possível adotá-lo num teste sério.

12 DE MARÇO

Talvez este seja o dia em que seja decidido em Moscou se haverá paz. Por meio da intermediação sueca, aconteceu uma conferência de paz, apesar do desenvolvimento da guerra. Ryti, Paasikivi e outras duas pessoas estão lá, presentes. Ninguém sabe nada ainda sobre os termos que a Rússia exigirá pela paz e, afinal, a Finlândia não está em uma posição que a obrigue a concordar com exigências irracionais, porque qual seria o motivo de a Rússia conseguir algumas migalhas do solo finlandês?

Os poderes ocidentais não querem absolutamente a paz entre a Finlândia e a Rússia. Eles gostam da ideia de manter a Rússia ocupada, para que ela não consiga fornecer nada à Alemanha. Eles estão oferecendo à Finlândia toda a ajuda de que o país precisa – mas, antes, eles precisam receber um pedido de ajuda e, por enquanto, não houve nenhum. Esse pedido direto precisa ser recebido antes, do contrário eles não poderiam apenas entrar e sair da Noruega e da Suécia. E é isso o que eles mais gostariam de fazer. E a Suécia foi fortemente repreendida por esse mesmo motivo, principalmente pela imprensa francesa, que alega estarmos, nós suecos, pressionando a Finlândia a negociar a paz.

O governo sueco veementemente nega isso; nós apenas transmitimos a oferta de paz da Rússia. Os poderes ocidentais pensam que a Alemanha nos induziu a sermos intermediários da paz. Sim, porque a paz interessa à Alemanha, mas não interessa aos poderes ocidentais.

Hoje, um rapazinho finlandês devia chegar de avião, vindo de åbo [Turku], mas não tivemos notícias dele. Talvez ele chegue à noite.

Estamos totalmente sem água quente já há uma semana. Ah! Se pudéssemos ter paz. Se, pelo menos, a Finlândia pudesse ter paz e nós pudéssemos ajudá-los a reconstruir suas terras assoladas pelo invasor.

Acabei de ouvir as notícias. Ainda não há nenhum relatório confirmado sobre os resultados das negociações. Esperemos que as notícias das 11 da noite nos tragam alguma boa notícia. Ó meu Deus, faça com que haja paz, uma paz que a Finlândia possa aceitar e, no mínimo, manter seu direito de autodeterminação. Que haja paz!

PAZ!?

13 DE MARÇO

Sim, eles firmaram a paz ontem à noite! Quando acordei, Sture veio com os jornais com a manchete enorme: PAZ ENTRE A FINLÂNDIA E A UNIÃO SOVIÉTICA; mas ninguém está realmente contente hoje. Eu estava, um pouquinho, mas essa alegria logo desapareceu. Essa foi uma paz amarga. Por meio do acordo, os russos ficaram com Hangö [Hanko] pelo período de 30 anos, onde deverão estabelecer uma base naval. O Istmo da Carélia, com Viburgo [Viipuri], e a margem ocidental do Lago Ladoga, além de Sortavala, deverão ser cedidos para a Rússia. As hostilidades pararam na tarde de hoje. É um alívio saber que mais nenhuma mulher ou criança será assassinada, é claro, mas é uma pílula amarga de se engolir. Mais amargo ainda é o fato de o governo finlandês pedir à Suécia que deixe passar as tropas inglesas e francesas, mas isso foi recusado.

Acredito que haverá muita animosidade contra nós, no mundo todo. E, se tivéssemos concordado, teria sido o motivo lógico para desencadear o confronto entre as grandes potências em nosso território. E, neste momento, a Alemanha está cantando vitória.

Rauno Virtanen esteve aqui hoje. Ele veio de avião de Åbo [Turku], ontem à noite. Vê-lo ali sentado, segurando as lágrimas, foi um dos piores momentos que já passei em minha vida.

O dia 13 de março de 1940 foi bem difícil.

9 DE ABRIL

Paz? Foi mesmo paz? Não, não. A paz está cada vez mais longe. Estou muito cansada nesta noite e quase não consigo escrever.

Desde hoje cedo, a Noruega esteve lutando contra os invasores alemães. A Dinamarca foi ocupada pelos alemães, que assumiram o controle da administração dinamarquesa sem encontrar resistência.

As linhas telefônicas com a Noruega foram cortadas, mas parece que, por enquanto, os noruegueses estão resistindo e dificultando o avanço estrangeiro. O motivo oficial de a Alemanha querer controlar a "proteção armada da neutralidade norueguesa" é o fato de ontem, ou no dia anterior, os ingleses terem minado as águas norueguesas para impedir o transporte do minério de ferro de Narvik para a Alemanha. Mas, de qualquer forma, o ataque à Noruega deve ter sido planejado há muito tempo. As tropas estavam aqui, ali e em todos os lugares: Bergen, Trondheim, Oslo e diversos outros lugares já estão ocupados. O governo norueguês transferiu-se para Hamar e os Aliados prometeram ajuda imediata à Noruega. Portanto, agora, os países nórdicos acabaram se tornando campos de guerra, com a Suécia sendo o único país a não enfrentar tropas estrangeiras em suas terras.

O pedaço pacífico da Europa! Que piada! Ha, ha, ha! Estamos no aguardo de uma mobilização geral, e provavelmente seja uma questão de tempo antes de os alemães decidirem "defender" nossa neutralidade também.

Hoje, eu estava no escritório de Rudling, o advogado, quando fiquei sabendo das terríveis notícias. Rudling entrou e disse, calma e tranquilamente: "Bem! É a guerra e, portanto, eu não sei se vale a pena prosseguir com isso". Eu senti o sangue subindo em minha cabeça e meu primeiro pensamento foi o de correr para casa e ficar com as crianças, mas acabei ficando e escrevi cartas sobre o divórcio e a venda de bens móveis. Na rua, as pessoas parecem agir da maneira de sempre. Acredito que, agora, estejamos nos adaptando à situação.

Mas estou muito furiosa pelo fato de a oportunidade de poder ser feliz ter sido arrancada de mim. Justo quando a guerra acabou na Finlândia e deveríamos estar contentes, pois o sol está brilhando novamente, depois do terrível inverno, e podemos olhar para a primavera e o verão que estarão chegando em um curto espaço de tempo. Mas, não! Aí vem um novo golpe, mais pesado do que nunca. Estamos chegando ao ponto de não termos uma visão nem sequer de um só dia à nossa frente. Não podemos fazer planos. Os únicos planos que podemos cogitar são os de evacuação. E, nesta noite, eu providenciei os detalhes necessários.

12 DE ABRIL

12 de abril de 1940 – Foi um dia de alarme, ansiedade e angústia. Há muitos rumores no ar e a informação era de que, às 6 horas de hoje, a Alemanha será informada se permitiríamos que suas tropas marchassem em nosso solo até a Noruega, mas poderia ser apenas uma falsa informação, como foram tantas outras. Todas as pessoas estão falando e todas ouviram informações diferentes, todas querem sair da cidade. Nesta tarde, Sture recebeu uma carta por meio de entrega especial, convocando-o para o serviço militar e, às 3h15, ele partiu num ônibus para Spanga. Não tenho notícias dele ainda. Na prática, essa é a mobilização geral, embora não a chamem assim.

Algumas escolas fecharam suas portas. Gostaria muito que Norra Latin também fizesse isso porque, assim, eu levaria as crianças diretamente para casa, em Näs [onde ela foi criada, no interior do país, em Småland]. Infelizmente, Karin está de cama com febre e a garganta inflamada, o que, de certa forma, parece ser apropriado, já que tudo está tão podre.

Parece tão solitário ser deixada sozinha com total responsabilidade sobre as crianças em tempos como estes. Anne-Marie parte amanhã com seus três filhos. Acredito que em Oslo, a preocupação de ser apanhado desprevenido fez com que o povo quisesse sair da cidade. Ah! Se soubéssemos o que estava por vir!

13 DE ABRIL

Em sua primeira licença, Lindgren, um veterano da reserva, voltou para casa. "A memória nunca apagará, quão esplendoroso ele pareceu" [a linha de um verso de *The Tales of Ensign Stål*, de Johan Ludvig Runeberg]. Um boné bem pequeno no topo de sua cabeça e um horrível e glorioso casaco militar totalmente impróprio para as suas medidas. Embaixo, ele tinha uma jaqueta curta e um suéter grosso, e calças muito apertadas para ele. Toda a família reuniu-se à sua volta dando risadas. Mas, nada mais há para rir. Ele nada comeu desde seu almoço aqui, ontem, quando chegou sua convocação. A marmita que lhe deram para comer estava tão engordurada que ele não teve coragem de comer nela. Agora, Lindgren está atacando sua carne assada e batatas com grande apetite. Ele passou a noite totalmente vestido, envolto em seu próprio sobretudo e deitado no chão, com um pouco de palha como travesseiro. Assim, ele poderia congelar até os ossos. Nós lhe emprestamos o saco de dormir e travesseiros de Lasse, e alguns talheres, para que pudesse lidar com a situação. Às 10 horas da noite, ele teve de enfrentar as intempéries e voltar para Spanga. Fiquei com muita pena dele.

14 DE ABRIL

Que dia tremendamente sombrio! Cinzento, cinzento, com uma persistente chuva de granizo. Karin ainda está de cama. Lars está fora com os escoteiros e Sture telefonou para dizer que não conseguiu uma licença de ausência.

Stellan veio nos visitar e, um pouco mais tarde, surpresa! Sture apareceu, ele acabou conseguindo a licença, mas teve de voltar às 8h30 da noite. Depois, vieram Alli, Elsa e Karin L. [Litiäinen], e eu fui ao cinema assistir *Juninatten* [*Noite de Junho*, com Ingrid Bergman]. Mas é impossível relaxar. O pesadelo não me larga, está em minha cabeça o tempo todo. Os ingleses minaram todo o Mar Báltico, com exceção das águas territoriais da Suécia. A guerra continua sem trégua na Noruega. O rei Haakon está sendo alvo dos bombardeiros, e teve de fugir para a floresta, mas foi por meio de traição que os alemães tiveram sucesso na Noruega, lançando mão de um ataque surpresa, ajudados pelos nazistas noruegueses que traíram seu país. Mas, ao norte, norueueses e ingleses conseguiram retomar Narvik, e a luta continua.

Olhando para o futuro, as expectativas são as piores possíveis, até mesmo se tivermos a sorte de evitar a guerra. Nossas exportações para o Ocidente pararam completamente, como também nossas importações. A empresa de gás está nos avisando que a situação pode se tornar crítica se não formos econômicos em nosso consumo. Mas, que loucura! Precisamos do gás para esquentar a água. É também possível que o gás acabe. E o que irá acontecer então? O custo do gás subiu quase 30% e a passagem do bonde passou agora para 20 *öre* (centavos da Coroa Sueca). A eletricidade é mais cara; os alimentos estão mais caros e o preço do açúcar subiu novamente, mais 4 *öre* por quilo, sendo que agora está racionado, assim como o chá e o café. Tenho certeza de que, para nós, isso é apenas o começo; há muito tempo que o bloqueio total não está em vigor. Portanto, podemos sempre encontrar conforto ao pensar que as coisas poderão piorar ainda mais.

29 DE ABRIL

Na Noruega, o confronto continua. Muitas cidades e vilarejos foram devastados pelos bombardeios. Muitas pessoas estão sem casa. Acho que é pior viver na Noruega do que era viver na Finlândia porque, no front interno, a Noruega, dramaticamente, deixou de lutar. Em geral, a resistência norueguesa parece ter sido bem deficiente. Até agora, a contribuição dos Aliados foi menos que nada, embora pareça que tanto ingleses quanto alemães estejam ali com uma força considerável. No extremo norte, a mobilização norueguesa foi usada no planejamento, e os ingleses estão no controle da situação. Porém, toda a parte sul da Noruega está nas mãos dos alemães, e eles estão avançando com terrível intensidade e eficiência. Houve uma conferência de imprensa em Berlim, quando Ribbentrop, fazendo um discurso, apresentou documentos provando que os Aliados tinham planos para invadir a Noruega, invasão que fracassou por causa da intervenção alemã. Também alegam que a Noruega não foi absolutamente neutra. Por outro lado, Ribbentrop afirmou que o governo sueco se manteve estritamente neutro. A imprensa estrangeira está dizendo que a posição da Suécia melhorou consideravelmente. Entretanto, ainda estamos em estado de alerta militar e parece que isso não irá mudar até que essa miserável guerra termine.

2 DE MAIO

Finalmente a primavera chegou! *"O, hur härligt majsol ler"* ["Quão glorioso possa o sol de maio sorrir"!] Os estudantes de Uppsala cantaram, no rádio, [em sua tradicional canção da primavera] em *Noite de Walpurgis* e foi impressionantemente maravilhoso ouvi-los. O sol brilhou durante todo o feriado público e, finalmente, está um pouco mais quente, depois do terrível inverno pelo qual passamos.

Ontem, praticamente toda Estocolmo marchou em procissão para Gärdet, numa demonstração unificada interpartidária. A sra. Stäckig e Göran estavam comigo, e as crianças, apreciando o movimento. Toda a cidade estava em um rebuliço de atividade.

Hoje, Karin e eu fomos a Judarn [pela floresta e pelo lago], e pudemos realmente ver que a primavera havia chegado. Há alguma coisa muito estranha na primavera deste ano, porque só dela podemos esperar alegria e, ao mesmo tempo, parece impossível pensar que as pessoas estejam se matando, sob esse sol brilhante e na presença de flores desabrochando.

6 DE MAIO

Há alguns dias, os ingleses voltaram a bordo de seus navios e, de certa forma, desistiram completamente da Noruega, com exceção de Narvik. Portanto, isso faz com que os noruegueses fiquem sem qualquer aliado. Todo o sul da Noruega está nas mãos dos alemães e, ali, não há mais nenhuma resistência. Ao norte, a luta ainda continua. Há muita amargura com respeito à fraca assistência dos ingleses. Provavelmente, esta seja a primeira grande derrota que os Aliados sofreram, e sua própria imprensa soube muito bem como criticá-los.

No Mediterrâneo, parece que as coisas estão chegando a uma conclusão. Dizem, e existe o temor de que a Itália irá se lembrar finalmente do "Eixo Roma-Berlim" (a respeito do qual nada se soube durante a guerra da Finlândia) e decida aderir à guerra ao lado dos alemães. Agora, um dos pontos mais sensíveis são os Bálcãs, um vulcão que pode entrar em erupção a qualquer momento.

10 DE MAIO

Não, não houve nenhuma erupção nos Bálcãs dessa vez, foi só uma ilusão. Na madrugada desse dia 10 de maio, as tropas alemãs marcharam para a Holanda, a Bélgica e Luxemburgo, "no maior dos fronts".

E a batalha que resultará desse confronto, conforme a ordem do dia de Hitler, decidirá "o destino do povo alemão durante os próximos mil anos". É claro que não está se falando apenas do destino do povo alemão, mas, possivelmente, de toda a humanidade.

Agora a guerra *realmente* começou. A justificativa da Alemanha é a habitual prevenção de um ataque por parte dos Aliados. Como sempre, eles dizem que possuem documentos que justificam essa invasão. Além disso, os alemães alegam que a Bélgica e a Holanda não foram estritamente neutras e pretendiam permitir o estabelecimento de tropas aliadas em seus territórios. A título de vingança, bombardeios e batalhas foram iniciados. Parece que a Bélgica tem melhores perspectivas de se defender do que a Holanda, por estar mais bem fortificada. A Holanda está parcialmente embaixo d'água. O rei Leopoldo colocou-se à frente do exército belga.

A princesa Juliana está em sua terceira gestação e, certamente, ser um membro da família real em um momento desses é motivo de grande preocupação. Aliás, essa seria uma grande preocupação para qualquer mãe.

Ontem à noite, o primeiro-ministro inglês, Chamberlain, pediu demissão do cargo e Churchill assumiu seu lugar.

Dentre os países do norte da Europa, a Suécia é agora a única nação que não está e não esteve na guerra. Mas sempre poderemos ser os próximos. A Alemanha é como um monstro malévolo que sai de sua caverna em intervalos regulares atrás de sua próxima vítima. *Deve haver* algo de errado com um povo que se encontra em contraposição com o resto da humanidade a cada 20 anos, aproximadamente.

Segunda-feira de Pentecostes

Ah, então agora é blecaute em toda a Suécia. A ordem surgiu bem no meio do fim de semana de Pentecostes. O sul e o oeste já o praticavam há algum tempo, mas, a partir da noite passada, toda a Suécia praticará o blecaute "até novas ordens" serem expedidas. Também há notícias sobre o racionamento de sabonetes, sabão, sabão em pó e margarina. A partir de 26 de maio, a margarina não deve ser mais vendida para consumo doméstico.

Até agora temos racionamento de café, chá, açúcar e margarina, mas acredito que esse racionamento seja apenas o começo. Graças a Deus, as atuais rações de café, chá e açúcar são suficientes para o consumo de minha casa.

Que horrível domingo de Pentecostes passamos ontem! Tempo horroroso e frio – Sture estava a serviço no exército das 6 da manhã até as 5 da tarde. Algumas erupções apareceram no corpo de Karin, causadas provavelmente por algum tipo de infecção bacteriana; portanto, quero que ela fique em casa, por enquanto. Lars saiu de bicicleta em um passeio até Uppsala com Göran e Segerfelt.

15 DE MAIO

Ontem, a Holanda se rendeu. A rainha Wilhelmina e seu governo estão em Londres. Os filhos da família real belga devem, certamente, estar juntos.

A Bélgica ainda está resistindo. Os jornais da noite estão dizendo que a Linha Maginot foi rompida em algum lugar. Se for verdade ou não, Paris e Londres têm motivos suficientes para se sentirem nervosas. Aliás, e o que eles dizem a nosso respeito?

O exército alemão prossegue com uma terrível eficiência. Pela primeira vez na história do mundo, tropas de paraquedistas foram distribuídas com grande e real efeito.

18 DE MAIO

Bruxelas está sob a ocupação alemã. Os alemães também alegam ter rompido uma boa parte da Linha Maginot e de estarem a cem quilômetros de Paris. Ler os jornais, hoje, é aterrorizante.

Hoje de manhã, entraram em vigor as restrições aos veículos motorizados. Quase todos os carros particulares terão de ser mantidos fora das estradas.

21 DE MAIO

Hoje, Karin completou 6 anos, é o dia de seu aniversário. Hoje também, com a chegada do verão, os alemães alcançaram o Canal Inglês. Apesar de tudo, embora penosamente, é preciso apreciar essas datas maravilhosas com todas as forças. E realmente havia um aroma de verão no ar, e o que dizer do verde renovado das plantas e das árvores à nossa volta!

Pela primeira vez na vida de Karin, seu pai não estava em casa para o seu aniversário. Todas as licenças foram canceladas desde sábado à noite, apesar de Sture haver conseguido, na semana passada, uma licença especial para ficar em casa até domingo à tarde, quando teve de sair correndo no meio da chuva primaveril. Desde então, ele ainda não passou uma noite em casa e dormirá em uma tenda durante os próximos 15 dias. Ele e o resto de sua companhia, pois, esperto como é, Sture conseguiu ter um teto para protegê-los do frio.

Todas as licenças foram canceladas em todo o país, e dizem que o motivo é o fato de que os alemães exigem permissão para passar pela Suécia, e a marinha alemã está pronta para passar pelos estreitos de Oresund. Todos os homens que a polícia encontrou nas ruas ou em lugares de entretenimento foram encaminhados para os seus respectivos campos.

Deus queira que o mundo esteja diferente no próximo aniversário de Karin. Ela ganhou uma jarra com copos para o seu suco de frutas, uma capa de chuva e roupas íntimas para a sua boneca Margareta; uma bonequinha sentada numa cadeira, um bolo, dinheiro dos avós [os pais de Astrid Lindgren] e da vovó [sua sogra]; uma bonequinha com carrinho de bebê, de Anders; uma colher de prata e chocolates de Matte e Elsa-Lena, e balas de Pelle Dieden e Linnéa. Ela ficou muito contente. E as mães de Anders e Matte também compareceram.

À noite, saí com Anne-Marie e Stellan e fomos a Stora Essingen. Demos um passeio em volta da ilha à luz da lua, com o aroma de tília nas narinas. Lindo! Lindo! Entretanto, os alemães estão avançando em marcha forçada e nada pode detê-los.

25 DE MAIO

Nosso blecaute foi suspenso ontem, temporariamente. Na Inglaterra, foi mais ou menos imposta uma ditadura. Os ingleses estão finalmente começando a perceber que se trata de um assunto de vida ou morte.

28 DE MAIO

Hoje, o rei Leopoldo rendeu-se e o exército belga deixou de existir. Reynaud, dirigindo-se ao povo francês pelo rádio, foi abertamente criticado pelo fato de ter tomado o passo sozinho, sem consultar seus aliados. Mas acredito que ele não tenha tido escolha.

5 DE JUNHO

Na Alemanha, as bandeiras tremularão durante oito dias e os sinos tocarão durante três dias em comemoração à batalha de

Flandres. A batalha é "uma batalha de Waterloo maior, uma Sedan maior, uma Tannengerg maior do que a história alemã jamais viu". E, nesta manhã, eles estão lançando uma nova ofensiva. Churchill apresentou um discurso na Câmara dos Comuns admitindo que os Aliados sofreram enormes perdas de equipamentos. Mas, pelo menos, a maior parte da Força Expedicionária Britânica conseguiu voltar inteira através do Canal. E já não era sem tempo.

Dunquerque caiu, e o último soldado Aliado deixou o mais sangrento campo de batalha da história do mundo para o inimigo invasor. E a batalha de Flandres pode ser registrada nos anais da história como o maior e, possivelmente, o mais terrível dos conflitos humanos.

10 DE JUNHO

O dia de hoje nos presenteou com duas notícias. A Noruega depôs suas armas e a Itália declarou guerra à França e à Inglaterra. O mundo todo está em polvorosa! A América ameaçou entrar na guerra se a Itália interferisse – portanto, teremos de esperar para ver.

14 DE JUNHO

A suástica tremulando no topo da Torre Eiffel anuncia as notícias desta noite. Os alemães chegaram a Paris. Eles encontraram as ruas desertas e as janelas fechadas. Deve estar sendo bem difícil para os parisienses. Em Berlim, os sinos estão tocando e há bem mais bandeiras tremulando.

16 DE JUNHO

Verdun caiu. Evidentemente, o exército francês está em total confusão. Dizem que deverá haver uma paz separada. Hitler foi entrevistado por um jornalista americano e expressou-se bem sobriamente a respeito de suas metas militares.

Nos jornais de hoje, havia um curto artigo sobre a princesa Juliana, que deu à luz prematuramente, depois de sua fuga para Londres, e a criança, um menino, veio a falecer mais tarde. Um menino, finalmente – que terrível o fato de ter sido nessas circunstâncias. Uma verdadeira ironia do destino.

18 DE JUNHO

Pobre França! O exército francês rendeu-se ontem. Toda a Linha Maginot está cercada, Paris caiu nas mãos alemãs e o inimigo abriu caminho até quase metade do país. "A França não aceitará qualquer tratado de paz desonroso", anunciam os jornais de hoje, mas, mas, mas... Hitler e Mussolini devem reunir-se hoje: dois rapazes voluntariosos que, certamente, poderão redigir um tratado de paz que supere muito o de Versalhes. Dizem no jornal *Aftonbladet* que estão pensando em dividir a França ao meio, não para sempre, é claro, mas para este momento e para o futuro previsível; o país deverá então ser ocupado por tropas alemãs e italianas. Confie em Mussolini, o abutre pronto para compartilhar dos "frutos do saque". "Deixe-me dizer-lhe o que eu penso dele", é como se expressou Ingrid, a empregada de Brofall. Pobre França! A Inglaterra continuará lutando. "Continuar lutando" não é a expressão correta, "começar" a lutar seria a expressão mais justa, porque até agora os ingleses tiveram a extraordinária destreza de evitar o combate. "Os ingleses lutarão até o último soldado francês", como sempre. Mas agora, deve ser bem apavorante estar isolado nessa ilha, esperando pelo próximo ataque relâmpago de Hitler. Porque agora, presumidamente, será a vez da Inglaterra.

O pior de tudo é que logo, logo, não teremos mais a possibilidade de torcer por uma derrota alemã, isso porque os russos estão se movimentando novamente. Nos últimos dias, eles ocuparam a Lituânia, a Letônia e a Estônia, sob vários pretextos. E uma Alemanha enfraquecida pode apenas significar uma coisa para nós, nações nórdicas: seremos atropelados pelos russos. E eu acredito que seja melhor dizer "Heil, Hitler" pelo resto de minha vida do que ver isso acontecer. Nada é mais apavorante.

Encontrei-me com uma senhora finlandesa, na casa de Elsa Gullander, no domingo, e ela nos contou algumas coisas terríveis sobre a guerra na Finlândia e a maneira como os russos tratam seus prisioneiros. Seu próprio irmão, recentemente solto, foi surrado até suas orelhas, nariz e boca sangrarem. Outro prisioneiro foi fechado em um quarto pequeno, com uma lâmpada de cem *watts*, até ficar cego. Ela parecia ser absolutamente confiável, portanto, deve ser verdade. O mais terrível foi quando os russos colocaram mulheres e crianças polonesas à frente de suas tropas como escudo humano, para que os finlandeses não conseguissem atirar neles, mas, afinal, eles se renderam voluntariamente – e agora estão enfrentando uma corte marcial na Finlândia. Assim como os que não suportaram a tortura nas prisões russas e revelaram o que sabiam a respeito das Forças Armadas finlandesas. Mas, quando pregos quentes são colocados embaixo de suas unhas (o que ela jurou ser verdade), deve ser difícil aguentar a dor e permanecer em pé. Dizem que os russos crucificaram três mulheres da defesa voluntária. Ela havia ouvido isso, mas não podia garantir que realmente aconteceu. No entanto, era verdade que os russos sequestraram dez jovens voluntárias (garotas finlandesas de 8 a 12 anos) e nunca mais se soube delas.

Não! Ó Senhor, mantenha os russos longe daqui. Amanhã levarei as crianças para Vimmerby. Todos os alunos receberam o chamado bilhete de evacuação, o que custou ao estado 8 milhões de coroas. Mas o trem da evacuação parte às 5 da manhã e, desse modo, estaremos viajando com um bilhete familiar cujo trem parte às 8 horas.

21 DE JUNHO

Às 15h30 de hoje, Hitler recebeu a delegação francesa no vagão ferroviário, na floresta de Compiègne, onde o armistício foi assinado em novembro de 1918; ainda não conhecemos os termos da trégua.

24 DE JUNHO, 11H30

Em aproximadamente duas horas – à 1h35 da madrugada do dia 25 de junho de 1940 – as hostilidades entre Alemanha e França, e entre a Itália e a França, deverão cessar. Itália e França assinaram o documento confirmando seu acordo às 7 horas da noite, aproximadamente, em uma mansão nos arredores de Roma e, em seguida, Ciano passou a informação para Hitler. Seis horas mais tarde, entrará em vigor o cessar-fogo, e a guerra no Oeste será encerrada. Os termos ainda não foram publicados, mas é esperado que isso seja feito simultaneamente – nos três países – dentro de 48 horas. Na Alemanha haverá bandeiras esvoaçando e sinos tocando, como é de costume. Na França, o dia 25 de junho será o dia nacional de luto.

E agora, o que vai acontecer? *Los gegen England* [Deixe isso por conta da Inglaterra!]. Provavelmente essa será a próxima fase. Na Inglaterra, as crianças estão sendo evacuadas – algumas diretamente para a Austrália, outras para o Canadá e para a Nova Zelândia.

Hoje, Gunnar voltou para casa, na Finlândia. Muitas pessoas dizem que os russos voltarão logo e é de conhecimento comum que a Finlândia está totalmente indefesa. É quando, provavelmente, os alemães chegarão para "proteger-nos". Será que chegará o dia de os países nórdicos não serem mais livres? A Noruega e a Dinamarca já perderam sua liberdade.

Talvez haja muitos soldados morrendo no front ocidental neste exato momento – duas horas antes do cessar-fogo. A estupidez humana é simplesmente colossal.

27 DE JUNHO

A União Soviética entregou um ultimato à Romênia, que vence à meia-noite de hoje. A Romênia deve entregar a Bessarábia e dois distritos ao norte de Bucovina, além de permitir o uso do porto de Constanza [Constança], e outros portos do Mar Negro, como bases navais russas. A Romênia aceitou as exigências russas.

Há muita coisa acontecendo! Na quarta-feira, as forças da Marinha Britânica atacaram unidades da Marinha Francesa no porto naval francês de Oran, na Argélia. Os ingleses queriam impedir que a frota francesa caísse nas mãos dos alemães e enviaram um ultimato aos comandantes franceses para que se rendessem. Em alguns casos, isso foi feito com boas maneiras, mas o comandante de Oran recusou, e houve uma batalha marítima violenta. Conforme Churchill, "a perda de vidas humanas entre os franceses e no porto deve ter sido grande".

Hoje, como consequência do que ocorreu, *as relações diplomáticas entre a França e a Inglaterra foram cortadas.* Nos dias atuais, não precisa de muita coisa para um tratado amigável ser quebrado. E, novamente, Hitler conseguiu o que queria – desentendimentos entre os Aliados.

21 DE JULHO

Na sexta-feira, Hitler fez um longo discurso no Parlamento alemão e emitiu um ultimato de paz. Ele, certamente, não receberá qualquer resposta oficial da Inglaterra e a guerra seguirá seu curso. Em sua atrocidade, ela ultrapassará tudo o que o mundo viu até hoje. A Alemanha está mais bem preparada para a ação, e a Inglaterra também alega estar pronta para uma mobilização em grande escala. Roosevelt também fez um discurso (antes de Hitler) incentivando os britânicos a serem firmes em sua resistência nessa luta em prol "da continuidade da civilização, como a conhecemos, contra a derradeira destruição de tudo o que para nós é importante".

Hoje, três países livres deixaram de existir – Estônia, Letônia e Lituânia! Eles haviam sido declarados independentes em 18 de novembro de 1918 – 22 anos edificando suas nações – para serem, agora, declarados mortos pela União Soviética, que os incorporou como repúblicas. Infelizmente, não temos mais a capacidade de sentir pena – mas, certamente, essa é uma tragédia.

Apesar de tudo, a Finlândia, pelo menos, ainda mantém sua liberdade, até agora. Talvez sua luta não tenha sido em vão. Os Jogos Olímpicos deveriam ter começado ontem, em Helsinki, se o mundo tivesse sido a sede da razão, e não ter sido transformado um manicômio. Em vez disso, estão sendo realizados, no Estádio de Helsinki, campeonatos nacionais para honrar a memória dos desportistas finlandeses mortos durante essa guerra infame.

Ontem, Lars e eu voltamos de nossa pequena viagem de bicicleta. Foi um giro muito agradável por Roslagen, e passamos a noite na pensão de verão de Norra Latin, em Björkö [ilha]. Vimos lugares maravilhosos, as margens das estradas forradas de uma planta amarela chamada *Gallium Verum*, o horizonte aberto sobre o mar em Simpnäs, a lua cheia sobre a água e sobre o teto da pensão. E o sol brilhando, intenso e contínuo. Não tivemos chuva neste fatídico verão de 1940; tudo parece tão ressecado e queimado, e as lavouras estão definhando. O terrível inverno pareceu, para mim, ter sido o castigo de Deus para a raça humana – será que essa seca pela qual estamos passando faz parte do mesmo castigo?

O senhor do mundo – a besta selvagem do Livro do Apocalipse – anteriormente, um pequeno e desconhecido artesão alemão, o reabilitador de seu povo e (como eu e muitos outros o enxergamos) aniquilador, agente do declínio cultural – qual será seu propósito final? Será que, em algum momento, teremos razão de dizer: *Sic transit gloria mundi.**

1º DE SETEMBRO

Hoje faz um ano que a guerra começou. Estamos começando a nos adaptar a ela. Pelo menos aqueles de nós que vivem em algum lugar onde não chovem bombas a toda hora.

Um ano! É possível ter acontecido anteriormente tanta coisa em apenas um ano? Faz bastante tempo que eu não registro nada

---

*N.T.: Assim passa a glória do mundo.

nessa minha história da guerra. Isso se deve ao fato de que nada de particularmente sensacional ocorreu recentemente. As coisas estiveram muito tensas entre o Japão e a Inglaterra durante um tempo. Pensávamos até que uma guerra seria declarada a qualquer momento entre os dois, mas a ameaça parece ter passado, por enquanto.

Também havia certas coisas entre a Romênia e a Hungria ou entre a Romênia e a Bulgária. Acredito que a Romênia tenha perdido várias partes de suas terras. Mas os Poderes do Eixo operam e agem da forma que eles querem. A Grécia e a Itália também tiveram suas diferenças.

O grande ataque à Inglaterra que Hitler anunciara em seu discurso de julho parece não ter ocorrido da maneira pretendida. Os céus da Inglaterra estão repletos de aviões que jorram bombas a uma velocidade incrível, mas os ingleses estão retribuindo mais ou menos da mesma forma e, por enquanto, não houve sinal de invasão da Inglaterra. No início, os alemães atacavam de dia e de noite, mas agora os ataques são realizados somente à noite; eles não podem se arriscar a perder grande parte de seu efetivo. Tanto em Berlim quanto em Londres as pessoas passam as horas da noite em abrigos. Dizem que Hamburgo está sofrendo os mesmos bombardeios dos ingleses. Duvido que tenha sobrado alguma coisa do porto.

Não sei como está a situação da comida na Inglaterra, mas dizem que na Alemanha essa situação é péssima. O grande problema é a falta de gorduras. Eu ouvi de alguns alemães convidados que foram para um *smörgåsbord*.* Acreditem, eles só comeram pão com manteiga e, quando alguém perguntou por que eles não comiam outras coisas, eles responderam que, se nós suecos tivéssemos passado pelo que eles passaram, estaríamos exultando por comer apenas pão com manteiga. Eu sei que a Noruega também está recebendo muito poucos alimentos. Os sentimentos dos noruegueses para com os suecos ainda são hostis; aliás, dizem que são tão hostis quanto eram em 1905. E isso porque estamos deixando passar os trens alemães em nosso território – trata-se de um segredo aberto. Estamos realmente fazendo isso – presumidamente, porque somos obrigados a fazê-lo e também por estarmos envolvidos em algum tipo de negociação envolvendo o carvão. Também acredito que os noruegueses estejam irados porque seus conterrâneos presos foram muito maltratados.

---

*N.T.: Uma espécie de bufê à moda sueca.

A Finlândia está em uma situação muito precária com relação à sua política externa. Ela foi obrigada a deixar passar os trens russos por seu território para Hangö [Hanko]. E Tanner saiu do governo, mas não foi por vontade própria, foi por ordem de Moscou. Portanto, o direito à autodeterminação da Finlândia foi reduzido consideravelmente.

Apesar de tudo, em nosso pequeno território nós não somos tão afetados por tudo isso. Mas os preços continuam subindo. Nossa ração de café tem de durar seis semanas agora, em vez de cinco. Na primavera passada, eu disse que, se a guerra não terminasse até o outono, nós não teríamos condições de aguentar por mais tempo. E, no entanto, aqui estamos! Depois de um agosto muito chuvoso – tão ridiculamente úmido quanto fora seco anteriormente (porque, neste ano, não existe nenhuma moderação) –, voltamos para a cidade no sábado, e nunca fiquei tão feliz por voltar para o nosso lugar. Apesar de tudo, ainda temos interesse em fazer com que nosso lar fique bonito. O quarto das crianças é bem organizado, e no momento Karin tem uma nova cômoda e Lars tem uma lâmpada de leitura em cima do sofá, que é o lugar onde ele dorme agora. Karin herdou também uma magnífica cama com dossel e cortinas. Pelle Dieden veio nos visitar e passou um resfriado para as crianças; ele ficou chorando por causa do sr. Emil.

Um ano já passou! É possível que tenhamos a paz no próximo 1º de setembro? Adolf afirma que a guerra terminará antes do fim do mês – e isso é como o agricultor que exclamou, quando o médico lhe disse que a senhora idosa não aguentaria viver mais de um mês: "Será interessante acompanhar e ver o que acontece".

E, para encerrar, uma história que achei engraçada:

> "Um sueco conta vantagem a um dinamarquês quanto às forças de vigilância da neutralidade sueca, sua confiabilidade e esperteza, etc., e continuou gabando-se durante um bom tempo. Quando ele parou de falar, o dinamarquês disse, fria e calmamente: "Você precisa ver nossos alemães!".

11 DE SETEMBRO

O conflito continua. Agora é uma guerra totalmente aérea entre a Inglaterra e a Alemanha. No dia 7 de setembro, os alemães lançaram um maciço e terrível bombardeio sobre Londres e, desde então, não pararam, voltando à noite e despejando incontáveis bombas sobre a capital britânica. Há muitos incêndios na cidade, o que ajuda os alemães a encontrarem seu caminho. Mas os ingleses estão fazendo o seu melhor para revidar à altura, e nesta noite eles bombardearam Berlim, provocando incêndios em um bom número de edifícios, inclusive no Reichstag e na Academia de Arte. Não conseguimos ouvir muita coisa sobre os danos na Alemanha, mas podemos ter certeza de que os ingleses não estão inativos. O fato é que, tanto em Londres quanto em Berlim, as populações passam a maior parte da noite em abrigos. Ah! Que terrível! Eu não passo uma noite sem que me deite na cama e agradeça ao Pai Celestial porque, neste país, ainda podemos dormir sem sermos incomodados. Mas é difícil pensar em todos aqueles que não podem fazer o mesmo.

Ah! Sim, e o rei Carol, da Romênia, abdicou em favor de seu filho Michael. A sra. Lupescu viajou com ele para o exílio e a princesa Helena, ou a rainha-mãe, deverá fazer uso de seu título e voltar para Bucareste. Deve ser excitante pertencer à realeza nesses dias.

E os novos cartões de racionamento do pão foram-nos entregues.

21 DE SETEMBRO

A guerra aérea continua e está se tornando horrenda! Dez mil civis mortos por bombardeios aéreos, apenas em Londres, declarou Churchill em um discurso recente. E os alemães prometeram métodos até mais destrutivos. Eles esperam que a guerra termine até o outono, e Ribbentrop esteve em Roma. Aparentemente, foi discutida a divisão da África. De acordo com a "nova ordem", somente a Alemanha, a Itália e a Espanha poderão pronunciar-se a respeito dessa área. A expectativa é que a Espanha entrará na guerra ao lado dos Poderes do Eixo, a qualquer momento, muito embora esse pobre país já tenha sofrido bastante com sua guerra civil de 1936-1937.

Na Noruega, os alemães estão reconstruindo as estradas, por tudo o que elas valem, e concentrando suas tropas ao norte como um salutar *memento mori** para os russos.

No dia 15 deste mês comecei meu secreto "trabalho de defesa", que é tão secreto que não tenho coragem de escrever a respeito aqui. Eu estive no emprego há uma semana e tornou-se totalmente claro que, da forma como as coisas estão, não há país na Europa que

---

*N.T.: Lembre-se de que és mortal.

tenha permanecido tão intacto e imune ao impacto da guerra quanto aqui, na Suécia, apesar do considerável aumento dos preços, do racionamento e do alto índice de desemprego. De acordo com a visão dos estrangeiros, aqui vivemos suntuosamente. Eu penso que nossas rações sejam tão generosas a ponto de, na hipótese de alguém comprar tudo a que temos direito, esse alguém acabaria tendo enormes dificuldades financeiras.

E ontem tivemos água quente, e isso acontecerá duas vezes por semana. A coluna de Kar de Mumma, no jornal *Svenska Dagbladet*, deu-nos hoje um panorama dos eventos:

[Recorte de jornal sueco colado aqui: resumo de uma coluna cômica.]

A partir de segunda-feira, o pão também será racionado, portanto, agora teremos de levar também nossos cupons ao restaurante. As coisas poderiam tornar-se uma história em quadrinhos dinamarquesa.

[Recorte do jornal Dagens Nyheter, *1940: O Correio dinamarquês deverá administrar os cupons de pão, dando aos clientes seu troco em selos de pequeno valor. Um cartunista dinamarquês imagina a cena].*

É extraordinária a forma pela qual simplesmente nos acostumamos com qualquer coisa! Outro dia eu estava pensando se chegará o dia em que estranharemos ver um indicador de "abrigo" nos *halls* de nossa pacífica entrada. Neste momento, parece perfeito o fato de haver salas em todos os lugares, cuja única função é a de proteger os seres humanos no caso de outros seres humanos começarem a bombardeá-los. Portanto, quando vejo o aviso no *hall* com suas letras azuis dizendo "Abrigo", todas as vezes que saio ou o vejo no elevador avisando que ele não deve ser usado durante o alerta de um bombardeio aéreo, não tenho mais qualquer reação. Ah! Se pudéssemos ouvir nossos netos perguntarem um dia: "Abrigo? O que é isso?".

26 DE SETEMBRO

Ontem, Terboven, o comissário de guerra alemão para a Noruega, dirigiu-se ao povo norueguês pelo rádio, e aqueles que pensavam que a Noruega teria o direito de controlar seus próprios assuntos ficaram bem decepcionados. A família real foi deposta e não tem permissão para voltar à Noruega, assim como o governo de Nygaardsvold. Todos os partidos políticos são proibidos na Noruega, a não ser que seja para a Unidade Nacional, ou seja, o partido de Quisling. Portanto, Quisling, o traidor, venceu, e dizem que ele terá um lugar no novo Conselho de Estado, e as outras nomeações anunciadas serão as de todos os colegas da mesma laia de Quisling. Coitado do rei Haakon e Olav e Martha! Martha e seus três filhos foram para a América a convite do presidente Roosevelt; Haakon e Olav devem estar na Inglaterra. E hoje, na Dinamarca, houve uma grande festa em comemoração ao 70º aniversário do rei Christian. Parece que a Dinamarca teve uma sorte melhor depois de sua invasão do que a Noruega, embora os dois países tenham direitos restritos de autodeterminação.

As notícias também informam que os japoneses marcharam na Indochina e, aparentemente, os franceses bombardearam Gibraltar – esse sofrimento está se espalhando por todos os lugares. Teremos de ver se, uma vez terminadas as eleições presidenciais, a América também irá participar do jogo.

29 DE SETEMBRO

Agora o Japão assinou um pacto com a Itália e a Alemanha, o que resultará em que ele, Japão, juntar-se-á aos Poderes do Eixo se acaso outro grande poder (isto é, a América) venha a juntar-se aos ingleses.

Sture pensa que a guerra acabará até o Natal. *Quem viver, verá!*

> *[Recorte do jornal* Dagens Nyheter *de 4 de outubro, com a foto da bandeira norueguesa e a notícia de que ela e o Parlamento serão abolidos].*

13 DE OUTUBRO

Não, era uma mentira! A clara intenção é a de que os noruegueses mantenham sua bandeira.

Sábado passado, eles introduziram cupons para a compra de *bacon* e presunto, e (ontem) estávamos todos esperando cupons para a manteiga, e eu – por causa das crianças – fiz um estoque de três ou quatro quilos. Mas os cupons não vieram e eu fiquei com minha geladeira cheia de manteiga.

Na França ocupada, as pessoas têm direito a *200 gramas de manteiga* por mês, conforme informações trocadas por cartas. As cartas também se referem à total falta de alimentos na Bélgica. Tudo o que é doado, roupas e alimentos são enviados para a Alemanha. Isso faz com que nos sintamos sem qualquer esperança, sentados aqui no trabalho e lendo essas cartas.

Todos esses países ocupados, sejam eles os Estados bálticos assumidos pela Rússia ou os países que a Alemanha incorporou, estão sofrendo terrivelmente sob o jugo estrangeiro. Na Estônia (e presumidamente na Letônia, Lituânia e na Polônia também, apesar de não ter lido qualquer carta desses países), ninguém pode possuir mais do que 30 hectares de terra. Se alguém tiver até mesmo meio hectare a mais, ele deverá ser nacionalizado. A partir de 1º de outubro, todos os preços de produtos subiram de 40% a 50%; no dia anterior, houve um completo pânico nas lojas, de acordo com as cartas recebidas. As pessoas não têm mais permissão de possuir apartamentos grandes; a cada indivíduo é alocada certa área de espaço, e o resto é ocupado pelos assim chamados "convidados", que não pagam aluguel. As pessoas não se atrevem a escrever muita coisa em suas cartas, mas "prometem contar tudo quando se encontrarem novamente". O idioma russo substituiu o inglês nas escolas e as crianças devem aprender mil palavras russas por ano. As últimas confirmações já ocorreram – e uma garota estava preocupada com a possibilidade de não permitirem a celebração do Natal este ano.

Nas cartas holandesas, eu li a respeito do blecaute. De acordo com o novo regulamento, não é permitido estar na rua depois das 9 horas (ou talvez fosse 10 horas?), ou antes das 4 horas da madrugada. Se você tiver convidados, eles devem calcular o horário de saída a fim de não serem presos na rua dentro do horário proibido. Há muito flerte e muitas risadas (de acordo com meu informante holandês), quando os convidados devem encontrar um lugar para ficar até as 4 horas da manhã. Ah, bem, até mesmo este ano de 1940 teve suas compensações!

Eu ainda acho que os noruegueses merecem nossos melhores sentimentos. Houve uma coleta de roupas para a Noruega e eu fui procurar se ainda tinha mais coisas para dar. Entre outras, acabei achando minhas velhas botas de esquiar, só Deus sabe de quantos anos atrás, mas deve ter sido em 1924.

Na Finlândia, as coisas estão superficialmente calmas, mas acredito que não haja qualquer senso de segurança. A Finlândia agora admite, como a Suécia, saber da permissão do trânsito de soldados alemães em licença, mas há um rumor circulando de que os alemães permanecerão no país.

De acordo com um relatório, o qual naturalmente não pode ser verdade, há atualmente na Finlândia 100 mil alemães. Bem, mesmo que seja verdade, a Finlândia, agora, está investindo suas esperanças na Alemanha para sua proteção contra a Rússia. O quanto isso se justifica não sabemos, e só nos resta esperar para saber. De qualquer forma, o perigo russo é constante e a ameaça é válida tanto para a Finlândia quanto para a Suécia – e neste momento estamos concentrando nossas forças de defesa na fronteira com a Finlândia.

Parece haver problemas nos Bálcãs. A Romênia e a Hungria não conseguem chegar a um acordo. A Alemanha posicionou um grupo de tropas na Romênia, aparentemente esperando injetar um pouco de vida no exército romeno, que é totalmente podre até o próprio âmago. Isso levou os ingleses a ameaçar quebrar as relações diplomáticas com a Romênia. A pequena Grécia está fervilhando. A Inglaterra estará logo abrindo a "Burma Road"*. Eu não sei e não tenho nenhuma pista sobre o que isso significa, mas parece ameaçador.

A Suécia continua em paz. Quase todas as cartas demonstram gratidão por esse milagre, porque esse é realmente um verdadeiro milagre. E a Suécia é o Shangri-Lá onde alimentos, bolos e chocolate ainda são conseguidos. Em todos os cartões-postais enviados para a Finlândia, os finlandeses que estão aqui nos visitando estão encantados com o chocolate, as frutas e os bolos. No inverno passado, as árvores frutíferas congelaram na Finlândia e na Estônia, de maneira que neste ano não há quase frutas nesses países.

Não há palavras que possam expressar a pena que sinto ao ler, todos os dias, essas cartas clamando pedidos desesperados de pobres judeus para obtenção de vistos e licenças de entrada de um país para outro. Pelo que eu pude compreender, são pessoas que vagueiam por todo o globo, destinados para sempre a não ter raízes ou um lar. São tantas que escrevem, às vezes somente para desejar boas festas ou para informar sobre parentes que conseguiram se estabelecer em

---
*N.T.: Estrada de Burma.

Buenos Aires ou, então, para falar de parentes que morreram em um bombardeio sobre Tel-Aviv.

Eu me sinto estranha lendo cartas de pessoas que escrevem sobre mulheres e crianças que conheceram *pessoalmente* e que morreram durante ataques aéreos. Enquanto você está apenas lendo a respeito disso no jornal, é possível optar por acreditar ou não no que está sendo noticiado. Mas, quando você lê em uma carta que as crianças de Jorge foram mortas durante a ocupação de Luxemburgo, ou algo parecido, você é terrivelmente atingido, como se fosse uma flecha que diretamente atingiu o alvo.

Pobre raça humana: quando leio suas cartas, fico impressionada com a quantidade de doenças, angústias, tristeza, desemprego, pobreza e desespero que podem caber nesta terra miserável.

Mas a família Lindgren está bem! Hoje levei minhas crianças bem alimentadas ao cinema para assistir a *Young Tom Edison*. Vivemos em nosso apartamento lindo e aconchegante; ontem, tivemos lagosta e patê de fígado para o jantar e hoje comemos língua de boi e couve roxa, ovos cozidos e patê de fígado em nosso *smörgåsbord* (temos de agradecer a Sture por essa extravagância). É preciso saber que isso só é permitido aos sábados e domingos e, mesmo assim, isso me faz sentir culpada ao pensar nos franceses e seus 200 gramas de manteiga por mês.

Eu estou ganhando 385 coroas por mês, graças à guerra. Sture (graças à guerra também) é praticamente diretor na M. [Motormännens Riksförbund, a Associação Sueca de Motoristas] e é provavelmente uma questão de tempo para essa oficialização. Na reunião da diretoria do dia 27, será discutida a possibilidade de conceder-lhe um aumento de salário. Somos muito afortunados e sou muito grata por isso. Naturalmente, eu procuro impressionar Deus com minha gratidão para que Ele continue nos favorecendo com Sua bondade e mantenha Sua mão sobre mim e sobre os meus.

29 DE OUTUBRO

Ontem de manhã, a Itália entrou em guerra com a Grécia. Ou, como era de se esperar, "a Grécia é a total responsável pelo começo das hostilidades", é claro, pois a Itália havia simplesmente solicitado a permissão de usar alguns pontos estratégicos em território grego, a fim de estimular sua estagnada ofensiva no Mediterrâneo oriental.

Mas vejam só o que aconteceu: a Grécia recusou-se a favorecer a Itália em seu pedido. A questão agora é saber se a Inglaterra tem condições de socorrer a Grécia. A frota do Mediterrâneo é certamente forte, mas no ar a Inglaterra já ficou bastante ocupada defendendo seu império no norte da África. Agora posso dizer que a luta pelo Mediterrâneo está para começar de verdade. Pobre Grécia! A Iugoslávia nada pode fazer porque, se fizer, ela será imediatamente atacada pela Itália e pela Alemanha. A Romênia, obviamente, também não pode fazer nada, e a Bulgária não quer mesmo fazer nada. Isso faz com que a Turquia, definitivamente, tenha motivos para intervir, mas a geografia não a favorece.

Nosso caro pequeno Hitler esteve voando de um país para outro há algum tempo. Primeiro esteve na França, onde se reuniu com o velho Pétain para apresentar as linhas gerais de uma paz separada com a França; depois, ele foi encontrar-se com Franco, para persuadi-lo a fazer com que a Espanha entrasse na guerra ao lado dos Poderes do Eixo (mas não acho que ele conseguiu demovê-lo, pois a Espanha não aguentaria um bloqueio britânico). Então, ele foi para Florença para encontrar-se com Mussolini e verificar o andamento da guerra com a Grécia, ou seja, tudo havia sido planejado com bastante antecedência.

Aqui na Suécia, na semana passada, em 24 de outubro, sofremos o pior acidente que jamais nos aconteceu em termos de perda de vidas humanas. Em Armasjärvi, perto da fronteira com a Finlândia, 46 jovens soldados morreram, quando uma balsa com 102 soldados afundou, em razão do mau tempo.

6 DE NOVEMBRO

Franklin Roosevelt foi reeleito presidente dos Estados Unidos pela terceira vez, o que é inédito na história americana. Willkie, o adversário de Roosevelt, tinha uma boa chance, mas, quando chegaram nas finais, a vitória de Roosevelt foi enorme. Houve festa na Inglaterra, pois isso significava melhores perspectivas de a América juntar-se à guerra.

Esses são os primeiros cartões de racionamento. É assim que eles se pareciam nessa guerra. Cupons A8, cruzados; lembro que eram para a margarina.

[Um recorte de jornal sem data e sem identificação e quatro cupons pequenos, com os nomes dos quatro membros da família].

Além desses, tenho certeza de que foi para o açúcar, café, sabão e sabão em pó que usamos esses primeiros cartões de emergência. Até hoje ainda temos cartões para açúcar, café, chá, cacau, farinha e pão, sabão em pó, *bacon* e presunto. Tenho certeza de que é isso. Não temos muito café agora, desde o racionamento, o período foi aumentado das originais quatro semanas para sete semanas. O racionamento dos outros produtos até parece bastante generoso para mim, apesar de recentemente ter lido a carta de uma senhora, queixando-se de que não há muito açúcar, há muito pouca farinha e quase nada de *bacon*. Entretanto, as pessoas estiveram estocando manteiga, e hoje não há um grama sequer em toda a cidade. Seria melhor se eles trouxessem cupons para manteiga também.

Existem rumores de que há apenas uma explicação para a falta de um ou de outro produto, e essa explicação seria que são os alemães que controlam as provisões a nós endereçadas. Eu acredito que seja verdade, apesar de todas as enfáticas negações do governo.

Hoje, no trabalho, ouvimos algumas notícias alarmantes por meio de uma carta do pequeno Baby Jesus, Sven Stolpe, para uma senhora na Finlândia. Ele disse que os alemães estão censurando as cartas da Finlândia, cartas que tinha recebido com o carimbo "*Deutsches Wehrkommando, Rovaniemi*" [Comando das Forças Armadas Alemãs, Rovaniemi]. Se isso for verdade – e já houve indícios anteriormente –, então a Alemanha está claramente conduzindo os países nórdicos à força, sem nosso conhecimento e à nossa revelia. E parece claro que isso esteja ocorrendo. Pelo volume de cartas, é possível dizer que toda a Suécia está a par do fato. Que estranhas constelações políticas podem resultar disso? As nações nórdicas são democratas de alma e coração e, certamente, não se sujeitarão a uma ditadura no modelo alemão. Originalmente, a Alemanha e a Rússia eram inimigos mortais ou, de qualquer forma, suas respectivas ideologias eram totalmente distintas. Mas, assim mesmo, hoje elas são nações aliadas.

Eu acredito que nosso país inteiro seja a favor dos ingleses – mas, no momento, somos obrigados a nos unir com os alemães. A presença da Alemanha na Finlândia é considerada pelos finlandeses uma proteção contra os russos, mas, se levarmos isso para a sua conclusão lógica, significaria um rompimento entre a Rússia e a Alemanha, o que permitiria um conflito entre a Finlândia, aliada à Alemanha, contra a Rússia. Mas nesse caso a Finlândia se tornaria inimiga da Inglaterra. Ah, meu Deus, que confusão!

A pequena Grécia está lutando corajosamente, e parece até estar conseguindo algumas vitórias. Talvez seja porque, em grande parte, os soldados italianos são piores que os gregos.

E agora, tivemos nossa primeira nevada e entramos no segundo inverno da guerra – com suas lágrimas, privações, necessidades, tristezas e ansiedades para todos os povos da Europa.

10 DE NOVEMBRO

O bondoso senhor de idade que estava sempre atrasado, nossa pomba da paz de 1938, imensamente admirado porque ele realmente parecia ter encontrado uma forma de evitar a guerra, ou seja, Neville Chamberlain, faleceu ontem à noite. Ele não viveu para ver como esse espetáculo terminaria, e provavelmente seja melhor para ele. Nunca me esquecerei daqueles dias alarmantes de setembro de 1938, quando as nuvens da guerra pairavam mais ameaçadoras do que nunca, e quão maravilhoso pensamos que o desfecho iria ser quando Chamberlain, decididamente, colocou o guarda-chuva embaixo do braço e voou para Munique. As coisas se acalmaram, acreditávamos que fosse o milênio chegando. Mas Chamberlain tinha a confiança do mundo todo – com exceção, talvez, da Tchecoslováquia.

Mas, dentro do mesmo ano, Herr Hitler estava em movimento novamente, e dessa vez até Chamberlain podia sentir e ver que de nada adiantava ser bonzinho e educado. Mas já era tarde, e ele teve de sofrer uma enorme parte da culpa, sendo até considerado a personificação da incompetência da democracia. A arma secreta da Alemanha – de acordo com alguns rumores – era o próprio Chamberlain. Depois da tentativa de assassinato e das acusações alemãs de que tudo fora planejado pelos ingleses, as pessoas passaram a dizer que, obviamente, se tratava de uma maquinação de Chamberlain, porque o fato aconteceu com dez minutos de atraso. Mas isso já não importa mais, e eu só sei que ele era um homem muito bom e estou contente que ele tenha escapado deste planeta cheio de problemas. Talvez Deus lhe dê um lugarzinho bem bonito no Paraíso – "Abençoados são os humildes" –, o lugar onde ele possa sentar-se embaixo de seu guarda-chuva sem ser incomodado.

15 DE NOVEMBRO

Ontem foi meu aniversário, e completei 33 anos. Logo de manhã, as crianças e meu marido me presentearam com uma bolsa e uma caixa de costura. Karin estava vestida com sua túnica de balé azul-clara. Comemos pato e couve vermelha e, no jantar, um bolo. De casa, recebi uma maravilhosa caixa de guloseimas e dois quilos de manteiga. Esse foi o melhor, o inimaginável e inesperado presente de aniversário que jamais tive, sobretudo em virtude da condição atual. É literalmente impossível hoje em dia comprar manteiga em Estocolmo, por conta do volume de pessoas que estocam o produto em casa. Aqui, as pessoas têm permissão para comprar pequenas rações de cada vez. Mas há muita manteiga no resto do país, acho eu.(*)

Desde meu último registro, duas coisas aconteceram: um forte terremoto na Romênia causou a morte de dezenas de milhares de pessoas, e Molotov foi ver Hitler. O povo sueco e, presumidamente, outros povos também, estão quebrando suas cabeças sobre os possíveis resultados da visita. Estamos convencidos de que os alemães têm a capacidade das mais nefastas negociações, se for necessário, mas devemos presumir que seja a respeito dos Bálcãs, ao passo que os Bálcãs esperam e acreditam que seja a nosso respeito.

(*) Não, enviamos grandes quantidades para a Finlândia,
provavelmente para uso das tropas alemãs.

17 DE NOVEMBRO

Albert Engström morreu ontem à noite. O terceiro de nossos grandes personagens; primeiro, Selma Lagerlöf; depois, Heidenstam, e agora, Albert, todos em um ano. Ele era filho da prima da vovó, "como se isso fosse algo para se gabar", conforme disse a sra. V. [provavelmente Alice Viridén].

23 DE NOVEMBRO

Os gregos realmente conseguiram expulsar os italianos de seu país; batalhas estão fervendo na Albânia. Eu acho que a Alemanha terá de intervir logo para ajudar seu desastroso parceiro do Eixo que nunca foi capaz de vencer uma batalha sem ajuda. Na Inglaterra, dizem: "Justo é justo. Na última guerra mundial, a Itália foi nossa aliada; agora é a vez da Alemanha". O rei Bóris, da Bulgária, foi ver Hitler; a Hungria fez um pacto com os Poderes do Eixo; a Turquia está se preparando para a guerra.

Parece que os nervos na Finlândia estão à flor da pele. Soubemos, por meio das cartas, que alguns lugares na área Hangö [Hanko] foram evacuados, inclusive Ekenäs. (Mentira!) Algumas cartas diziam que os alemães haviam se retirado novamente da Finlândia, o que realmente nos preocupou. Mas Brita Wrede disse ontem que seu cunhado, que vive na Finlândia, disse que os russos também estavam se retirando de Hangö [Hanko]. Devemos interpretar isso como uma indicação de que Hitler e Molotov chegaram a algum tipo de "acordo de cavalheiros" para retirar as tropas da Finlândia, por elas serem necessárias em outro lugar? Teremos de esperar para ver.

Alguns dias atrás, eu li a carta de um major-general alemão, hospedado no Grande Hotel de Estocolmo, endereçada a um *Oberleutnant** em um hotel de Vasa [Vaasa], que continha, entre outras coisas, uma fotografia do major-general com as palavras [em alemão] escritas à mão: "Em grata lembrança de trabalho passado na Lapônia, outono de 1940". Ele também escreve que Mannerheim o premiou, nomeando-o "comandante da Rosa Branca da Finlândia". Eu gostaria muito de saber por quê. Ele continua dizendo estar esperando que a guerra permita que o reveja em algum outro lugar – "isso seria muito bom". Eu acho que seria "muito bom" se não houvesse mais guerra! Ontem à noite, eu li *Tyskt väsen och svensk lösen* [A Natureza Alemã e a Palavra de Ordem Sueca], um panfleto de Fredrik Böök que provocou uma grande controvérsia. É como Eyvind Johnson colocou em uma carta para Diktonius, Böök é um amigo de todas as horas. Eu acho que ele acompanha cada variação no sopro do vento e, neste momento, há fortes ventanias soprando através dos países nórdicos. Eu também acho que Böök estava certo

---

*N.T.: Primeiro-tenente.

quanto ao que disse a respeito das raízes psicológicas do Nazismo, mas quanto à sua fé cega e ingênua (presumindo que seja genuína) nos benefícios em tornar-nos parte de uma nova ordem, depois das verdades dos últimos dias, não posso compactuar com isso. Eu nunca poderei colocar a minha fé em um regime que criou campos de concentração em Oranienburg e Buchenwald; um governo que permitiu e apoiou os *pogroms** durante o outono de 1938, e que manda para a prisão, por um ano, uma garota que rasgou a fotografia do Führer.

30 DE NOVEMBRO

Há um ano, começava a guerra da Finlândia. Era o início de um longo período de tempo cheio de agonia e desespero, que culminou provavelmente naquele dia difícil de paz, quando todos nós, aqui na Suécia, estávamos penosamente conscientes da amargura que os finlandeses sentiam a nosso respeito – apesar de tudo o que fizemos para ajudá-los. Mas, quanto ao que é mais crítico e importante – intervenção ativa –, isso nós não fizemos, embora quase todos nós, quando os sentimentos atingiram o ápice, assumimos uma posição ativista. Mas nosso sábio governo, que, na época, todos nós odiávamos e desprezávamos, impediu que agíssemos – e, subsequentemente, os eventos mundiais provaram que ele estava certo. Mas, no inverno passado, nós não sabíamos disso e sentíamo-nos muito mal sabendo que os soldados finlandeses estavam lutando sozinhos, sob forte tensão, bem além da capacidade humana.

Eu me pergunto se algum povo jamais sentiu uma pena tão profunda por outro povo como nós, na Suécia, sentimos pela Finlândia; estávamos em uma imensa onda de amor não correspondido pela Finlândia e, em nosso amor e desespero, demos à Finlândia tudo o que fosse possível pensar – dinheiro, centenas de milhões de coroas, se fosse possível somar tudo o que foi doado, armas, munições, roupa, alimento, sangue engarrafado, esquis, cobertores, ambulâncias, remédios, luvas que tricotamos como loucas, alianças de ouro e quem sabe o que mais. Aqui na Suécia, acolhemos milhares e milhares de crianças, e as fábricas trabalhavam nos fins de semana para a Finlândia, com pessoas doando um dia de trabalho por mês, e assim

---

*N.T.: Massacres organizados contra um determinado grupo étnico

por diante, *ad infinitum*. E, no entanto, nós tínhamos constantemente aquele sentido de preocupação de não estar fazendo o suficiente. Mas a amargura que os finlandeses sentiam por nós, quando a paz foi assinada definitivamente, foi desaparecendo e, somando tudo, eu acredito que, hoje, eles sejam gratos à Suécia, porque, sem a ajuda da Suécia, o resultado da guerra provavelmente teria sido até pior. Eu nunca esquecerei a guerra da Finlândia de 1939-40, seu "Inverno de Honra", quando todo um povo lutou por sua liberdade além do limite de sua capacidade e habilidades.

A guerra da Finlândia, os soldados finlandeses lutando em seus uniformes brancos de camuflagem, o frio inacreditável, a terrível batalha do Istmo da Carélia, em Suomussalmi; em Petsamo, tudo ainda está muito vivo em nossas mentes. Não há nada no mundo que se compare com esses eventos, e as emoções que sentíamos naquele inverno também estão além de qualquer comparação.

10 DE DEZEMBRO

As coisas estão difíceis entre a Suécia e a Noruega, ou seja, nossos sentimentos pelos noruegueses não mudaram, mas existem indicações recorrentes contra nós. Eles pensam que deixamos os alemães passarem com seu exército por nosso país durante a guerra contra a Noruega. Dizem que, certamente, 34 vagões ferroviários passaram pela Suécia carregando "médicos assistentes" e alimentos durante a guerra. Eu não sei se isso é verdade, mas os noruegueses devem ter alguma base para acreditar no que estão fazendo. É claro que os alemães fazem de tudo para alimentar esse rancor. Ouvimos coisas terríveis da Noruega, parece mesmo que ali foi implantado o reino do terror, mas os noruegueses se recusam a baixar a cabeça. Ou, pelo menos, parece que o Partido da Unidade Nacional e Quisling não terão condições de manter a ordem na Noruega. Quisling esteve em Berlim há alguns dias. Deus queira que os alemães percebam que esse tipo de controle não funcionará com os noruegueses.

Hoje, Hitler fez outro discurso, mas ele parece estar um pouco cansado; e quando ele diz que a Alemanha vencerá militar e economicamente, em minha opinião, ele não parece muito convincente. Um dos jornalistas suecos, convidado pela Alemanha, disse recentemente a Sture que o povo alemão não acredita mais na vitória. Como sempre, o tempo está trabalhando a favor da Inglaterra, e vendo que, na realidade, a tão falada invasão alemã não aconteceu, é possível duvidar das chances de a Alemanha ganhar essa guerra.

Sem mencionar o fracasso da Itália! Os gregos forçaram os italianos ainda mais para trás e para a Albânia. Além disso, parece que os italianos estão tendo problemas também no norte da África. O marechal Badoglio, chefe geral dos militares e outros grandes chefes perderam seus postos, o que geralmente é sinal de fraqueza. Dizem que Mussolini está muito deprimido e, conforme o *Aftonbladet* de hoje, o conde Ciano está sendo vitimizado pela desventura grega.

Ah, sim. Eu me esqueci de escrever que Kallio renunciou à presidência da Finlândia, alegando questões de saúde. Esse homem honrado tem o profundo respeito de seu povo. Ryti é mencionado como seu possível substituto, mas também falam de Kivimäki e possivelmente Paasijkivi. Eu tenho certeza de que será Ryti.

21 DE DEZEMBRO

Anteontem, dia 19, o presidente Kallio empreendeu sua última viagem, de onde não há retorno. Ryti tinha acabado de ser eleito e Kallio e sua esposa estavam indo para sua casa em Nivala. Foram acompanhados até a estação pelos residentes de Helsinki, juntamente com Mannerheim e Ryti. "Tocaram a Marcha do Regimento Björneborg." A rota do casal estava iluminada com tochas ardentes, e então ele teve um colapso e teria caído ao chão, se Mannerheim não o tivesse amparado com seu braço. Ele foi levado para um vagão ferroviário, onde deu seu último suspiro. Um nobre coração finlandês parou de bater – e a despedida de seu povo não podia ter sido mais dramática. Ele também era muito amado na Suécia, podemos ver isso nas cartas de hoje.

No deserto da Líbia, batalhas estiveram fervendo por algum tempo entre os ingleses e os italianos – e os italianos estão sendo muito pressionados. Além disso, como é possível aguentar uma guerra em um deserto sem mais nenhum alimento, sendo que cada gota de água e toda a munição devem ser transportadas por grandes distâncias? E, além disso, conforme um comunicado de hoje, a frota inglesa movimentou-se para o Adriático, colocando as tropas italianas na Albânia em uma posição desastrosa, e isso significa a possibilidade de uma invasão britânica na Itália. Sture contou uma piada sobre os pobres italianos (na imprensa, piadas sobre italianos são proibidas até que não seja concluído o acordo comercial). Na França, há tropas francesas e italianas em ambos os lados da linha de demarcação. E agora Sture disse que os franceses colocaram grandes cartazes, nos quais estava escrito: "Gregos, parem! O território francês começa aqui!".

Houve um chocante acidente em Bofors [fábrica de armamentos] ou, para ser mais preciso, em trabalhos de Björkborn. Uma pequena quantidade de TNT pegou fogo e aconteceu uma terrível explosão e um incêndio devastador. Oito mortos. Não foi informada a extensão da destruição, os jornais não têm permissão de fornecer detalhes.

28 DE DEZEMBRO

O Natal chegou e se foi, nosso segundo Natal em guerra! E temos de agradecer o fato de não ter havido bombardeios nessa noite! Nenhuma sirene de ataque aéreo, nem em Berlim nem tampouco em Londres.

Aqui na Suécia, o Natal foi celebrado como sempre, também como sempre usamos e abusamos da comida e da bebida. Devemos ser a única nação na Europa em condições de fazer isso, pelo menos nessa proporção.

Nós, os Lindgrens, passamos o Natal em Näs. Sture, recém-nomeado diretor de M., insistiu que viajássemos de segunda classe, portanto, a viagem foi suave e sem problemas. No dia 26, Sture e eu voltamos (afinal, também tenho de trabalhar), mas as crianças ficaram, por enquanto. Vimos Inger Ingvarsdotter pela primeira vez. Estávamos todos juntos para o jantar da véspera de Natal, as crianças [de Sammel Agust] e Hanna, os netos e todos os genros e noras.

Eu penso que quase todas as pessoas aqui na Suécia sentem-se exatamente como eu, neste Natal de 1940, um Natal puro, não merecido, um estado de graça sem paralelo que nos permitiu celebrar o Natal em paz e tranquilos em nossos lares. Muitas pessoas devem ter passado o Natal em campos de concentração. Mas as voluntárias da defesa deram uma volta distribuindo presentes, e eu sei que a atmosfera era festiva também nos campos.

Entretanto, papai [o sogro de Astrid] não passou um bom Natal. Está com muita dor agora e ontem ele foi levado de barco e de ambulância de Furusund para a casa de repouso Fundação Bethany, em Stocksund. Ele emagreceu demais, mas logo seu sofrimento passará definitivamente. (Ele faleceu em 30 de dezembro de 1940.)

Quanto à guerra, nada de particularmente interessante está acontecendo no momento, com exceção de que as coisas estão péssimas para os italianos. Churchill fez um discurso para o povo italiano, indicando que um homem, e apenas um homem, levou-os para a destruição.

Uma piada: as línguas maliciosas em Berlim dizem que Quisling foi ver Hitler para pedir-lhe que prometesse deixar que ele, Quisling, intitulasse o livro que estava escrevendo sobre sua luta pelo poder, *Mein Kämpflein* [Minha Pequena Luta].

"Coisas desagradáveis ainda acontecem até mesmo nos dias de hoje" [Citação da balada de Johan Lindström Saxon sobre Elvira Madigan]. Neste momento, parte da população sueca está focada no julgamento de Olle Möller, acusado de ter sequestrado, estuprado e matado, no dia 1º de dezembro, o menino Gerd Johanson, de 10 anos de idade.

Esta noite, acabei de ler o livro *Henne fick jag aldrig möta* [A Mulher que Nunca Conheci], que Hans acabou de publicar.

Lars e Karin na Vulcanusgatan, 1941.

Hitler talar inför tyska riksdagen.

Världens herre — vilddjur
i Uppenbarelseboken — en
gång en liten okänd tysk
hantverkare, sitt folks upp
rättare och (enligt min o
mångas åsikt) ödeläggare o
kulturskymningsmakare — v
skall hans slut bli? Får man
gång anledning att säga: Si
transit gloria mundi.

T.V. "O último apelo de Hitler".
20 de julho de 1940.
T. H. Fonte do jornal não identificada.
Os Diários da Guerra 2.

dragelsen så här:

> Varmvattnet kom tillbaka och var sig tämligen likt, kanske inte fullt lika varmt som sist. Vid nedstigandet i det vimpelprydda karet (badrumstaket är ljusblått och handmålat av fru Zarah Leander) deklamerade hembiträdet Hildur ett par dikter av Pär Lagerkvist. Hovkapellet spelade uvertyren till "Kyska Susanna", och sångsällskapet "De Svenske" under ledning av musikdirektör Emil Carelius tonade fram "Stilla flyter Don".
> Ack ja, det var en baddag som stockholmaren sent kommer att glömma. Men så hade han heller inte fått något bad sedan i mars månad.
> ★

Från och med måndag är det
ransonering även på mjukt
bröd, så nu måste man
ha med sig kuponger på
restauranger också.
Kanske det blir ungefär
som vidstående bild
från Danmark:

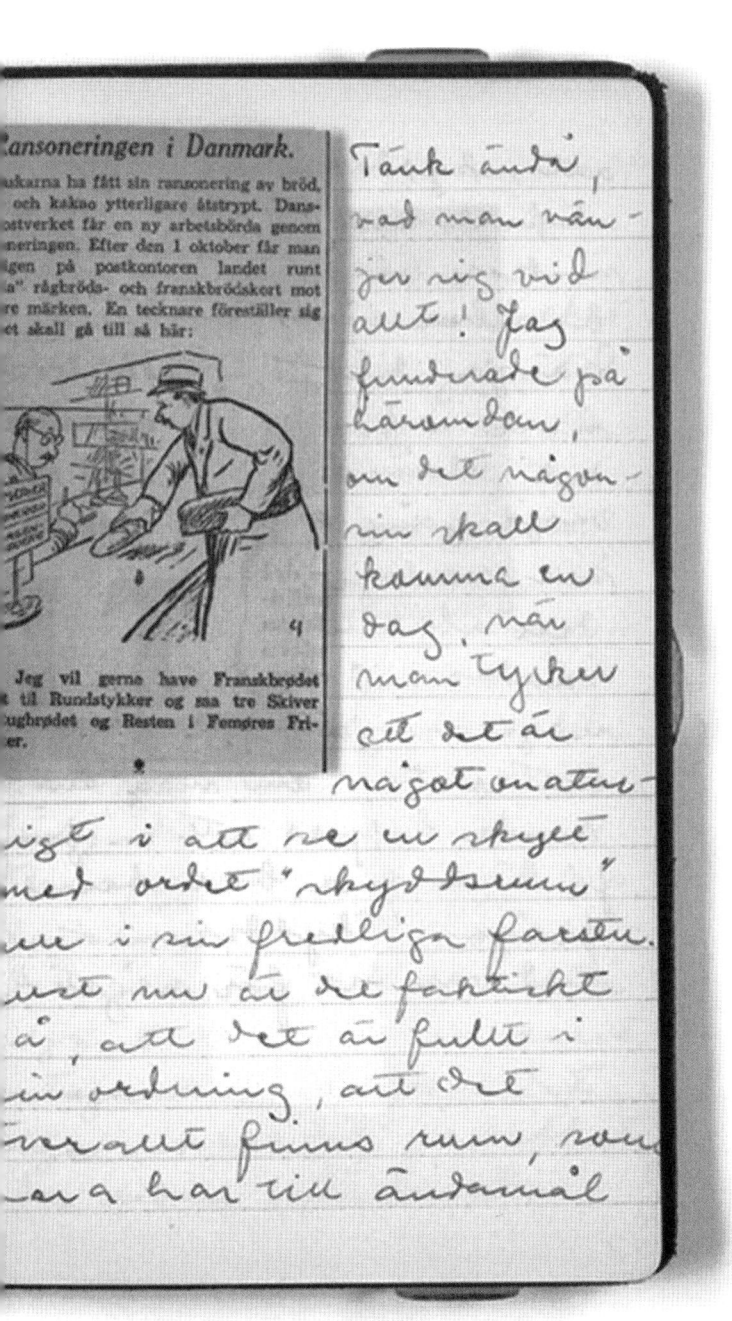

T.V. "Coluna de Kar de Mumma".
21 de setembro de 1940.
T. H. "Racionamento e Dinamarca", por Salon Gahlin.
21 de setembro de 1940.
Os Diários da Guerra 2.

D.N. 4 okt. 1940.
Norge får ny flagga,
stortinget avskaffa
För att symbolisera brytningen med det gamla skall Norge få en ny flagga, meddelade Quisling i ett tal på torsdagen. Flaggan skall vara röd med gult kors. Norge skall organiseras som korporativ stat, och stortinget skall ersättas med ett rikstinget, uppdelat i ett näringsting och ett kulturting.
De norska politiker i administrationsrådet som drivit underhandlingar med tyske kommissarien Terboven ha nu tvingats avstå från alla tidigare innehavda förtroendeposter.
Norges flagga: röd med vit
mörkblått kors, som nu skall s
13 okt. 1940.

"Noruega obtém uma nova bandeira, o governo é abolido".
4 de outubro de 1940.
Os Diários da Guerra 2.

förbrukningen skall sänkas till hälften! Värst blir det med kölden! Ingen ved. Inga kol. Sjukhusen eldar en timme på mornarna — och de är privilegierade...

— Kanske är det en svaghet hos många fransmän att vi alltjämt sätter lit till våra forna bundsförvanter, filosoferar Emile och suger betänksamt på en svart caporal. Förra veckan hade vi visit av R. A. F. och när de tecknade i rökskrift på himlen de två orden p a- t i e n c e och c o u r a g e grät många på gatorna av rörelse. Tålamod. Mod. Ja, de egenskaperna har vi bruk för! Har du sett affischen där en fransk sjöman kämpar för livet i vågorna med brittiska slagskepp i bakgrunden och texten N'o u b l i e z p a s O r a n? Det är en offentlig hemlighet att den sprids av tyskarna; jag tror det är ett psykologiskt missgrepp. Annars är tyskarna hövliga — och stränga. Biograferna är hänvisade till tyska journaler; förekommer demonstrationer slås etablissemanget igen. Hårda böter utdöms för sabotage. Hyser någon en engelsman i sitt hem — faktiskt hade en del blivit kvar efter ockupationen — och uraktlåter anmälningsplikten hotar dödsstraff. Ingenting av detta är något att invända mot. Vi lever i ett besegrat land, vi vet att vi själva har skulden till nederlaget.

— Tyskarna ska ha varmt tack för den organisatoriska hjälpen med återtransporten av flyktingarna; utan den hade Paris inte på länge fått tillbaka 3,8 av sina 4,5 millioner invånare. En annan sak är arbetslösheten, på sina håll uppskattas den till tre fjärdedelar av befolkningen. De officiella siffrorna är mycket lägre. Skall Frankrike få fred och kraft att resa huvudet på nytt? Genom tysk hjälp! Skall vi ens få förbli den första bland nationerna av andra rangen?

T.V. Fonte do jornal não identificada.
T. H. Cupons de racionamento.
Os Diários da Guerra 3, 1940.

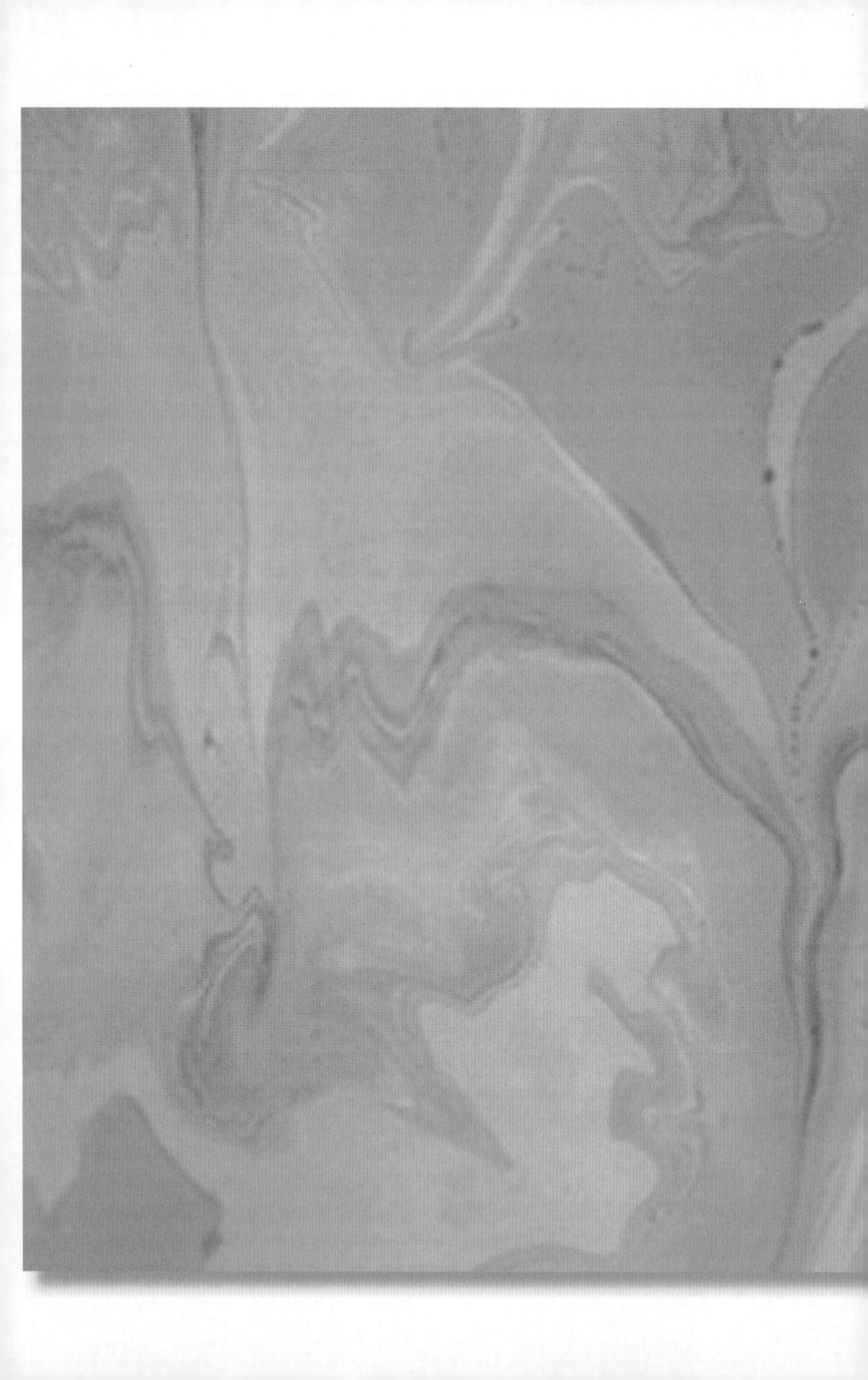

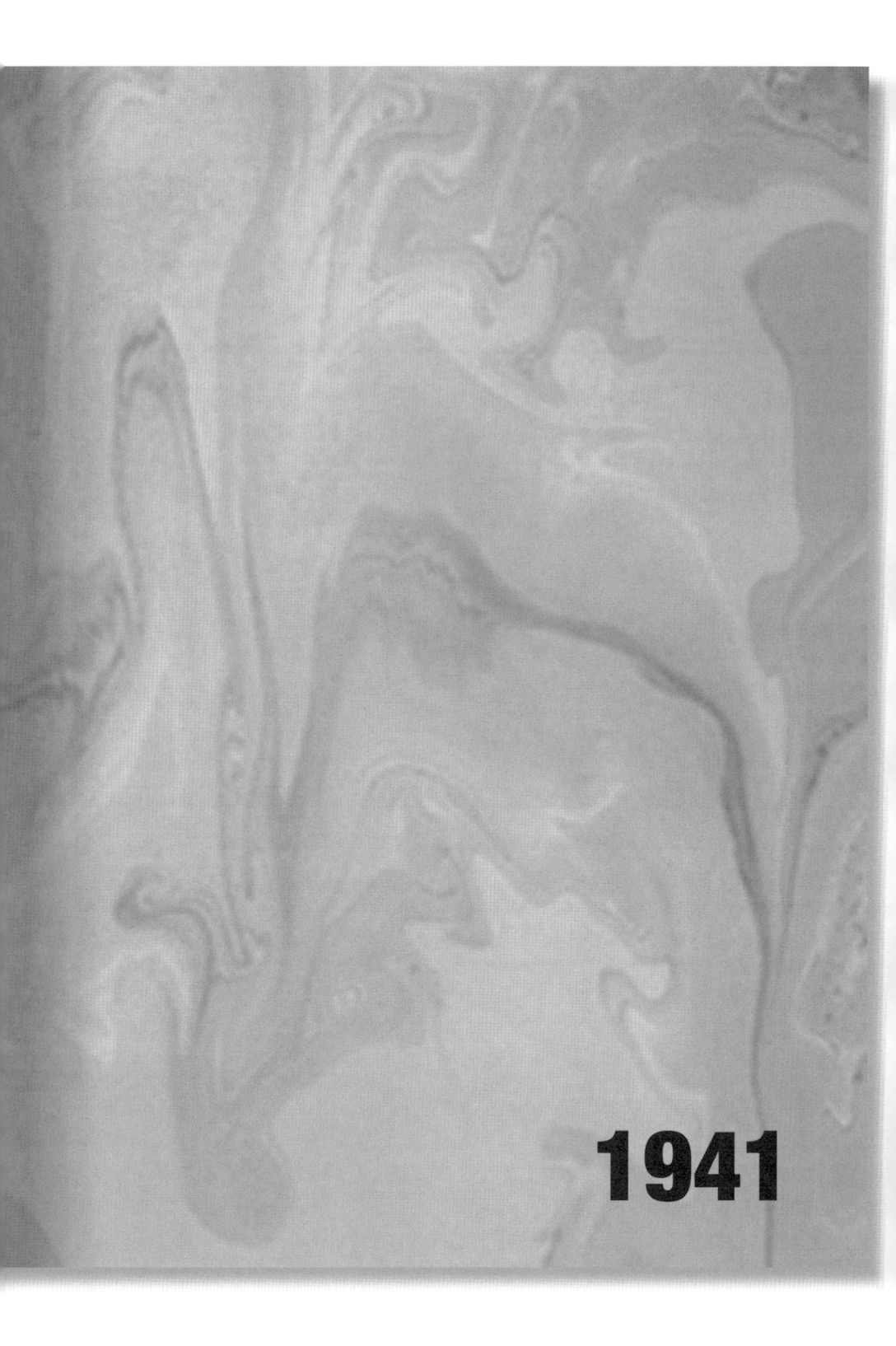

1941

A família Lindgren na Vulcanusgatan, 1941

1º DE JANEIRO DE **1941**

Iniciamos o ano novo com o aumento do imposto de consumo, o racionamento da manteiga e algumas medidas de estrita austeridade. Embarcamos em nossa austeridade ontem à noite, jantamos com os amigos Alli e os Gullanders e tivemos lagosta e pratos sortidos. E uma visita para a revista do Ano-Novo de Karl Gerhard e, à meia-noite, palavras sérias de Karl Gerhard sobre "uma Suécia livre", ao final das quais todos cantamos o Hino Nacional.

As coisas, neste ano, não parecem as mesmas do ano passado nessa mesma época, quando estávamos com medo do que poderia sobrevir durante o ano de 1940. Ou seja, temos todos os motivos para temer o futuro agora também, mas, mesmo assim, não parece ser igual para nós.

Em outros termos, o mundo parece até mais triste do que no ano passado. A Noruega está vivendo uma tragédia ainda maior do que a Finlândia (dizem que Ronald Fangen deu entrada em um hospital, abalado mentalmente em decorrência de um longo e terrível interrogatório, conforme um artigo no jornal. Foi dado um ultimato ao Grupo Oxford, para que se alinhe com o novo regime ou enfrente uma interdição).

Há cada vez menos alimentos na Europa, e isso também vale para os combustíveis.

Roosevelt fez um discurso, no outro dia, muito bem recebido pela Inglaterra, silêncio em Berlim e uma enorme amargura na Itália, o que significa que ela "perdeu a paciência" com os Estados Unidos. Será divertido ver o que acontece quando perder toda a paciência. Dizem que a Itália tem um novo lema: "Viemos quando vimos quem havia sido conquistado".

Quem sabe este ano novo chega para nos trazer a paz. Deus queira que sim.

10 DE JANEIRO

Enfim, é isso aí!

O norte da África é dos americanos, Bardia caiu há alguns dias, com grandes perdas por parte dos italianos, e a próxima cidade, com certeza, será Tobruk. Parece que a força aérea alemã destacará um reforço a ser enviado para o front, mas os ingleses afirmam que já é muito tarde. Também se fala da passagem dos alemães através da Bulgária, em direção à Grécia – desde que isso não signifique que os russos concordaram a fim de ter mais liberdade em outros lugares.

24 DE JANEIRO

Nada de interessante está acontecendo na Grande Guerra, mas, assim mesmo, registrarei minha pequena queixa com respeito ao desconforto geral que tudo isso está ocasionando em nossa existência. Era realmente necessário termos dois terríveis invernos em seguida, só porque está faltando carvão? O frio é de congelar, tanto fora quanto dentro de casa. Passamos quase todo o mês de janeiro com um frio insuportável, e nosso barômetro, dentro de casa, está marcando 15-16ºC. Quando me queixei disso, nosso zelador disse que ficará pior. Nas pequenas casas dos subúrbios, a temperatura interna deve estar em torno de 10-12ºC. Ah, se a primavera pudesse chegar logo! Toda a Europa está fria e passando fome. Mas dizem que em Paris a situação é tão ruim quanto era no cerco de 1870-71. Uma batata custa cinco francos. Há carne de corvo e de falcão à venda nos mercados. Aqui, estamos coletando açúcar para a Noruega e para a Finlândia, economizando-o de nossas próprias rações. Realmente, temos sorte com nossa situação, e isso nos permite ajudar os outros. Também estamos ajudando as crianças afetadas pela guerra na Finlândia e na Noruega, pagando-lhes 30 coroas por mês. Meu Deus! Há muita gente, em todo lugar, precisando de ajuda. Nossos próprios homens em serviço militar, entre outros.

Dizem que Roosevelt e o papa estão conjecturando planos para a paz, mas não acredito que conseguirão qualquer bom resultado.

Há o vírus da *influenza* que veio nos visitar, aqui na Suécia. E, em certos lugares, a situação está tão ruim quanto era a gripe espanhola em sua época.

Os intervalos entre nossas rações de café deverão ser aumentados. Acho que logo estaremos recebendo o mínimo dos mínimos. Um jornal estava anunciando o racionamento da carne no próximo verão.

Tobruk caiu há alguns dias. Os bombardeios sobre Londres e Berlim continuam. Hitler e Mussolini se reuniram.

Uma piada:

Hitler estava treinando seu discurso em um *hall* com um eco muito bom, e começou com algumas perguntas, dirigindo-se a uma plateia inexistente:

Ele berrou, como de costume:
– *Quem governa o grande mundo?*
E o eco responde:
– Roosevelt.
– *Quem é o promotor da paz?*
– Eden.
– *Por onde deve começar a grande revolução?*
– Internamente.
– *Qual é a maior das nações?*
– Sião.

E Hitler, com um sorriso pálido, disse baixinho:
– *Mentiroso!*
(Peço desculpas por algum engano ou erro cometido acima.)

Ontem, Lars e Göran começaram com aulas de dança. A dança sempre será popular e possível, independentemente das pequenas ou grandes guerras mundiais.

Isso me faz lembrar – na Romênia, durante esses últimos dias, houve um conflito que mais pareceu uma guerra civil. Dizem que o ex-rei Carol, que está na Espanha, tentou suicidar-se.

1º DE FEVEREIRO

Eu recortei as imagens da revista *SE* que Sture trouxe hoje para casa. Eu estava quase me esquecendo da existência da Polônia. Mas, quando li a respeito desses pobres judeus, o ódio pelos alemães subiu-me à cabeça, pelo fato de eles pensarem ter o direito de pisar e martirizar outros povos.

[Recorte do jornal SE, *nº 5, 1941: "Cidades judaicas atrás de paredes de pedra". Foto de: uma parede em Lublin; bondes atrelados para judeus em Cracóvia duas senhoras de idade portando braçadeiras com a Estrela de Davi; três mulheres vendendo braçadeiras amarelas].*

[Página seguinte, legendada por Astrid: "E na mesma edição do SE *– Notícias da família Lindgren: Foto de Sture, recentemente*

nomeado diretor da Associação Sueca de Motoristas, e um parágrafo sobre o aumento de membros e o uso de gás de madeira como combustível em tempo de guerra].

9 DE FEVEREIRO

Colei-o aqui, porque achei que ele fosse um bom Editorial [Recorte do jornal Dagens Nyheter, *8 de fevereiro de 1941: "Bengasi". O que está acontecendo na África? O conceito de* Lebensraum].

Ganhamos a corrida de patrulha militar [no Campeonato de Esquis do Mundo Nórdico], em Cortina, batendo a Alemanha, a Itália, a Suíça e a Finlândia. É maravilhoso ter a capacidade de mostrar aos alemães que tipo de soldados temos neste país.

As coisas definitivamente despencaram para os italianos. Meu Deus, que soldados! Os ingleses possuem agora toda a Líbia e a luta continua na Eritreia e na Abissínia. O "Leão de Judá", Hailé Selassié, está com os ingleses, e prepara-se para reassumir o trono. E os abissínios estão se juntando aos ingleses contra os italianos.

Qual será o próximo passo da Alemanha? O mundo todo está em suspense, à espera da tentativa de invasão alemã na Inglaterra, que todos pensam que ocorrerá na primavera. E quando isso acontecer – bem, o destino do mundo será decidido em um dia, em algumas horas. Estarei então interessada em ouvir as notícias, algo que deixei de fazer diariamente.

Acabei de abrir uma carta dizendo que "os alemães estão ficando cada vez menos arrogantes em Estocolmo", e o fato é que, eu acredito, tiveram de baixar sua petulância, ou talvez nós tenhamos criado mais confiança – graças ao nosso armamento sem precedente, o qual não pode ser comparado com o armamento das grandes potências, mas que, assim mesmo, ainda pesa a nosso favor. Outra carta dizia: "Anjos e Fritz estão cortejando Svea".* Sim, claro, desde que nos deixem em paz – Amém!

3 DE MARÇO

A Bulgária aderiu ao Pacto do Eixo e tropas alemãs já entraram no país.

---

*N.T.: Representação da Suécia.

Hoje é o primeiro aniversário do terrível tratado de paz Finlândia-Rússia. Esse dia, no ano passado, foi ocasião de muito choro. Recentemente, li dois livros sobre a guerra do ano passado, a qual já faz parte de nossa história. *Ärans Vinter* [O Inverno da Honra], de Hakan Mörne, e *Tragédia na França*, de André Maurois. Esses dois livros são bem envolventes. A guerra durante o inverno finlandês e o colapso da França durante os dias quentes de maio e junho de 1940 – vamos nos lembrar dos dois terríveis eventos enquanto vivermos. É horrível ler o quanto a França estava despreparada para essa guerra, assim como a Inglaterra – e quão bem preparados estavam os alemães. Maurois escreve: "Foi terrível verificar que uma poderosa civilização viu-se destinada a perecer, simplesmente porque 5 mil tanques e 10 mil aviões, que poderiam ter sido comprados ou construídos, não foram adquiridos a tempo".

A presente situação é a de esperar pelo desastre. Apenas nos últimos poucos dias, os ataques de submarinos foram intensificados e a Inglaterra perdeu muita tonelagem. Mas a ajuda americana está aumentando e o jornal *Allehanda* de hoje disse: "É difícil ver como eles (os Estados Unidos) podem citar provisões legais formais, uma depois da outra, e parar à beira do abismo da guerra".

17 DE MARÇO

No sábado à noite, de repente e estranhamente, a Mãe Svea conclamou muitos de seus filhos – e agora há todo tipo de especulação quanto ao motivo. As coisas têm estado calmas por tanto tempo, a ponto de pensarmos que o perigo tinha, mais ou menos, passado, mas aparentemente não passou. É verdade que o comunicado do governo disse tratar-se apenas de um teste de efetividade da prontidão de nossa defesa, mas ninguém acredita nisso.

Há rumores de que a Alemanha fez as mais ultrajantes exigências, incluindo parte de nossa marinha, mas ninguém realmente sabe de alguma coisa. Eu simplesmente não tenho energia para ficar nervosa e apreensiva como aconteceu no último inverno e na primavera. Eu não dou a mínima a tudo isso, pois estou muito mais preocupada com a alta temperatura de Karin e a respeito dos testes de tuberculose.

21 DE MARÇO

Na realidade, a convocação de sábado é muito preocupante. Eles estão extremamente compreensivos – uma mobilização parcialmente geral. Jenny Tanner mandou uma carta para o seu marido, dizendo que as coisas estavam "tão tensas quanto eram em abril passado, com pressão do mesmo lugar", enquanto outros pensam que a ameaça é da Rússia. E outra carta alegava alegremente que o governo japonês emitiu um ultimato para que a frota japonesa tivesse permissão para passar pelo Göta Canal [na Suécia].

É um peso para as pessoas que foram convocadas anteriormente e esperavam ser liberadas, mas agora, certamente, não há mais condições para isso. O marido da sra. Fähreus chegou de Norlândia no sábado e deve voltar logo, na segunda-feira. Um contingente inteiro [um regimento de infantaria] de 15 soldados, que haviam sido desmobilizados depois de seis meses de serviço e estavam no trem indo para o sul, recebeu ordens para descer do trem na estação seguinte e voltar imediatamente. Alguns chegaram a chorar. Tenho certeza de que Ingegerd também derramou muitas lágrimas, ela que esperava ser levada para a nova casa em Skövde na Páscoa. Mas agora, ele [seu marido Ingvar] foi enviado para algum lugar em sua terra natal, e, portanto, ela terá de ficar em casa. Enquanto isso, a barriga de Inger continua crescendo e Ingvar quase não a vê. Mas, supostamente, parece que as pessoas não devem ficar alegres ou contentes.

A Inglaterra sofreu seu mais intenso bombardeio durante essas últimas noites, e isso está sendo interpretado como o prelúdio da longamente antecipada invasão total.

Milhares de fatalidades. Os alemães dizem que irão reduzir a Inglaterra a um montão de lixo. "Essa pequena área de terra, essa Inglaterra! Não, isso não deve acontecer."

27 DE MARÇO

Ontem, ou pode ter sido no dia anterior, o governo iugoslavo aliou-se aos Poderes do Eixo – e hoje há grandes manchetes nos jornais da noite dizendo que o jovem rei Pedro assumiu o poder, sendo que o príncipe Paulo fugiu e o governo foi derrubado. O povo iugoslavo está em festa, pois não quer essa união com a Alemanha.

É provável que haja guerra entre a Alemanha e a Iugoslávia. A Turquia ainda não entrou na guerra – e está torcendo pela Grécia. Será tremendamente interessante seguir os acontecimentos nos Bálcãs. A Romênia e a Bulgária são instrumentos obedientes da Alemanha – é realmente maravilhoso o fato de a Iugoslávia opor resistência.

Aqui nos países nórdicos, eu acredito que as coisas ainda estão críticas. Per Albin [Hansson] fez um discurso tranquilizador no rádio, o que parece ter resultado em um efeito contrário. Cartas militares aparentemente mostram (ouvi hoje, embora sem nenhuma confirmação) que uma frota mercante alemã, armada, apareceu dentro do limite de 30 quilômetros, perto de Gotland, mas a marinha sueca gentil, mas firmemente, convidou-a a retirar-se.

Uma carta de um judeu, profundamente triste, passou pela minha mesa hoje. Um documento de sua época. Um judeu, recém-chegado aqui na Suécia, enviou para um conterrâneo seu, na Finlândia, um relato do transporte dos judeus de Viena para a Polônia. Acredito que mil judeus por dia foram forçadamente transportados para a Polônia nas condições mais chocantes. Quando algum tipo de instrução chega pelo correio, o indivíduo envolvido deve abandonar sua casa, bem como levar pouco dinheiro e um mínimo possível de bagagem. As condições durante os momentos de espera para o transporte, durante a viagem e na chegada à Polônia, eram tais que quem escrevia não teve coragem de entrar em detalhes. Aparentemente, a intenção de Hitler é tornar a Polônia um grande gueto onde os pobres judeus perecerão de fome e de miséria. Por exemplo, eles não têm possibilidades de se lavarem. Coitados, pobre povo! Certamente, o Deus de Israel deverá intervir logo! Como é possível Hitler pensar que alguém pode tratar seres humanos, nossos semelhantes, dessa forma? Ontem, Sture encontrou-se com um norueguês que estava totalmente convencido de que a Alemanha entrará em colapso no prazo de alguns meses. Mas acho que esse é um seu desejo pessoal.

6 DE ABRIL

Nesta manhã, tropas alemãs invadiram a Iugoslávia e a Grécia! Isso, com certeza, era esperado. Desde o golpe do rei Pedro, a situação ficou cada vez mais tensa. Afinal, os sérvios nunca cederam à coerção. A tensão será quase insuportável, à medida que esperamos para ver se as coisas acontecerão tão rapidamente para a Alemanha nos Bálcãs, tal como aconteceu na Noruega, na Holanda, na Bélgica e na França. E para ver o que farão os italianos na Albânia, com a Grécia de um lado e a Iugoslávia do outro. Hitler emitiu uma de suas bombásticas e patéticas ordens do dia.

> *(Recorte de jornal apresentando as ordens do dia de Hitler para os "Soldados no front sudeste", traduzidas para o sueco. Fonte do jornal não identificada. Mais dois pequenos recortes: Adua, na Abissínia, cai nas mãos das forças britânicas; O almirantado britânico vs. os Poderes do Eixo, perdas na guerra marítima, em tonelagem.)*

12 DE ABRIL

Foi rápido! A Iugoslávia não existe mais. A "Croácia" foi declarada independente; quanto ao resto, é apenas uma imensa confusão que eu não consigo destrinchar. O exército sérvio foi dizimado. Na Grécia, os alemães chegaram a Salônica há alguns dias. A qualquer momento, alemães e ingleses entrarão em luta na Grécia. Na África, a chegada dos alemães que entraram nessa guerra colocou os ingleses em desvantagem.

CONTINUAÇÃO NO DIA DA PÁSCOA

Que coisa incrível! O outro dia estávamos tão contentes que a Iugoslávia estava se empenhando na resistência e tirando o poder do governo a favor dos alemães – e agora parece que o país chamado Iugoslávia desapareceu, ou pouco restou dele. As coisas acontecem com muita rapidez em nossa época. Os abutres estão convergindo de todas as direções para participar dos espólios – a Hungria, que está ativamente participando da guerra, a Bulgária e a Romênia. Em minha opinião, a Iugoslávia está em estado de total colapso. Parece que a Grécia ainda está resistindo e, na parte sul do país, esperamos que os ingleses estejam preparados e em prontidão. Mas, por enquanto, os alemães estão em outro desses períodos que fazem com que pensemos que sejam invencíveis. Porém, tudo será decidido no Atlântico, pelo menos é o que dizem. A perda de tonelagem dos ingleses parece bastante grande. Entretanto, há uma coisa certa: caso essa guerra perdure, a Europa morrerá de fome. Acho que, logo, os únicos países a terem alimentos serão Portugal e Suécia.

Imagine, como é possível nós ainda não nos sentirmos em guerra? Aqui, nós vimos cair um país após outro, mas a Suécia ainda está forte.

Neste outono, depois de dez anos em Vulcanusgatan, estamos mudando para um apartamento caro e lindo em Dalagatan. É horrível sentir-se embarcando nesse tipo de empreendimento em um momento no qual não podemos acreditar que o futuro voltará à normalidade que existia antes da guerra. Mas o apartamento está localizado no primeiro andar, e, assim, teremos proteção acima de nós, o que garante que dificilmente seremos atingidos pelas bombas.

28 DE ABRIL

Parece que os gregos não conseguirão mais resistir por muito tempo. O rei e o governo já saíram de Atenas, e há rumores de que os alemães já entraram em Atenas nos últimos dias. Mas a guerra ainda não acabou. De qualquer forma, devemos admitir que os gregos foram fenomenais ao aguentar a luta desde 28 de outubro do ano passado.

3 DE MAIO

Guerra entre Iraque e Inglaterra! O regime iraquiano implorou ajuda a Hitler. A Arábia pode estar se movimentando. Que perspectiva horrorosa!

A campanha grega está encerrada. Os ingleses completaram outro bem-sucedido "embarque" (aliás, eles são bons nisso). Presumo que o rei e o governo recuaram para Creta.

13 DE MAIO

A sensação de hoje: Rudolf Hess, delegado de Hitler, voou para as Ilhas Britânicas em um avião Messerschmitt e saltou de paraquedas, aterrissando são e salvo, em um lugar onde um agricultor escocês tomou conta dele e levou-o para um hospital em Glasgow. Agora vimos de tudo! Isso aconteceu sábado à noite, embora o mundo tenha sido deixado na ignorância até agora. Inicialmente, os documentos alemães presumiam que se tratasse de um acidente fatal e emitiram obituários para ele. A notícia de que ele esteve na Escócia chocou o povo alemão. A linha do partido oficial é que uma grave dor física o deixara com a mente confusa e, como consequência, ele veio a sofrer de "delírios". Uma notícia de Berlim dizia: "Hess imaginava que, por meio de um sacrifício pessoal, ele poderia impedir um desenvolvimento que, em sua opinião, esmagaria completamente o império britânico".

Ha, ha, ha! Hess parece mais honrado do que os outros figurões do partido – e talvez esse passo mostre que ele é mais honrado ainda. O mundo todo está extremamente curioso, neste momento, para saber o que o levou a ir para a Escócia.

22 DE MAIO

Ontem, Karin completou seus 7 aninhos. No ano passado, nesse mesmo dia, escrevi em meu diário: "Se Deus quiser, no próximo aniversário de Karin o mundo estará diferente!". E, certamente, ele parece estar diferente, mas não há qualquer sinal de mudanças para melhor. Possivelmente, a Suécia e os outros países nórdicos estejam em um pouco menos de perigo, o foco principal agora parece estar no Mediterrâneo, no norte da África e no Oriente Médio. Ontem, os alemães lançaram uma invasão aérea sobre Creta, ou foi um dia antes? É onde se refugiou o que restou da resistência grega, com a assistência dos ingleses.

Exatamente como no ano passado, o verão chegou no aniversário de Karin. Foi o primeiro dia em que pudemos sair sem casaco. Mas tudo, tudo parece estar atrasado neste ano – eu acho que nunca senti tanto frio na primavera. Entretanto, hoje foi realmente quente e foi possível, de repente, ver tudo se transformando em verde. Karin, Sture e eu fomos até Judarn e foi maravilhoso. Lars foi ao Festival Elk Horn dos escoteiros.

Pelo seu aniversário, Karin ganhou sua primeira bicicleta e várias outras coisinhas, tais como sapatinhos de boneca, argila de modelagem, lápis coloridos, luvas de lã, dinheiro, chocolate, entre outras coisas. Elsa-Lena, Matte, Anders e suas mães também estiveram aqui. Nós, os pais, celebramos o aniversário com uma visita ao Dramatem [teatro], (enquanto a aniversariante estava dormindo) com os Gullanders e os Viridéns; em seguida, um jantar no restaurante do Strand [hotel].

Amanhã, matricularemos Karin e Matte na escola. Apesar de Karin saber ler bastante bem. Ela está aprendendo a nadar e a andar de bicicleta também.

Bem, vamos ver como estarão as coisas no próximo aniversário da Karin e se teremos paz ou não. É melhor não ser muito otimista.

25 DE MAIO

Hoje é Dia das Mães e ontem, de acordo com Sture, foi a véspera do Dia das Mães. É por isso que ganhei um presente, por antecipação, um par de meias de seda, um livro, *Mrs. Miniver*, e uma caixa de chocolates, além de duas lindas rosas cor-de-rosa (que eu mesma me dei) e uma foto de Karin com a dedicatória: "Para Mamãe". E hoje, Sture e Karin saíram para comprar um bolo coberto de marzipã verde. Lars passou a noite anterior e as primeiras horas da manhã em um abrigo em Kungsholmen, já que foi convocado como escoteiro "de acordo com a Legislação de Emergência, parágrafo 10". Acho que foi isso. Devem estar realizando exercícios de ataque aéreo. Foi um dia lindo e quente, e Karin, Sture e eu fomos para Djurgården muito cedo e saímos do apartamento um pouco despenteados. Lars deveria tomar um banho e limpar-se, enquanto estávamos fora, mas, quando voltamos, ele ainda não se mexera e tivemos de caçá-lo para levá-lo ao banho.

Djurgården era lindo, com todas as suas folhas verde pálido, mas, quando eu voltei, eu jurei nunca mais sair e deixar o apartamento desarrumado daquele jeito novamente.

À tarde, eu saí em direção a Karlberg com as crianças, Karin estava na bicicleta e Lars a acompanhava, mas, após umas duas horas no calor, estávamos irritadiços e as crianças começaram a discutir. Eu fiquei zangada pela atitude de Lars para com a irmã.

Depois, comemos picadinho em um bem-humorado jantar e, em seguida, comemos bolo. Eu lavei a louça e Karin veio vender doces feitos de argila. Em seguida, levei Karin para dormir e li para ela um pouco do livro *A Pequena Princesa*. Lars estava lendo Albert Engström. Agora, as crianças estão dormindo, Sture está lendo Albert Engström no escritório e eu estou no sofá, ao lado de minhas rosas cor-de-rosa, escrevendo este registro em meu diário.

É possível ver quão pacificamente vivemos em Estocolmo, em 1941, enquanto o resto do mundo parece estar acabando. O cruzador *Hood*, o maior navio de guerra, foi afundado, perto da Groenlândia, pelo navio de guerra alemão, o *Bismarck*. Ele tinha uma tripulação de 1.300 homens, dos quais poucos foram salvos; 1.300 almas a menos no mundo em um piscar de olhos.

Há problemas em Creta. Aparentemente, os alemães ocuparam a seção ocidental da ilha. Se os alemães realmente conseguirem conquistar Creta por meio de uma invasão aérea, há o risco de a Inglaterra sentir a tão esperada tentativa de invasão em sua própria ilha.

O governo logo decretará um imposto sobre os artigos de luxo.

28 DE MAIO

E, em seguida, o *Bismark* foi afundado por um torpedo disparado por um cruzador britânico. Eu vi nos jornais, havia 3 mil homens a bordo. Esse número pode ser superestimado, mas não deve ser por muito. A perda do *Bismark* deve significar muito mais para os alemães do que a perda do *Hood* para os ingleses.

De acordo com as manchetes dos jornais da noite, os ingleses agora abandonaram a resistência em Creta.

Ontem, Roosevelt apresentou um discurso e proclamou um estado nacional de emergência nos Estados Unidos.

1º DE JUNHO

O Iraque pediu um cessar fogo. Até que enfim; ali, os ingleses são os vitoriosos, mas eles decididamente fugiram da luta em Creta.

8 DE JUNHO

Hoje, depois de muito tempo, os ingleses anteciparam-se aos alemães entrando na Síria, onde, aparentemente, se desenrolará o campo de batalha. As forças francesas de De Gaulle estão lutando ao lado dos ingleses.

No trabalho, hoje, havia muitos rumores inquietantes de Gotland. Navios com tropas alemãs aproximaram-se da costa oeste da ilha e isso, claramente, apavorou todo o mundo. Muitos soldados enviaram despedidas formais para seus entes queridos.

O kaiser Wilhelm faleceu há pouco tempo e deverá ser enterrado em solo holandês. Assim, ele, uma das figuras líderes da Primeira Guerra Mundial, não chegou a ver o final desta guerra.

16 DE JUNHO

Nosso velho rei acabou de fazer 84 anos. Espero que consiga sobreviver a esta guerra. Hoje estou com um humor melancólico e ansioso.

E, novamente, o tempo está quente e úmido por causa da chuva nas noites de verão, e isso me fez lembrar daqueles dias terríveis do verão do ano passado. E as coisas parecem estar acontecendo agora. As relações entre a Rússia e a Alemanha estão em um ponto crítico. Os jornais da noite dizem que há uma mobilização geral na Rússia. A Alemanha tinha forças significativas estacionadas na fronteira oriental durante um bom tempo, e na semana passada transferiu muitos de seus homens para a Finlândia. Foram eles que passaram perto de Gotland e provocaram preocupação em todos. Se chegar a haver uma guerra entre a Finlândia e a Alemanha, de um lado, e a Rússia do outro, nós estaremos em uma situação terrível. A questão é se teremos alguma chance de ficar fora dela. Sem dúvida, os alemães querem Gotland para montar uma base aérea.

Hoje aprontei tudo para uma viagem a Furusund. No sábado, encerrei o trabalho de verão depois de um agradável lanche de despedida no Pilen, com Hamberg, Bågstam, Flory, Anne-Marie, o professor Kjellberg e alguém que eu não conhecia. Nesta noite, A. M. veio em casa, preocupada, e eu também estou preocupada. Kock e vários outros oficiais estão deixando seus postos.

Hoje, Karin e Matte terminaram suas aulas de natação no Palácio dos Esportes e Karin já sabe andar de bicicleta. Tudo estaria perfeito, se não fosse pela ansiedade. Sture diz que a Alemanha e a Inglaterra vão se aliar para enfrentar a Rússia e que esse era o plano de Hess para a paz. Mas isso é muito fantasioso para ser verdade.

22 DE JUNHO

Nesta manhã, às 4h30, os alemães cruzaram a fronteira russa pela Romênia e pela Alemanha e, talvez, por outros lugares também. Portanto, agora é guerra entre os antigos aliados e a coitada da Finlândia, pois ela está na linha de fogo novamente. A Alemanha alega que a Rússia falhou totalmente na manutenção de seu tratado com aquela nação e, de fato, fez de tudo para prejudicar a Alemanha, enquanto a Rússia alega que a Alemanha atacou sem provocação. Um grande número de tropas está de cada lado das fronteiras: do Oceano Ártico, ao norte, até o Mar Negro, no sul.

O futuro é uma grande incógnita. O que acontecerá com a Suécia? Todas as licenças do meio de verão foram canceladas. Nas docas de embarque, em Furusund, vários navios tiveram de parar e esperar; alguns deram a volta e foram embora, provavelmente porque não conseguiriam passar para chegar aos seus destinos. Grandes partes do Báltico foram minadas pelos alemães.

O dia foi bem quente, com um sol brilhante. Sture veio da cidade em uma balsa bem lotada e nada sabia a respeito da guerra, porque esteve no barco desde as 8 horas. Mas todos estamos muito preocupados. Apenas minha avó manteve a calma e disse: "Tudo estará terminado em pouco tempo". Mas eu creio que, ao contrário, esse é apenas o começo. O mais estranho é que nós devemos agora apoiar os alemães contra a Rússia. É claro que seria estranho demais se a Suécia se aliasse à Alemanha contra a Rússia e a Inglaterra lutasse contra a Alemanha. É tudo tão confuso. Podemos ouvir o ribombar de armas pesadas no rádio que acabaram de nos emprestar. Ah sim, e a Itália também declarou que se considera em guerra com a União Soviética.

Eu deveria colar o discurso de Hitler no início da guerra aqui, mas terei de fazê-lo ao final. Estou sentada na cama, olhando pela janela para a garoa sobre o mar, depois de uma noite desconfortável, por causa de minha luta contra os mosquitos e com o distante troar dos canhões. De qualquer forma, as voluntárias da defesa de Copenhagen alegam que é isso o que podemos ouvir do Mar de Aland.

Desde meu último registro, o governo sueco concedeu permissão para *uma divisão alemã*, do norte da Noruega, passar da Suécia para a Finlândia, o que, em poucas palavras, significa que deixaremos passar um grande número de alemães. É claro que não temos outra opção. Uma vez mais é a Finlândia que sofrerá as consequências. Os russos estão bombardeando a Finlândia novamente – Åbo [Turku], por exemplo, levou uma surra terrível e o Castelo de Åbo sofreu grandes danos. A Hungria declarou-se em guerra com a Rússia.

Os alemães não estão fornecendo as informações de quanto penetraram na Rússia – e dizem que o motivo é porque as linhas de comunicação da Rússia estão prejudicadas, logo, os alemães não querem revelar suas posições.

Os estados bálticos estão ocupados em manter sua liberdade – de qualquer forma, creio que os russos saíram da Lituânia.

Socialismo Nacional e Bolchevismo – é como uma luta entre dois enormes répteis. Não é agradável ter de apoiar qualquer um dos dois répteis, mas, por enquanto, o melhor é desejar que a União Soviética leve uma surra nunca levada antes, em vista de tudo o de que se apossou no decorrer desta guerra e de todo o mal causado à Finlândia. Agora, a Inglaterra e a América terão de unir-se ao Bolchevismo, o que deve ser ainda mais difícil, e estou certa de que o homem comum na rua acha difícil de acompanhar todos esses acontecimentos. A rainha Wilhelmina da Holanda declarou no rádio estar preparada para apoiar a Rússia, mas com uma reserva: que ela ainda desaprovava os princípios do Bolchevismo.

Os maiores corpos de tropas na história do mundo estão concentrados, uns de frente aos outros, no front oriental. É chocante pensar: será que chegou a hora do Armagedom?

Eu estive estudando um pouco de História Geral, aqui em Furusund, e é uma leitura horrivelmente depressiva – guerra e guerra e guerra e sofrimento para a humanidade. E eles nunca aprendem e continuam inundando o planeta com sangue, suor e lágrimas.

2 DE JULHO

Desde meu último registro, os alemães fizeram um bom progresso. As forças russas, com um efetivo de 300 mil a 400 mil homens, foram cercadas em Bialystok e estão enfrentando uma morte certa, Libau [Liepāja] e Riga foram tomadas e, conforme o jornal *Aftonbladet* de hoje, Murmansk também caiu. Houve uma terrível quantidade de sangue derramado. Lemberg [Lviv] também caiu. Batalhas também ocorreram nesse lugar durante a Primeira Guerra Mundial. Não dá para esquecer.

13 DE JULHO

A Linha Stalin foi quebrada. Ela faz parte da área de Daugava, Dnieper e Dniester, o que não é particularmente longe de Moscou.

Além disso, há pouco tempo, a América ocupou a Islândia. E a resistência francesa na Síria, que parece ter sido mais formal, foi quebrada, e um cessar-fogo foi mediado entre ingleses e franceses. Creio que essas sejam todas as notícias importantes desde meu último registro.

Mas é claro que as coisas estão bem penosas no front oriental. À medida que os russos recuam, eles devem evacuar o país por ordem de Stalin, o que significa remover toda a população civil. Aposto que isso não esteja sendo feito com luvas de pelica. É um alívio ter falta de imaginação, porque, dessa forma, posso evitar visualizar e presenciar todo esse sofrimento.

19 DE AGOSTO

Eu estive afastada de meu diário e mal sei o que esteve acontecendo. Apenas sei da grande tensão entre os Estados Unidos e o Japão, de maneira que uma declaração de guerra é esperada a qualquer momento.

E a guerra continua na Rússia, mas talvez não no mesmo ritmo de antes, embora os finlandeses tenham recuperado grandes áreas ao redor do Lago Ladoga, e os alemães avançaram cada vez mais no país; Roosevelt encontrou-se com Churchill no meio do Atlântico e emitiram uma declaração conjunta a respeito de seus pontos de vista sobre a paz.

A ajuda dos Estados Unidos para os ingleses tem aumentado pouco a pouco e, de acordo com informações a partir de relatórios de hoje – os alemães não acreditam mais em uma derradeira vitória (e a Rússia provará que está sendo mantida em banho-maria); os ingleses estão bombardeando com tudo o que têm. Bem, é isso o que tenho no momento.

Amanhã a guerra completará seu segundo aniversário. Para mim, parece que a guerra sempre existiu e sempre existirá.

[Recorte de jornal mostrando Churchill de perfil com boné e charuto, com a legenda de Astrid, escrita à mão: "Hitler é o Inimigo nº 1". Recorte do jornal Dagens Nyheter, *31 de agosto de 1941: "Dois anos de guerra".]*

Os finlandeses retomaram Vyborg (Viippuri) – esse deve ser um momento emocionante para eles. A bandeira finlandesa está novamente hasteada no Castelo de Vyborg, apesar de ter sido feita às pressas a partir de um lençol. Provavelmente, os finlandeses logo recuperarão tudo o que perderam no acordo de paz de 13 de março de 1940. E então espero que eles parem e deixem que os alemães tratem do resto.

Dificilmente esse será um aniversário popular digno de ser celebrado. Aqui está uma voz das profundezas do povo comum:

[Transcrição datilografada de uma carta que Astrid viu em seu trabalho, no escritório da censura, uma carta um tanto erraticamente escrita e com palavras erradas: uma visão pessoal dos lados em guerra e o progresso da guerra na Suécia].

Ah! Esqueci de anotar que a Inglaterra e a Rússia ocuparam o Irã e forçaram sua submissão.

6 DE SETEMBRO

[Recorte do jornal Dagens Nyheter, *6 de setembro de 1941: "Quisling ataca a opinião sueca", reportando um discurso de Quisling no qual ele acusa a imprensa sueca de repetidamente publicar propaganda mentirosa criticando a "nova Noruega"].*

Isso é suficiente para fazê-lo sufocar! Espero que ele morra sozinho. Estou contente em saber que ele está sofrendo de insônia e que, certa noite, ele acidentalmente tomou uma dose excessiva e fatal de pílulas para dormir.

A Alemanha está alvoroçando toda a Europa. Ó meu Deus, por mais quanto tempo? E eles tomam toda a comida em todos os lugares. É como uma praga de gafanhotos no Egito.

Os três próximos recortes dos jornais locais são todos do mesmo dia (7 de setembro de 1941).

[Recorte do jornal Dagens Nyheter: *"Alemães executam reféns franceses": Três homens franceses presos depois de um ataque a um soldado francês em Paris, condenados e executados.*

Recorte do jornal Daens Nyheter: *"Todos os judeus na Alemanha são forçados a portar a estrela amarela".*
Recorte do jornal Tidingen, *de Estocolmo: Toda a Noruega está sem rádio, pois eles foram confiscados de todas as pessoas, com exceção dos membros do Partido da Unidade Nacional].*

11 DE SETEMBRO

Um estado de emergência foi declarado ontem em Oslo. No primeiro tribunal especial [de justiça sumária], duas pessoas foram executadas por um pelotão de fuzilamento, um foi condenado à prisão perpétua, dois a 15 anos e outro a dez anos. Aqueles que foram executados eram um líder da confederação do sindicato do comércio, o advogado Viggo Hansteen e o diretor do sindicato, Rolf Wickstrom. E isso em um país nórdico! Isso faz com que seu coração pareça estourar em seu peito, em razão da impotente raiva e desepero.

Ninguém deve sair de casa depois das 8 horas da noite. Deus! Como eles vão odiar isso na Noruega! Aparentemente, o último discurso de Quisling causou indignação e uma greve geral foi planejada em Oslo. A resposta oficial foi a imposição de um estado de emergência.

E na Rússia estão empenhando todos os possíveis esforços. Jovens finlandeses estão sangrando até a morte nos campos de batalha. Muitas pessoas que conheci no trabalho já se foram, entre elas o filho único de Väinö Tanner, que era noivo de uma garota sueca. As linhas de comunicação de Leningrado com o resto da Rússia foram cortadas. Há rumores de uma paz separada entre a Rússia e a Finlândia com base nas fronteiras anteriores.

1º DE OUTUBRO

Acontecereram algumas coisas desde meu último registro:

Em 17 de setembro, a marinha sueca sofreu um terrível desastre em Hårsfjärden [fiorde]. Por motivos ainda sem explicação, o destróier *Göteborg* explodiu e afundou, levando junto outros dois destróieres, o *Klas Horn* e o *Klas Uggla*. Havia óleo queimando em toda a superfície da água onde a tripulação desesperada tentava salvar-se. Trinta e três homens morreram (a sorte foi que a maioria dos tripulantes estava em licença para desembarcar). De acordo com as cartas, o que veio a seguir foi uma visão dantesca. Braços e pernas e várias cabeças cortadas estavam espalhados por todo o lugar, e equipes de salvamento circulavam com bastões, a fim de recolher os restos mortais que ficaram presos nas árvores (pele queimada e partes de órgãos internos). Um membro da equipe descreve ter encontrado um de seus melhores amigos; seu rosto estava inteiro, mas o corpo estava totalmente dilacerado. Outro escreveu que estava em pé no cais acendendo um cigarro quando, de repente, ele foi atingido por um braço humano.

Dizem que a causa foi negligência durante a demonstração de um novo torpedo, mas temos cinco relatos nos quais as cinco pessoas juram ter visto uma bomba cair de um dos aviões que circulavam sobre Hårsfjärden. Se isso for verdade, então tudo aconteceu por causa da queda acidental de uma bomba. A ideia de sabotagem também foi sugerida – particularmente em vista da notícia de hoje: outra gangue de sabotadores, que se utilizava de explosivos, foi presa.

Outros relatórios do front doméstico dizem que há falta de ovos agora. Eu fico feliz com minha boa reserva de 20 quilos de ovos, porque recebemos apenas sete ovos por pessoa por mês.

Na Noruega, o tribunal especial foi dissolvido depois de alguns dias, mas agora ele foi introduzido na Tchecoslováquia e as penas de morte são muitas e rápidas. Ordenaram aos noruegueses que entregassem seus lençóis de cama para as forças alemãs, caso contrário eles pagariam caro. Todos os países ocupados devem entregar todo o estoque de alimentos para a Alemanha, mas, ali também, o povo está morrendo de fome, como em todos os os países da Europa. A situação dos alimentos na França é intolerável, e na mesma situação estão a Noruega e a Finlândia.

De acordo com os jornais, os finlandeses ocuparam Petrozavodsk. A linha ferroviária de Murmansk foi completamente bloqueada. Mas tenho certeza de que não haverá nenhuma revolução na Rússia a tempo para o inverno.

E nós mudamos da Vulcanusgatan, nº 12, para a Dalagatan, nº 46, apesar da guerra e dos preços altos. Eu não posso deixar de me sentir feliz com nosso novo apartamento, embora esteja consciente de que nada fizemos para merecer essa boa sorte, quando há tanta gente sem teto sobre suas cabeças.

Durante a mudança, perdi meu diário de bolso.

Agora, temos uma linda e grande sala de estar; as crianças têm seu próprio quarto e, então, há nosso dormitório. Compramos bastantes móveis novos e tudo ficou muito lindo; eu rezo para que ele não seja bombardeado.

10 DE OUTUBRO

Aparentemente, os alemães estão a 150 quilômetros de Moscou e dizem que 170 divisões russas estão cercadas. É difícil dizer o que é verdade e o que não é.

11 DE OUTUBRO

Amanhã será o último dia para podermos comer doces dinamarqueses e os famosos *donuts*. Acho que esqueci de falar sobre o racionamento de ovos que foi estabelecido em sete-oito ovos por pessoa por mês. Felizmente, consegui formar uma boa reserva, mas ela é destinada ao próximo ano, se a guerra durar até lá.

Minha querida filha começa a frequentar a escola neste outono. Estou tendo alguns problemas com ela neste momento: ela está hostil e desobediente e está sempre se exibindo. Eu espero mesmo que se trate apenas de uma fase.

5 DE NOVEMBRO

A luta continua e o mundo passa por um grande sofrimento. Somente presenciamos maldade e vandalismo onde quer que se olhe. Ontem à noite, lendo o jornal, mergulhei em uma depressão por causa do estado lastimável em que se encontra o mundo de hoje. A Inglaterra está considerando entrar em guerra contra a Finlândia porque ela não quer assinar um tratado de paz em separado com a Rússia, e os Estados Unidos estão urgentemente pedindo à Finlândia para seguir na mesma direção. Os Estados Unidos tentaram mediar um acordo entre a Finlândia e a Rússia em agosto, mas a Finlândia recusou.

Os alemães estão agora a 40 quilômetros de Moscou, que será defendida "até a morte". A história de hoje: Stalin manda um telegrama a Hitler nos seguintes termos: "Se esses irritantes incidentes de fronteira não pararem, terei de me mobilizar". Há alguma coisa nisso. É verdade que os alemães penetraram bem fundo no país, mas a grande e sagrada Rússia não é tão fácil de ser mobilizada. Há um artigo no jornal *Dagens Nyheter* de hoje, sobre a guerra no inverno, que parece inevitável, embora os alemães devessem ter certeza de que a Rússia estaria de joelhos antes da chegada do inverno. A simples leitura do artigo congelou-me até os ossos, por conta da enorme dificuldade de combater nesse tipo de guerra. Os alemães apossaram-se da Crimeia, evidentemente sofrendo grandes perdas.

Outros acontecimentos de hoje:

Os alemães afundaram um destróier americano que escoltava um comboio, o que Roosevelt não aceitou de bom grado, mas ainda não foi considerado suficiente provocação para uma guerra.

E a Europa está morrendo de fome. Ontem, o jornal disse que Atenas não tem nada para comer, e, na França, o povo está sobrevivendo, da melhor forma possível, comendo vegetais. Na Alemanha, as coisas são bem piores, o povo se apodera de tudo o que pode, e, em Helsinki, a polícia teve de dispersar a multidão que estava fazendo fila para comprar arenque.

Aqueles alemães desgraçados ainda estão correndo descontroladamente; os noruegueses tiveram de fornecer-lhes lençóis, botas de esqui, parcas, tendas, esquis, conjuntos de rádio e quase todos os seus alimentos e (de acordo com Aina Molin) sua mais recente exigência – roupa de cama. Os judeus de Berlim estão sendo forçadamente transportados para a Polônia em números enormes. Imaginem o que isso significa. Eles são cercados com cercas de arame farpado. Caso eles tentem sair do cercado, são mortos imediatamente. Suas rações de alimentos são apenas a metade do que é dado aos outros.

Certo dia, eu vi um aviso em uma livraria na Beridarebansgatan [em Estocolmo], que dizia: "Não é permitida a entrada de judeus e nem de semijudeus". Uma multidão juntou-se fora da livraria e houve uma séria confusão; agora o ÖÄ [o governador chefe – o mais alto oficial da cidade] ordenou que o dono colocasse o aviso em um lugar pouco visível da rua.

Falando em *Gräuel* [publicidade de atrocidades], é possível ouvir relatos horríveis com relação ao avanço dos russos nos estados do Báltico, antes de terem de recuar por conta dos avanços dos alemães. Pregos cravados nas línguas de bebês na presença das mães e outras coisas horrorosas, coisas difíceis de ser acreditadas, mas, infelizmente, esses fatos são verdadeiros. O sadismo humano parece ser capaz de atingir níveis inacreditáveis. Milhares e milhares de pessoas estão desaparecidas, provavelmente levadas para a Sibéria ou mortas.

Parece que a miséria não tem limites e, infelizmente, não conseguimos enxergar o fim dessa guerra.

6 DE DEZEMBRO

O Dia da Independência na Finlândia chegou, saudando os finlandeses com uma declaração de guerra da Inglaterra. Vivemos em um mundo estranho, e não nos enganemos: no inverno de 1939, a Inglaterra pediu à Suécia para deixar suas tropas para ajudar a Finlândia contra a Rússia, a qual estava, secretamente, sendo ajudada pela Alemanha, a fim de controlar aquele incômodo pequeno bando de gente; o povo finlandês. Mas os russos, de repente, assumiram tais grandes, sagradas e heroicas proporções aos olhos dos ingleses, que agora é "tenha vergonha, Finlândia!" por empreender um ataque. E os antigos aliados, Alemanha e Rússia, agora estão se matando. As coisas mudam rapidamente. Entretanto, a única situação possível é que os ingleses e os americanos entendem a Finlândia com coração e alma, embora tentem dizer o contrário. Eu li em algum jornal que os poloneses e os russos concordaram em deixar "o passado para trás". Em minha opinião, essa é uma forma um tanto engraçada de descrever muitos séculos de hostilidades e cem anos de opressão por parte dos russos. Mas o ódio pela Alemanha pode, evidentemente, realizar coisas extraordinárias.

Além disso, esqueci de falar – Hangö [Hanko], o osso que gerou a briga, desde as negociações de 1939 entre a Rússia e a Finlândia – está novamente nas mãos da Finlândia.

8 DE DEZEMBRO

A GUERRA MUNDIAL nº 2 agora é um fato. Ontem, o Japão investiu contra os Estados Unidos, bombardeando repetidamente Pearl Harbor e Manila. Mais tarde, uma declaração foi lida no rádio em Tóquio que, a partir de segunda-feira de manhã, um estado de guerra já existia no Pacífico entre o Japão, de um lado, e os Estados Unidos e a Inglaterra, do outro.

O Japão atacou a Tailândia, que imediatamente capitulou diante da ameaça de bombardear Bangkok.

Agora, tudo o que estamos esperando é que os Estados Unidos declarem guerra à Alemanha. Dessa forma, os Poderes do Eixo estarão unidos contra as democracias – uma batalha gigantesca varrendo o mundo.

Neste momento, temos luta nas florestas da Rússia, no deserto líbio e no ensolarado Havaí. E tudo começou porque os alemães queriam Danzig. Fico tonta só de pensar nisso.

O fato é que as coisas não estão indo bem para os alemães na Rússia. A guerra, que tinha a meta de terminar bem antes da chegada do inverno, continua como se nada tivesse acontecido. Na área de Moscou, as coisas estão prosseguindo com os alemães indo em frente, embora devagar, enquanto, no front sul, eles foram obrigados a recuar, com fortes perdas. Você não quebra a poderosa Rússia tão facilmente. Certamente não haverá licença de Natal neste ano para os soldados alemães. Coitados desses pequenos e pobres soldados em todo o mundo!

E o rei Leopoldo, que permaneceu viúvo desde o trágico dia em que a rainha Astrid faleceu em um acidente de carro, em agosto de 1935, casou-se novamente.

11 DE DEZEMBRO

Os jornais da manhã noticiaram que os japoneses afundaram dois grandes navios de guerra britânicos, o *Repulse* e o *Príncipe de Gales*, no Pacífico. Houve uma enorme demonstração de indignação na Inglaterra. Eles acreditam que os japoneses têm pilotos dispostos a morrer e sacrificar suas vidas para ter sucesso em um grande golpe contra seu inimigo, a Inglaterra.

Nesta tarde houve uma sensação ainda maior. O Eixo declarou guerra contra os Estados Unidos. Isso, é claro, era esperado, mas, mesmo assim, é um tanto desconcertante ver o mundo todo emaranhado nessa guerra. Para nós, aqui na Suécia, significará que todas as comunicações com os Estados Unidos serão cortadas, a partir dos correios e, assim, tudo está sendo processado via Alemanha.

E a China declarou guerra contra a Alemanha.

Hoje, no trabalho, eu vi algumas fotos de crianças finlandesas que haviam sido levadas para a Rússia e agora voltaram para casa. Eu nunca vi pessoas tão horrivelmente definhadas e deformadas desde os dias da Primeira Grande Guerra. Mas é assim que todas as crianças parecerão ao final disso tudo.

26 DE DEZEMBRO

Desde meu último registro, algo notável aconteceu: Von Brauchitsch, comandante supremo do exército alemão, foi substituído pelo próprio Hitler. Há muita especulação quanto ao motivo dessa substituição. Talvez seja necessária a intervenção do próprio Führer para energizar as tropas na Rússia, onde as coisas vão mal para a Alemanha, e os pobres soldados têm de viver em trincheiras a uma temperatura de menos 40°C.

A ofensiva de novembro contra Moscou deve ser vista como um erro de juízo. Acredita-se que foi o próprio Hitler que ordenou essa ofensiva, contrariando a opinião de Von Brauchitsch, e que este último já foi considerado o bode expiatório pelo fracasso. De qualquer forma, esse incidente é interpretado como um sinal de fraqueza.

A guerra continua sem trégua depois do Natal; os japoneses estão fazendo o diabo no Pacífico; Hong Kong caiu, Manila está muito vulnerável, etc., etc.

Comemoramos o Natal em Näs, como de costume, com muita comida e um clima esplêndido, que começou na véspera do Natal (até então, um inverno sem neve) com uma pesada nevasca, o que fez com que todas as árvores e arbustos parecessem um cartão-postal. Hoje, dia 26, a temperatura é de menos 10°C.

Aqui, na Suécia, o sentimento predominante, à medida que o Natal se aproximava, era naturalmente um profundo sentimento de gratidão pelo fato de poder comemorar essa data tradicional. (Apesar de termos de estabelecer, neste ano, dez velas de árvores de Natal por criança.)

A família Lindgren na Vulcanusgatan, 1941.

Warschau... Polen håller på att genomgå en märklig förvandling. I västra och centrala delarna av Polen förtyskas befolkningen i rask takt, i de östra delarna blir förryskningen alltmera kännbar och i de sydliga delarna där det judiska inslaget varit särskilt starkt, har man inrättat speciella ghettostäder vilka omgärdats med höga stenmurar utanför vilka judarna icke få röra sig. De tvingas dessutom att bära speciella armbindlar för att visa vilken ras de tillhöra. En hel del restriktioner i det dagliga livet beröra också de judiska invånarna i Polen.

Tyskarna ha arbetat energiskt för att införa en hel rad tekniska förbättringar i Polen och särskilt kan man konstatera hur de inflyttade tyskarna och folket av tysk stam som bodde i landet före erövringen, fått det väl ordnat för sig. Detta har naturligtvis skett på bekostnad av den standard polackerna själva åtnjutit. Dessa ha fråntagits en hel del rättigheter, få bl. a. icke tillgång till högre utbildning än folkskola och hålles nere som en arbetande proletärklass, fyllande de funktioner som de härskande tyskarna anvisa åt dem. På en del stora arbetsfält i Tyskland där den billiga polska arbetskraften utnyttjas ser man ofta märket som utmärker polacken och som graderar honom ett eller ett par trappsteg under tysken. Sedan Tyskland officiellt fastslagit att ett fritt Polen aldrig mera kommer att återuppstå, ser också det polska folket sin framtid i mycket dystra färger. Man saknar också — kanske i hög grad beroende på den slaviska mentalitetens mjukhet — den fasthet i det passiva motståndet som t. ex. präglar tjeckernas tysta kamp mot den tyska överhögheten.

Detta reportage har särskilt korn på judarnas ställning i det rande polska generalguvernement Warschau har man avskilt hela ton från den övriga delen av stad som f. ö. fortfarande är svårt märkt och bl. a. blottar ruinerna 4,000 sönderbombade hus som är återuppbyggts! — och i Lublin man också en dylik strängt avskildestad. Judarna bilda det lägsta skiktet i det nuvarande Polen, åtstone vad beträffar de möjligheter ges dem att leva ett drägligt liv. för dem komma polackerna, som hänvisade till att bli en övervakad derklass för tungt arbete, samt gen ovan dessa folkskikt de gamla inflyttade tyskarna i Polen.

MURARNA
Murarna som avskär judestadsdelen från det övriga Lublin ser ut så här. De återfinnas i alla gator som leda till Ghetton.

SLÄPVAGNAR FÖR JUDAR

ast i släpvagnarna på spårvägarna få judarna i Krakau åka medan motor-
arna reserverats för tyskar och polacker. Observera anslagen på släpvagnen
omtalar att denne del av spårvagnståget är tillgänglig för judar. Skarpa
iktioner inskränka ej blott rörelsefriheten utan även verksamhetsfältet.

SEXUDDSSTJÄRNAN

Dessa kvinnor sälja den gula armbindel med den sexuddiga Sionstjärnan
som numera är obligatorisk för varje
polsk jude. Även polacker bära »tecken».

OBLIGATORISKT

m. dessa gamla judekvinnor måste
den sexuddiga Sionstjärnan som
nnes på varje gul armbindel inom
varteret i Lublins stadscentrum.

"Cidades judaicas atrás de altas paredes de pedra".
SE, nº 5, 1941.
Os Diários da Guerra 3.

och ur samma nummer av SE-
nytt från familjen Lindgren.

**Ny direktör för "M:s"
25,000**

Gengasen behärskar bilmarknaden och bilismens förgrundsfigurer äro aktuellare än någonsin. En av dem är direktör Sture Lindgren, som vid årsskiftet tillträdde befattningen som direktör för »M» — Motormännens riksförbund — som f. n. räknar omkring 25,000 medlemmar. Det är i en brydsam tid, som herr Lindgren tar hand om rodret, och det är hans förhoppning att kunna uträtta en del nytta i den position han vunnit. Han innehar också den svenska bilismens fulla förtroende. Och f. n. är det gengasens rätta användning, som han bl. a. vill verka för.

═ D·N ═
8/2 1941.

Bengasi.

råder en snabb växling i de afiska namn som i dessa upptider dyker fram från en unymd tillvaro och ställer sig mitt »t. I dag är det två på en gång: si och Cortina. På båda dessa r kan man säga att en militär- har ägt rum. I den ena kraftngen segrade ett stort impesom man trodde låg i dödsångarna, i den andra en liten om hedrats med en plats på över "pensionerade" nationer. överraskningar alltså, men i övar de båda prestationerna inte likhet med varandra. Bentår avgjort i en högre klass och r sig mycket starkt världens ka intresse.

l är det egentligen som händer ka? Den som för två månaedan, då Grazianis armé stod yptiskt område, hade framkasnken att den engelska flaggan skulle vaja över Bengasi skulseits ha en fantasi som tog sig et bisarra uttryck. För många det då förefallit rimligare att italienska flaggan i dag vore l i Suez eller åtminstone i ndria. Det finns ett expressivt ord som heter "Machterng", man griper makten. r hela hösten lät axelstaternas den tysk-italienska Machterng sväva över den afrikanska

kontinenten. Teorin om det nödiga "livsrummet" för de unga och starka folken hade ursprungligen lanserats i jämförelsevis blygsamma former i Tyskland och avsåg till en början endast Tysklands östra gränsområden. Under de tyska framgångarna i väster vidgades sfären till att omfatta hela Europa väster om Sovjetunionen, men först med den italienska offensiven mot Egypten i augusti och september började "nyordningens" sol att också lysa över Afrika. Det nya läge som därmed inträtt fixerades i ett viktigt diplomatiskt aktstycke, tremaktspakten mellan Tyskland, Italien och Japan, undertecknad i högtidliga former i Berlin den 27 september. Denna pakt delade upp jordklotet i fyra "kontinenter", som var och en anförtroddes åt särskilda uppsyningsmän: Amerika åt Amerika, det "storöstasiatiska rummet" åt Japan, Sovjetunionen åt Sovjetunionen, Europa och Afrika åt Tyskland och Italien.

Av de fem parterna hade endast tre deltagit i uppgörelsen, Sovjetunionen stod — tigande — utanför, och Amerika lade rent av an på att låtsas som om den inte existerade: i det landet ägnar man hela sitt intresse åt ansträngningarna att förhindra en tysk-italiensk seger. Själva starten var alltså något trög, men vad som brast i fråga om utgångshastighet kunde ersättas, om axelstaterna samlade sina krafter på sin europeisk-afrikanska kontinent och ställde världen inför fullbordade fakta inom detta område, som var deras egentliga expansionsfält. Det tycks ha varit den taktik man valde. Arbetsfördelningen mellan axelstaterna gav sig också av sig själv.

T.V. "Novos homens em várias lideranças – novas forças enfim. Novo diretor para 25.000 membros".
SE, nº 5, 1941.
T. H. "Bengasi"
8 de fevereiro de 1941.
Os Diários da Guerra 3.

...n naturlig sak åtog sig Tysk-...id den europeiska hälften: tre stater i östra Europa som redan stod under starkt tyskt inflytande, Ungern, Slovakien och Rumänien, anslöt sig till tremaktspakten mellan de stora imperierna, ett lysande bevis på tremaktspaktens "dragningskraft", skrev Börsenzeitung.

På Afrika var tremaktspaktens dragningskraft mindre, här ansågs det nödvändigt att Italien satte in sina vapen för att påskynda utvecklingen. Det blev en stor omfattningsoperation i två rörelseriktningar, mot Egypten och mot Grekland. Engelsmännen hoppades att den befästa linjen vid Mersa Matruh väster om Alexandria skulle stå sig mot anloppet och lovade för övrigt Grekland så mycken hjälp som var "möjlig". Det fanns inte många som taxerade den högt. Enbart den omständigheten att Grekland erhållit löfte om engelsk hjälp i händelse av angrepp sades ha vigt landet till en bråd död.

Bengasi är den hittills sista etappen på detta italienska fälttåg mot Englands ställning i östra Medelhavet. Parallellt med den italienska reträtten utefter Medelhavskusten inträffade emellertid en av England igångsatt "krigsutvidgning" på tre andra fronter i Afrika: Eritrea, Abessinien och Italienska Somali. På alla dessa nytillkomna fronter befinner sig engelsmännen på italienskt område, och på samtliga rycker de fram i hälarna på retirerande italienska styrkor. I detta läge sätter Italien sitt hela hopp till Tyskland. Alla italienska tidningar överflödar av tröstande ord om den starke tyske axelbrodern, som skall vända vapenlyckan. En så föga märklig högtidsdag som åttaårsdagen av nazistregeringens tillkomst,

som man i Tyskland låtit p... med det traditionella kansler men utan flaggning, har i de it ska tidningarna firats som en och jubel-dag. Genom ett av trollslag som bara förekomme länders press som har tillgår ett propagandaministerium ha... ler hyllats på ett enastående verkligen, tycker man nästan the coming man; övera första sidan ett tvåspaltigt p... med hyllningsartiklar som går alla gränser även i kvantitativ... seende.

Italien blickar mot Tyskland - Tyskland blickar mot Fran... Där råder för närvarande en regeringskris, som står i omede samband med händelserna i N afrika. Men dess upprinnels... flera månader tillbaka i tider... oktober förra året. När axe terna trodde att Frankrikes tulation skulle följas av Eng... och kriget därmed vara avgjor... deras förmån, beviljade de Fr... rike ett vapenstillestånd som bef... vara alltför billigt när det sedan nödvändigt att föra kampen vi... Hitlers sammanträffande med tain den 24 oktober avsåg att nom fransk medverkan i någon f... vi vet inte med säkerhet hur, bättra axelstaternas utsikter att k... sa det engelska väldet i Medelha... Pétain sade nej och avlägsna... mitten av december den man u... geringen som tagit till sin upp... att verka för Tysklands och Ital... intressen i detta avseende. La... Sedan Italiens militärmakt på s... ra sidan vattnen nu störtat sam... har behovet av vidgade angrep... pligheter mot England m... dubblats och därmed frågan om vals återinsättande i regerin... ställts på sin spets. Pétain stod e...

åtryckningar att återta honom
de spännande dagar som följer hans avsked. De tyska tid-
na har inte ens meddelat sina
att Laval inte är utrikesmi-
men till gengäld har de ut-
a korrespondenterna i Berlin
t för honom: i december kun-
bäst underrättade rapportera
aval blivit inrikesminister, i
av januari hade han avance-
ll utrikesminister, och nu får
eta att han står på vippen att
ankrikes diktator.
I denna ovisshet, i allt detta
le fram och tillbaka mellan
och Paris och Lavals fram-
r på ryktesmarknaden och den
regeringens försäkringar att
r sig om en inre fransk fråga
en inte lägger sig i — mitt i
etta skär en klar och skarp
genom rymden: den kommer
art långt bortifrån, men i
gheten från en plats som för
tningen av de fransk-tyska för-
serna är lika viktig som Ber-
h Vichy och mycket viktigare
om, från det franska imperiet,
eneral Weygand i ett radiotal
ger har framfört ett budskap
sin regering. Frankrike kom-
nte att upplåta Bizerte för en
uell tysk aktion mot engels-
n i Libyen. Bengasi blickar
ot Bizerte i Tunisien, där tyska
er skulle kunna landsättas för
öta den engelska framrycknin-
Det kommer alltså Frankrike
tt ge sitt samtycke till.
den franska regeringen där-
ha sagt att om Tyskland bry-
apenstilleståndsvillkoren kom-
Frankrike att ta upp striden
sina styrkor i kolonierna och
de sjöstridskrafter den förfo-
ver, däri inberäknat de enhe-
em internerats i England och i
ndria? Det förefaller inte
igt.

Continuação do relato anterior "Bengasi".
Os Diários da Guerra 3, 1941.

"Soldater vid sydostfronten! Troget pricipen att låta andra kämpa för sig utsåg England, i avsikt att i en ny strid definitivt undanröja Tyskland, år 1939 Polen för att börja kriget och om möjligt förinta den tyska försvarsmakten. På få veckor slogo och undanröjde de tyska soldaterna vid ostfronten detta de brittiska krigshetsarnas instrument.

Den 9 april för ett år sedan försökte så England att genom en framstöt i Tysklands nordliga flank nå sitt mål. I en oförgätlig strid tillbakaslogo de tyska soldaterna under det norska fälttåget anfallet, även denna gång på få veckor. Det som världen icke höll för möjligt lyckades. Det tyska rikets krigsmakt säkrar vår norra front upp till Kirkenes.

Ytterligare några veckor senare trodde herr Churchill ögonblicket vara inne för att över det med England och Frankrike förbundna Belgien och över Holland kunna företa en framstöt till Ruhrområdet. Då började den historiska stunden för soldaterna vid vår västfront. I krigshistoriens mest ärorika strid slogos den kapitalistiska västerns arméer och förintades till slut. Efter 45 dagar var liven detta fälttåg avgjort. Nu koncentrerade herr Churchill det brittiska imperiets makt mot våra

bundsförvanter i Nordal Även där har faran avlägsnats genom samarbetet mellan ka och italienska förband

De brittiska krigsorganisationernas nya mål består nu förverkliga en plan, som dan vid krigets början uppgjort men gång på måst uppskjuta blott till av de väldiga tyska segra I minnet av landsättninge brittiska trupper i Sale under världskriget fångade först Grekland med sin g ti och ställde sedan defir landet i de engelska syft tjänst.

Jag har gång på gång va för ett försök att land brittiska trupper i syfte att ta det tyska riket i sydö Europa. Denna varning tyvärr varit förgäves. Vi försökte jag ständigt med s ma tålamod att övertyga d goslaviska statsmännen nödvändigheten av ett upp tigt samgående mellan de

ett återupprättande av fred dessa områden intresserade tionerna.

Sedan slutligen grundv na för ett sådant samar kunnat säkras genom Jug viens anslutning till trem pakten, utan att därvid huvud taget någonting for des av Jugoslavien utom d gandet i återuppbyggnade ett förnuftigt organiserat ropa, i vilket även Jugosla

Fonte do jornal não identificada.
Os Diários da Guerra 3, 1941.

friheten och därmed i framtiden livsmöjligheterna åt de tyska människorna. Alla tyskars tankar, kärlek och böner äro nu åter med eder.

Adolf Hitler."

Vaktombyte i Adua

I ett av lördagens Kairotelegram lämnades ett meddelande, som nu kanske ej kan anses ha så stor aktuell politisk betydelse men som dock kom Europa att lystra till. Man fick nämligen veta, att staden Adua i norra Abessinien erövrats av brittiska imperiestyrkor.

Adua är huvudstaden i provinsen Tigre och är beläget på en ödslig högslätt 1.960 m. över havet. Staden räknar 5.000 invånare och skulle väl aldrig särskilt ha uppmärksammats av det moderna Europa, om den ej kommit att spela en särskilt betydelsefull roll i den italienska kolonialhistorien. Då Italien mot slutet av förra århundradet började tävla med stormakterna om herraväldet i Afrika, ansträngde det sig att förvärva besittningar österut. 1885 besattes Massaua och under de närmast följande åren förvärvades definitivt det område, som vi nu känna som Eritrea.

Men man kastade också ögonen på Abessinien och lyckades efter diskliga allvarliga besvärligheter förmå landets konung, Menilek, att erkänna ett italienskt protektorat över det etiopiska riket. År 1893 uppstode emellertid den energiske konungen Italien tro och lydnad. Regeringen Crispi beslöt att svara med väpnad intervention. 1894 inleddes ett fälttåg, som utan tvivel var mycket illa förberett. General Baratieri bröt in i Tigre och slog *Menileks underkonung, mars 1896 mötte han emellertid lek själv just vid Adua. Slaget de med det mest förkrossande tag för italienarna. Drömmen herraväldet över Abessinien skrinläggas, regeringen Crispi des och man måste bekväma fred i Addis Abeba, i vilken erkände Abessiniens oberoende förband sig att betala krigsersättning.*

Det är alltså ej underligt, att Adua sedan dess alltid erinrat narna om det mörkaste bladet tidigare kolonialhistoria. För men med dess imperialistiska tioner har detta minne varit olidligt. Adua var en skamfläck med blod måste utplånas ur medvetande.

Då den italienske diktatorn de gamla planerna på Abes erövring till nytt liv och igås fälttåget år 1935, var det alltså dersaak för hans trupper att sätta sig i besittning av pr Tigres huvudstad. Så skedde äv erövringen av Adua kungjorde en moralisk återupprättelse fö smälek, nationen led 1896.

Och nu har Adua än en gå ur italienarnas händer och den ska krigsflaggan vajar över a stridda staden.

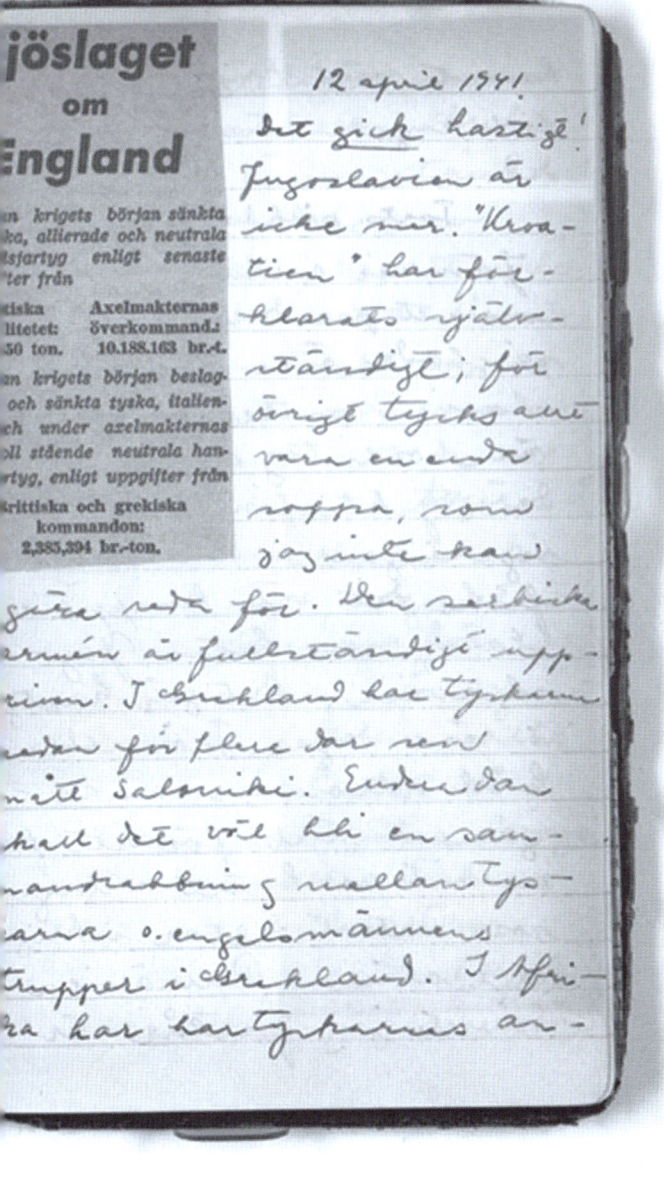

T.V. topo. Continuação do relato anterior.
Fonte do jornal não identificada.
T.V. inferior. ,"Troca de guarda em Adua".
Fonte do jornal não identificada.
T. H. "A Sétima Batalha na Inglaterra".
Fonte do jornal não identificada.
Os Diários da Guerra 3, 1941.

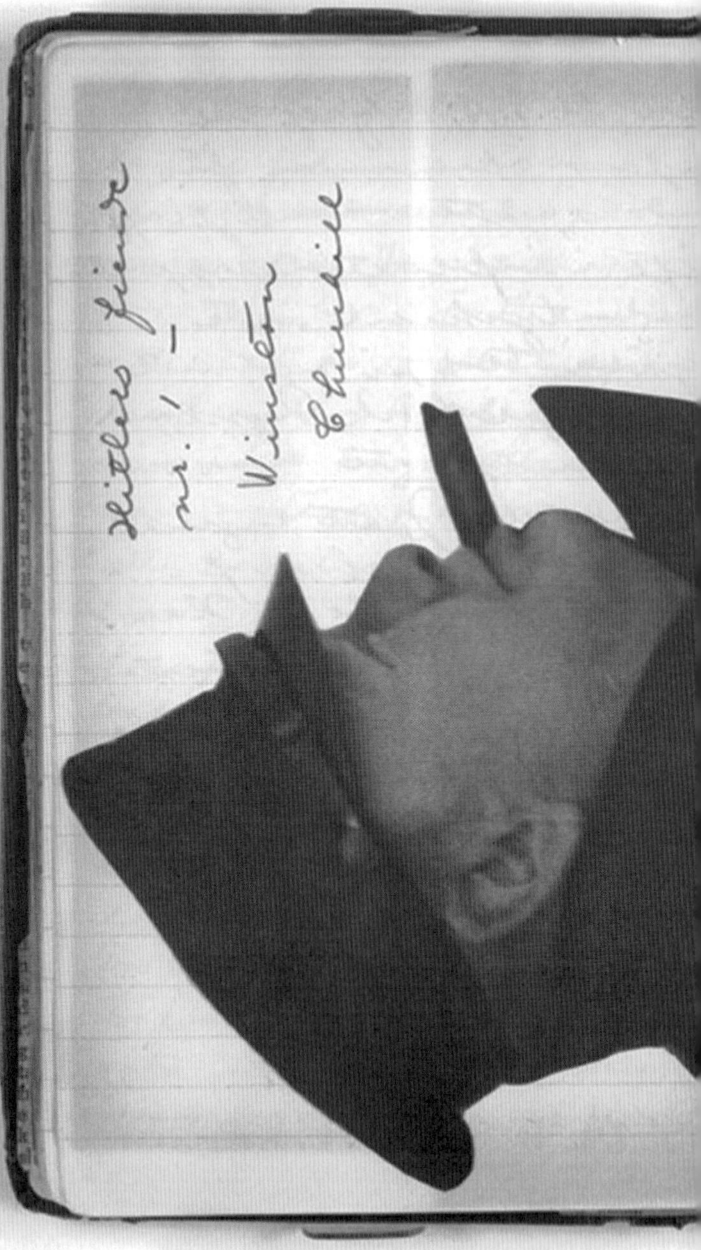
Hitlers fiende
nr. 1 –
Winston
Churchill

"Dois anos de guerra",
31 de agosto de 1941.

31 aug -41

I morgon fyller kriget två år. Och jag tycker det känns som om det varit krig alltid.

Finnarna har tagit Viborg tillbaka – det måste kännas i varje finskt bröst. Finlands fana vajar åter på Viborgs slott – även om den sytts i all hast av ett lakan. Nu har väl finnarna snart tagit tillbaka allt vad de förlorade i freden 13 mars 1940., och sen hoppas jag, att dom slutar och låter Tyskland sköta resten.

Det är inget populärt för Alexdagsbarn, som fyller år i morgon. Hör bara en röst ur folkdjupet:

en fyra fem stycken idioter som borde
as fast och upphöjas på stänger har
att fördarva och bringa en hel värsdel
svältgränsen är väl bra idotist men
et vill väl så ha det annars blev det
stopp här går Bilar massvis för varje
och flyaplan är ett dagligt surr så
luften och jorden är full af bråte
sjuter och gör sina mannöver så att det
härligt till. Ja Ryssland förlorar nog
illigt av sina stora rustningar och det
tysken också och det är bara bra att
slår sönder skräpet för varandra och
andra fågelen Moseline mäd sina posen-
tål nog intet så mycket mer Abbasinen
förlorat sin Romerska Tjässare och
vare tysken så fick Greken bita i
et annars så hadde dem mäd Englans
p säkert lagt Etaliens krigshär på
stocken hans stämma har nu rätt tyst-
så bra förut stod Mosseline Hittler
annan gång på Prädikstolen och skram-
om sin makt samt Stalin stora röda
rvinnerliga arme nu kanske han får
ig näsa den eländiga pöbelen hadde han
t finland mäd småstaterna kring Öster-
varit ifred och gitt tusan i Tysk-
s krigsleveranser så kunde man ha
at dem till att ha börjat till att bli
civleserat folk men jag kan ej inse att
fins något siveleserat bland dem bara
v den arbetande klassen och rusta till
och bränna och sjuta sönder vad
tande klassen har trälat ihop men
en slår ihjäl dem om Tysken kan reda
letta så får turken s itt nästa gång
an måste göra så för att splittra
an genom att få Lantarme till Svets och
ka jag tror aldrig att går mäd flyg
Medelhavet hans pakt jäller bara tils

Cópia de uma carta do tempo de Astrid Lindgren na censura das cartas pela Pka.
Os Diários da Guerra 4, 1941.

han har klarat av Ryssen att Turken ska[l]
hålla sig stilla Rosvelts Polletik är rä[tt]
och bra ock blir vinsten på den sidan s[å]
tror jag att den kommer att träda i kraf[t]
han vill att alla nationerss folk små oc[h]
stora skall ha sin egen vilja enligt fol[k]
röstning rum på jorden och frihet på hav[et]
det är min tanke också."

För övrigt har jag glömt att skriva, att England o. Ryssland besatt Iran o. tvingat dt till underkastelse.

Att här i dag skulle ges en retrospektiv återblick på de nu förlupna 24 månadernas krigföring, vilken vi, så gott vi förmått, följt i hundratals artiklar, kan väl ingen begära eller önska. Det som skett är ju redan i mycket krigshistoria, låt vara aktuell sådan. Ett sätt att kommentera krigets tvåårsdag vore kanske att bläddra tillbaka i klippuppslagen och därur hämta fram något av det väsentligaste som där skymta bl. a. i rubrikerna och på så sätt söka åstadkomma något av en blixtkrönika, en tvåårskrigets kortfilm. Man kan ju försöka, så får man se vad det kan ge alltefterson scenerna åter rullas upp.

Polska kriget, som det hela började med — en lika kort som dramatisk upptakt till det stora skådespelet med den strategiskt vansinniga iscensättningen i Becks och Smigly-Rydz regi. Det tyska flygets våldsamma offensiv den 1 september på morgonen; den polska arméns dödskamp efter några stora inringningsslag; Warszawas vita flagga och så den ryska inmarschen i

ryggen på den hjälplöst slagne, tystnad om Polen! Den hj[älp] västmakterna lovat och som kanske räknat med kom ald[rig] kunde ej komma så som lä[get] Några trevande framstötar, sk[ymt] i Maginotlinjens förterräng som kom till stånd.
Maginotlinjen! Maginotlinj[en] Siegfriedlinjen och Västvallen man närmast hade att funde[ra] I övrigt stillhet, en onaturlig tycker man, endast då och då svaga ömsesidiga luftraider och sporadiska händelser t[ill] Denna stillhet, denna over[tro] var den en medveten plan f[ör] karnas sida för att bryta franska arméns moral? I så kades man.
Under tiden spränger Rys[sland] med Tysklands goda minne baltiska barriären som ingre[dens] tidpunkt då hela Baltikum s[ugs] tas i den sovjetryska stöpsle[t] allt vad detta betydde och be[tyder]

T.V. topo. Continuação do relato Anterior.
T.V. inferior. "E a guerra continua", por K.AB.
1º de setembro de 1941.
Os Diários da Guerra 4.

Quisling angrep svensk opinion

Nasjonal Samlings ledare Vidkun Quisling höll på fredagskvällen ett tal i Oslo. Nasjonal Samlings uppgift är att genomföra nyordningen i Norge och säkra Norges plats bland det nya Europas stater, förklarade han bl. a. Där för inta vi en fientlig hållning både till bolsjevikerna och England, men med hänsyn till andra länder ha vi alltid iakttagit största möjliga neutralitet och icke på något sätt blandat oss i deras inre angelägenheter. Detta gäller i första hand våra nordiska grannar, icke minst det svenska broderfolket. Quisling riktade därefter våldsam kritik mot den svenska pressen, som han beskyllde för att bedriva osann propaganda mot det nya Norge, och lämnade en del exempel på hur svenska tidningar hade kommit med felaktiga uppgifter om situationen i Norge.

Quisling betonade att svenskarna böra göra klart för sig att det Norge som de på detta sätt baktala är framtidens Norge, som Sverige blir tvunget att samarbeta med. Sverige behöver Norge mer än Norge behöver Sverige, yttrade han. Vi komma icke heller att som ledande makt i Norden erkänna ett land som så försatt att utnyttja sina chanser som Sverige gjorde vid danandet av det nya Finland 1918 och som inbillar sig att det kan stå utanför tidens stora händelser.

För oss kunna svenskarna gärna bli hundra år efter utvecklingen. Det folk som först griper och genomför en nyordning kommer att behärska framtiden. Vi se givetvis hellre att Norge gör detta än Sverige.

Vi kräva icke för Norge någon ledarställning i Norden, fortsatte Quisling, vi önska i Norden endast samarbete och likaberättigande mellan nationerna, men vi ha rätt att fordra och vi fordra att Sverige inställer sin osanna propaganda mot det nya Norge och att Sveriges ansvariga män icke godtaga mot Norge riktad fientlig verksamhet och att vi i Norge i fred kunna få ordna och bygga i vårt land utan svenska chikaner.

"11 av Nordens 17 miljoner för ett fritt Norden."

Quisling uttalade därefter den, att nyordningen fått fäste i Nordens länder och på alla kanter spänner Sverige. Man kan allts på att tanken på ett fritt Norden 11 av Nordens 17 miljoner och må med säkerhet räkna med att der kommer att gripa de resterande jonerna. Tillsammans äro vi nordiska näst Tyskland den största ekono makten i Europa. Jag tvivlar ick er ett enda ögonblick på att En och Amerikas slutliga nederlag k att till oss återskänka de del gan jonier: Grönland, Island och C öarna, så att vi få livsrum f kraftutveckling ute i världen haven.

6.9.-41.

Man storknar Jag önskar, att han måtte få dö ensam! Jag är glad att hö att han tar sömnlös och på att stryka med av för myc sömnmedel d natten.

Svensk kommentar.

D·N
7/9 1941.

Quisling talar.

[Newspaper clipping partially visible; text truncated at left margin]

...n Quisling — situationens
...agens och framtidens man,
... kallades i en reklamnotis
...olk inför talet på fredags-
... — har åter framlagt sina
...ter på den politiska situa-
...Att döma av det genom T. T.
...referatet var ett betydande
...v anförandet ägnat åt vårt
... förhållandet mellan Norge
...rige. Quislings synpunkter
... spörsmål är väl kända, han
... karaktäriserat sin inställ-
...om förklaringarna till sven-
...alister att en eventuell hu-
...hjälpaktion från Sveriges si-
...tt bistå de beträngda norr-
...inte bara vore onödig, utan
...rödmjukande. Möjligen var
...g han använde denna gång
...are och än mer irriterade
...
...de frågor som mest intres-
...slingfolket efter det så kal-
...ktövertagandet förra hösten
...N. S.-ledaren återkom till
... är frågan om vilken na-
...skall vara den ledande i
...Det är möjligt att de tyska
...garna om att Finland efter
kriget skulle tilldelas ledarställningen — antydningar som från finnarna själva fått ett svar som nästan gjort svenska inlägg i denna diskussion överflödiga — i någon mån dämpat Quislings uttalanden på denna punkt, men i fråga om Sverige var de mycket prononcerade. Han förklarade sålunda att Norge för sin del inte kräver någon ledarställning men däremot var det honom omöjligt att "som ledande makt i Norden erkänna ett land som så försatt att utnyttja sina chanser som Sverige gjorde vid danandet av det nya Finland 1918 och som inbillar sig att det kan stå utanför tidens stora händelser". Sverige har tidigare med bibehållen fattning lyssnat till den tämligen ofruktbara diskussionen om ledarställningen i Norden och får väl försöka behålla sinnesjämvikten även efter detta hot. En man som är fullständigt beroende av tyskarnas stöd, som har blott några få procent av sitt eget folk bakom sig och till vilkens politiska meritlista det hör att han en gång haft starka kommunistiska sympatier, har inte någon rätt att upphöja sig till talesman för de 11 miljonerna i Norden utanför Sverige.

Bland de företeelser i Sverige som mest uppväckt hr Quislings vrede är den svenska pressen, som han anklagade för att bedriva osann propaganda och lämna felaktiga meddelanden om det nya Norge. Till detta är att anmärka att de svenska tidningarna mycket väl är medvetna om att deras nyhetsförmedling från Norge varit och är behäftad med vissa svagheter. Huvudsaken till detta förhållande är emellertid Quis-

T.V. "Quisling ataca a opinião sueca".
6 de setembro de 1941.
T. H. "Discurso de Quisling".
7 de setembro de 1941.
Os Diários da Guerra 4.

Tysk framfart Europa runt.
Ack, Hesse, huru länge?

Tyskarna avrätta fransmän i gisslan.

Från Dagens Nyheters specielle
korrespondent.
VICHY, lördag.

U.P. De tyska myndigheterna läto på lördagsmorgonen avrätta tre fransmän, vilka hållits som gisslan, såsom repressalier för ett attentatsförsök mot en tysk soldat i Paris på onsdagen.

Den franska regeringen har vid två sammanträden dryftat frågan om hur den antityska agitationen skall kunna bekämpas, och omedelbart därefter lämnade inrikesminister Pucheu Vichy för att resa till Paris.

Regeringen behandlade samtidigt vissa förslag till ändringar i dekretet om terrordomstolarnas verksamhet. Man har nämligen riktat dess uppmärksamhet på att den nuvarande formen av blixtsnabb rättsskipning icke ger en anklagad något skydd i händelse av misstag från domstolens sida, då han icke har appellationsrätt och då domarna skola verkställas omedelbart.

Ralph Heinzen.

Alla judar i Tysk[land] måste bära gul s[tjärna]

BERLIN,
T.T. fr. D.N.B. Den offi[ciella tidnin]gen offentliggör en på[bjuden förord]ning av den 1 september [1941 be]träffande igenkänningsm[ärke för] judarna.

I förordningen bestämmes a[tt från] och med sitt 16:e år äro [judar förbjudna att] visa sig ute utan ett särsk[ilt igenkän]ningsmärke. Detta består av [en] gul stjärna av en handflatas [storlek och] skall bäras fastsydd på y[tterklädernas] vänstra sida i brösthöjd. Vid[are få jud]na icke utan skriftlig tillåte[lse av] polisen lämna sin församling[. Förordnin]gen, som i första hand m[öter ett] praktiskt förvaltningsbehov [gäller för] hela det stortyska riket och [även] Böhmen-Mähren och träder [i kraft 14 da]gar efter kungörandet.

Och all mat tar di, var
dom går fram. Egyptens gräs-
hoppor ute på härjningståg
Dessa tre urklipp äro skörd
ur dagstidningarna samma
datum (7.9.-41.)

T.V. "Os alemães estão executando reféns franceses", por Ralph Heinzen,
7 de setembro de 1941.
T.V. "Todos os judeus na Alemanha são forçados a usar estrela amarela",
7 de setembro de 1941.
T. H. "Toda a Noruega está sem rádio", Stockholms-Tidningen,
7 de setembro de 1941.
Os Diários da Guerra 4.

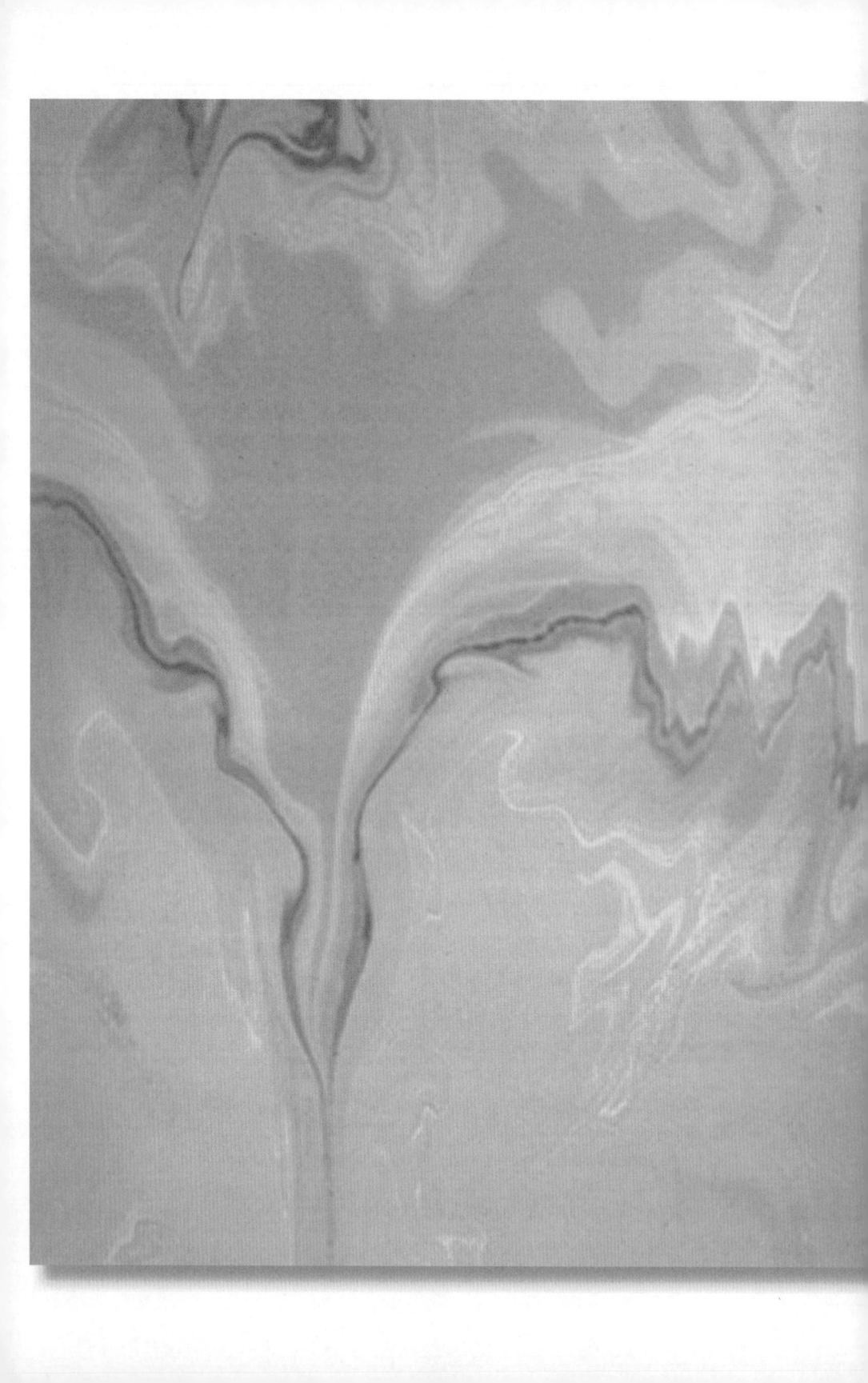

1942

*A partir da esquerda: o marido de Stina (Hans), Astrid, Lars, Gunnar, Ingegerd e seu marido Ingvar, Stina e Gullan. Mãe de Astrid (Hanna) e Samuel August com o neto Eivor no joelho.
Abaixo: a filha de Ingegerd (Inger), as filhas de Gunnar (Barbro e Gunvor) e Karin na extrema direita. 1940.*

1º DE JANEIRO DE 1942

Começa um ano novo. Eu me pergunto o que esses ilustres personagens à minha frente esperam do Ano-Novo. Hitler, de qualquer maneira, parece que passou algumas noites em branco. Churchill parece triste e preocupado; somente Roosevelt mostra-se esperançoso, daquele jeito americano. Mas talvez a foto tenha sido tirada antes do ataque dos japoneses a Pearl Harbor.

[Fotos de jornais, coladas no diário, de Roosevelt, Churchill e Hitler.]

As coisas não parecem tão promissoras para a Alemanha. Eles não podem esconder que, já há algum tempo, as coisas têm andado mal na Rússia. Afinal, o que podemos fazer é suspirar e esperar: por favor, Deus, faça com que a Alemanha mantenha a Rússia em xeque. Porque, do contrário, não sabemos o que poderá acontecer.

Como se parecerá o mundo quando tudo isso acabar? Ainda não há nenhum sinal de paz, pelo qual toda a humanidade está à espera. Quantas almas serão destinadas "à morte e à noite mortal" antes que chegue a libertação?

Na Noruega, há alguns dias, 11 pessoas foram executas por um pelotão de fuzilamento. O puro instinto de autopreservação está encontrando dificuldade em não torcer pela derrota da Alemanha.

1º DE FEVEREIRO

[Recortes pequenos de jornal: relato de 1º de fevereiro de 1942, por Gunnar Cederschiöld, do Stockholms-Tidningen, *sobre as privações que o povo de Atenas está sofrendo.]*

Esta é a Grécia de hoje, de acordo com o correspondente do *Stockholms-Tidningen*. E as coisas não estão muito melhores em qualquer lugar da Europa, salvo aqui, na Suécia. A França terá de aproximar-se da Alemanha, eu li em algum jornal no outro dia; eles não conseguem mais sobreviver com essa falta de alimentos e com essa miséria. Na Bélgica, as pessoas estão desmaiando nas ruas por falta de nutrição. Pela fome! A mesma falta também acontece na Finlândia e na Noruega, e na Alemanha também. Eu não sei como estão as coisas na Rússia, mas não é preciso ter muita imaginação para adivinhar.

Além disso, estamos passando por outro inverno terrivelmente frio. As pessoas congelarão e sofrerão danos. É de fazer chorar!

Em uma cerimônia formal, em Akershus [Fortaleza], no domingo à tarde, o Comissário do Reich, Terboven, anunciou que Quisling será o primeiro-ministro da Noruega.

23 DE FEVEREIRO

Desde meu último registro, houve importantes fatos que eu deveria ter anotado aqui de maneira mais regular. Um deles é que Cingapura caiu, e dizem que isso acontece uma vez a cada século. Eu tinha guardado um recorte sobre o que aconteceu, mas parece que o perdi. A demonstração de força dos japoneses no Pacífico é excepcional. Pensar que Cingapura, uma fortaleza que os ingleses usaram para manter uma posição-chave durante séculos, pudesse ser ocupada pelos japoneses em um espaço tão curto de tempo – isso diz muito a respeito das habilidades dos japoneses e, quem sabe, até mais sobre a impressionante displicência britânica.

É o que levou a Inglaterra a uma crise governamental, mas Churchill, como sempre, conseguiu abafar a tempestade. Houve até mais consternação há cerca de uma semana (acho que foi no dia 13 ou 14) quando dois navios de guerra, o *Scharnhorst* e o *Gneisenau*, colocados ao mar em plena luz do dia, em Brest, onde haviam sido sujeitados a intensos bombardeios durante meses, conseguiram chegar em casa, no Mar do Norte, sem que os ingleses interferissem.

Para voltar ao Pacífico, onde os mais importantes eventos estão ocorrendo atualmente, ataques iminentes são esperados em Sumatra, Java, Índia, Estrada da Birmânia e Austrália, onde homens aptos para o serviço militar foram convocados para defender o país. Eu simplesmente não posso imaginar o que a Inglaterra e os Estados Unidos estão planejando – os japoneses estão prosseguindo como monstros. Dizem que coisas chocantes ocorreram em Cingapura durante as últimas semanas. A fortaleza podia ser defendida apenas do lado do mar, enquanto os japoneses atravessaram furtivamente a península malaia, onde não existe quase nenhuma medida defensiva. A falta de água foi a gota que causou o transbordamento do copo (uma bela forma de expressão). As mulheres e as crianças foram evacuadas para Sumatra, debaixo de bombardeios. Os ingleses não tinham aviões em Cingapura; como isso é possível?

Na Rússia, 37 mil homens foram sacrificados.

Os fronts da Finlândia estão resistindo bem e firmemente.

Aqui, na Suécia, houve muitas convocações recentemente. Ontem, o ministro das relações exteriores, Günther, disse, em uma reunião, que nossa posição era estável, mas o país precisava reforçar suas defesas, uma vez que a primavera está se aproximando. Eu devo supor que estejam esperando um ataque dos ingleses à Noruega. Mas ainda não há nenhum sinal da primavera.

Aqui, em Estocolmo, a temperatura esteve abaixo de zero desde o dia 5 de janeiro; todo o Báltico está cheio de gelo; Gotland está ilhada. É simplesmente um inverno diabólico – o terceiro em seguida – e um total tormento. Pessoalmente, eu não posso me lembrar de um inverno mais longo. Espero que isso seja por causa da tosse de Karin, a qual começou há quatro meses e, neste momento, a menina está na minha cama, nas mesmas condições: com tosse, um nariz que não para de pingar e com febre. Nós já a levamos para fazer um raio X, que apresentou uma inflamação no pulmão esquerdo, mas já curada; e o eletrocardiograma mostrou que a inflamação afetou os músculos do coração. Agora, ela tem um sopro cardíaco, que Ottander diz que passará gradativamente, *mas e se não passar?* Ah! Estou tão cansada e ansiosa com essa tosse e com sua saúde em geral prejudicada. É isso o que está me preocupando muito mais do que toda a guerra mundial.

16 DE MARÇO

Levei Karin ao médico e agora ela está melhor e, quanto ao sopro cardíaco, ela está reagindo bem. Ela ainda teve algumas células de pus na urina, que serão tratadas com a preparação de algum tipo de sulfamida.

Creio que não escrevi sobre a capitulação de Java, no decorrer da qual 98 mil holandeses e ingleses foram feitos prisioneiros. O império holandês deixou de existir – e o que dizer de sua contraparte britânica? A Austrália está esperando um ataque.

Em Riom, estão julgando aqueles que foram responsáveis pela destruição da França.

Aqui, na Suécia, a situação esteve crítica e, possivelmente, ainda está. Tivemos instruções sobre evacuação – e, entretanto, parece que estamos considerando tudo de uma maneira relativamente calma, em comparação com o início da guerra, quando simplesmente não parávamos de falar em evacuação em nossos encontros no parque.

Dezessete jornais noruegueses foram interditados ontem, em decorrência de uma reportagem sobre as condições nas prisões norueguesas. Se for verdade – e não há motivos para duvidar – então isso é tão chocante, a ponto de provocar um mal-estar ao lermos esse tipo de notícias. Sadismo puro e tortura medieval. A má nutrição está se expandindo cada vez mais na Noruega.

Aqui, na Suécia, ainda há alimentos, mas, definitivamente, estamos começando a perceber certos sinais indicativos da falta de alguns produtos. Estamos recebendo cada vez menos carne e, com a chegada do verão – creio que o racionamento será aumentado e as nossas rações serão reduzidas ainda mais. Estou perdendo a coragem de escrever a respeito de tanta miséria.

Sexta feira santa

A neve está de volta, depois de alguns dias de ótimo clima e ruas secas. Para mim, a primavera está demorando a chegar neste ano – depois do mais frio dos invernos desde que começaram os recordes meteorológicos.

Aproveitando o nevoeiro, os 11 barcos noruegueses que estiveram no porto de Gotemburgo, desde a ocupação da Noruega pelos alemães, tentaram chegar às Ilhas Britânicas. O governo sueco os havia interditado até saber quem eram os legítimos donos. A Alemanha reivindicou a posse, é claro, mas não a conseguiu, depois da decisão judicial da Suprema Corte. Todos os noruegueses na Suécia, ou assim pareceu, viram a oportunidade de fugir para a Inglaterra. Mas os alemães estavam à espera, como abutres aguardando a carniça, um pouco além das águas territoriais suecas: três navios foram incendiados, dois voltaram para Gotemburgo e seis foram afugentados ou caçados mar afora.

Em nossas cartas, tivemos tantos relatos sobre as tentativas de noruegueses que o afundamento desses barcos parece particularmente drástico, apenas porque todo o empreendimento foi imprudente demais desde o início. As pessoas que estavam a bordo deviam ter aceitado o fato de que essa poderia ser sua última viagem.

E aqui estou eu em minha casa, que está todinha preparada para a Páscoa, como se nada existisse de ruim ou de maldade no mundo.

Amanhã completarei 11 anos de casamento. Karin ficou resfriada novamente e espero que isso já esteja em sua fase final. É a nossa primeira Páscoa em nosso novo lar na Dalagatan, e Karin está contente, pois haverá muito mais lugares para esconder os ovos, os ovos de chocolate das crianças. Quase nenhuma alma tem ovos de verdade nesta cidade, mas eu consegui emprestados 12 de Anne-Marie, que recebe uma cota extra porque Stellan está doente.

Voltando à política mundial, as coisas parecem estar um pouco estagnadas para os japoneses no Pacífico. Não houve nenhum sinal de invasão na Austrália. Não sei o que está acontecendo na Rússia, mas suponho que a ofensiva alemã da primavera ainda não será empreendida.

19 DE ABRIL

Os americanos bombardearam Tóquio, o que causou grande alegria nos Estados Unidos. Eu quase não sei o que está acontecendo no mundo hoje, mas a Rússia ainda está lutando com todas as suas forças, a julgar pelas notícias que ouvimos dos números de mortos e exterminados.

Laval está de volta ao governo francês; ele parece ser semelhante a Quisling, ou seja, pode levar a França a aproximar-se da Alemanha.

Os ingleses estão ocupados com os pesados bombardeios sobre a Alemanha.

Ontem, em Estocolmo, tivemos as mais altas temperaturas no mês de abril desde 1880, conforme os registros: 23ºC. E dizer que 15 dias atrás estava nevando fortemente. Agora tudo está bonito e seco, o sol está brilhando, mas isso não quer dizer que o frio não estará de volta. Hoje, nós quatro estivemos em Haga Park de manhã. Depois, Karin e eu fomos ao cinema ver um filme dos irmãos Marx. Sture está bem ocupado com a exposição (M. 42) que M. está montando. Lars saiu para dar uma volta com o terno que já ficou pequeno para ele. Ele logo terá um terno novo, na época de sua crisma. Para isso, será preciso de um grande maço de cupons.

Definitivamente, teremos quantidades de carne muito restritas durante o verão. Pelo menos o ovo começou a aparecer pouco a pouco. A manteiga parece rara para mim, mas isso ainda pode piorar.

Nosso rei foi operado, por causa de cálculos renais, e está passando bem. Todos ficamos contentes com a notícia.

Na Noruega, há uma grande discórdia entre o clero e o bispo Berggrav, que quase foi enviado para um campo de concentração na Alemanha, mas, por algum motivo, isso não aconteceu.

Estou lendo o livro do refugiado de Remarque, *Liebe Deinen Nächsten*, o qual descreve a Via Dolorosa de todos os judeus imigrantes. Esse livro é impressionante, e a partir do que vejo no trabalho posso confirmar sua veracidade.

Em toda a Europa, as pessoas caem de joelhos e morrem de fome – as coisas estão um pouco piores na Grécia –, mas é apavorante também na França e na Bélgica.

12 DE MAIO

Hitler fez um discurso, que eu deveria ter colado aqui, mas era tão longo que nem me preocupei. Entretanto, o discurso foi notável, pois parecia ser dirigido às divisões internas da Alemanha. Porque Hitler solicitara – e conseguira – poderes excepcionais que fossem acrescentados aos que ele já possuía – a fim de eliminar o cansaço da guerra em qualquer de suas formas e para remover todos os indivíduos que não estivessem presentes no momento exigido. "As exigências do momento" devem ser um pouco difíceis para a Alemanha agora – essa era a principal impressão que se teve do discurso –, e no trabalho notamos imediatamente a óbvia disponibilidade quanto à habilidade da Alemanha em vencer. O discurso resultou em uma reação semelhante em várias partes do mundo. A fé na vitória alemã é mínima.

Eu escrevi primeiro a respeito do discurso de Hitler só porque está na ordem cronológica das coisas; mas, de fato, há uma coisa horrendamente mais importante que eu deveria ter mencionado antes – hoje, pela primeira vez nesta guerra, ouvimos notícias sobre o uso de GÁS – e não seria surpresa se esse não for o prelúdio para uma fase até pior desta abominável guerra. Eu já escrevi uma vez, durante a guerra do inverno finlandês, que os russos haviam usado gás – mas, depois, não se ouviu mais falar sobre o assunto, portanto, deve ter sido mentira. Entretanto, agora, os alemães iniciaram a usar algum tipo de gás de nervos na Crimeia, o que pegou os soldados russos desprevenidos. De acordo com o jornal *Aftonbladet,* esse gás, que atua sobre os nervos, não é fatal, porém atordoa os alvos para que sejam facilmente capturados e levados prisioneiros. Mas, uma vez iniciado, é possível ter certeza de que, rapidamente, eles começarão a usar gases piores e mais horríveis.

Outro dia, começamos a pensar que algo incomum estivesse acontecendo, quando Churchill fez um discurso advertindo os alemães a não usarem gás; porque, se o fizessem, a Inglaterra derramaria grandes quantidades do material sobre a Alemanha. Os preparativos para uma guerra com gás não poderiam ser mantidos em segredo.

De certa forma, é surpreendente o fato de que os alemães não se incomodaram com o aviso quando, na realidade, eles deviam conhecer as implicações para seu próprio povo de uma guerra com gás franca e aberta, ou seja, sem limites. Mas então a humanidade simples e irremediavelmente terá perdido o juízo.

Ali estão todos: Inglaterra, América, Rússia e Alemanha, bradando a respeito do pior gás letal que eles mantêm em estoque – como se isso fosse motivo para contar vantagem a esse respeito quando, na realidade, eles concordaram desde o começo em não usar gás (ha, ha!). E, claro, é evidente que a Alemanha enxerga a própria precariedade de sua situação, caso queira recorrer a armas desse tipo para pôr um fim no conflito do front oriental.

Muitas outras coisas aconteceram nesse meio-tempo. O primeiro-ministro da Dinamarca, Stauning, morreu. Foi ele que, em um discurso em Lund, há muito tempo, argumentou contra a ideia de uma união de defesa nórdica. Seria interessante saber como as coisas estariam realmente aqui no Norte, neste momento, se essa união tivesse sido estabelecida durante os anos anteriores aos da guerra. É possível que toda a região tivesse permanecido intacta!

Os ingleses ocuparam Madagáscar, apesar da oposição francesa. Laval está levando a França a aproximar-se dos Poderes do Eixo, o que está causando sérias complicações para suas relações com a Inglaterra e os Estados Unidos.

E Hitler e Mussolini tiveram outra pequena reunião – eu creio que aí deve ter sido para concordar em usar gás novamente. Qualquer encontro entre esses dois geralmente tem um resultado imediato e nefasto.

Os relatórios oficiais de hoje contêm notícias tristes sobre a situação da alimentação na Finlândia. Parece que eles não têm sementes de cereais suficientes nem tampouco batatas para plantar. Então, de que forma eles pretendem passar o próximo inverno? Se as coisas piorarem ainda mais, o povo morrerá de fome. Gunnar foi para lá a fim de organizar uma assistência agrícola a partir daqui, da Suécia, mas qual será o benefício de todo esse trabalho adicional se nada houver para semear ou plantar? Coitados, coitados dos finlandeses – nossas ruas estão repletas de soldados finlandeses incapacitados, alguns da idade de Lars, andando sobre uma perna ou apenas com um dos braços...

Além disso, estamos esperando pela chuva. Se Nosso Senhor não tiver piedade de nós e fizer com que tenhamos uma boa safra neste ano, haverá fome aqui também – isso é definitivo. Já está difícil de idealizar refeições – até mesmo com as coisas estando melhores para nós, em comparação com outros povos.

Relatórios recentes incluíram algumas palavras de elogio por parte de estrangeiros referindo-se a nós, os mui denegridos suecos. Disseram que somos "uma nação samaritana", entre outras coisas. E eu acho que é verdade, pelo fato de estarmos ajudando da melhor forma possível.

Recentemente, os alemães realizaram numerosas execuções por pelotão de fuzilamento nos países ocupados – 18 jovens noruegueses, 72 holandeses, uma ração de franceses, todos eles por assaltos a alemães.

Mas como é possível haver outra coisa senão assaltos quando tudo o que fazem apenas provoca raiva e ódio, e isso em todos os lugares?

Bem. É assim que se apresenta o mundo neste ano da graça de 1942, além de ser um ano extremamente frio e desagradável. Depois de amanhã, o dia da Ascensão, Lars e Göran receberão a crisma. Por que essa paz não acontece logo, por favor, apressem-na! Do contrário, que tipo de futuro poderá haver para os jovens no limiar do mundo? Como será difícil para aqueles que herdarão esse sangrento e horroroso mundo vazio, cheio de gás e infelicidade.

21 DE MAIO

Afinal, o gás acabou sendo uma farsa. O repórter responsável pela história recebeu ordem de sair de Berlim imediatamente. Até agora, não há nenhum sinal de guerra de gás.

Hoje, Karin completou 8 anos. Nos anos anteriores, sempre tivemos dias ensolarados e quentes de verão, mas neste ano tivemos *chuva*, para o nosso indescritível deleite; hoje está seco, mas frio. Os presentes de Karin foram o velho relógio de Lasse ("Incrível! Ele ainda funciona", Linnéa a ouviu sussurrando, encantada, no caminho para a escola), uma maleta, uma bolsa, dois livros, uma caixa de chocolates, flores, um total de 12 coroas de várias pessoas, diversos marcadores de livros e uma lousa. Matte e Elsa-Lena vieram com suas mães, e Karin Bené também veio.

As mães falaram de cupons e alimentos, como sempre fazem nesses dias, e Elsa, que recentemente recebeu a visita da subnutrida Greta Wikberg, da Finlândia, contou-nos sobre o menu atual das pessoas da classe média: de manhã, mingau de farinha de centeio, sem pão nem leite; para o almoço, mingau de farinha de centeio, um pedaço de pão e 100 gramas de leite; para o jantar, batatas congeladas fervidas com queijo ralado, pelo qual é preciso enfrentar horas de fila, e, às vezes, um pouco de sopa de frutas; e à noite um chá de folhas de arando vermelho e um pedaço de pão. E é isso. Em comparação, nossas rações são pura gula, apesar de sempre nos queixarmos de que elas são mesquinhas.

Ah, sim, Lars recebeu a crisma em 14 de maio, na Igreja Adolf Fredrik, com outros 43 rapazes. Depois, tivemos uma "recepção" com vinho, café, bolo e biscoitos. Elsa, Alli, Lecka, Pelle Viridén e Matte, Elsa-Lena e Peter estiveram presentes.

Demos a Lars um relógio, Lecka lhe deu um par de abotoaduras, e ele ganhou uma caneta de quatro cores de Elsa e Alli, além de algumas flores. Tivemos então um jantar em família com *smörgåsbord*, frango e bolo. Certamente nós passamos muito bem nesta terra da Suécia.

[Transcrição datilografada de uma carta da Holanda, do trabalho de Astrid, no escritório de censura].

5 DE JULHO

Muita coisa aconteceu desde meu último registro. O foco principal de interesse tem sido a Guerra no Deserto. Rommel passou à frente e agora ele já penetrou bastante no Egito, ameaçando a Alexandria e o Cairo. Durante esses últimos dias, estivemos constantemente esperando a notícia da queda de Alexandria em mãos alemãs, mas apenas para o momento parece haver uma pequena pausa. Tobruk, cidade que foi disputada avidamente, caiu momentos atrás e, no incidente, muitos soldados ingleses foram feitos prisioneiros pelos alemães. Os italianos parecem ter participado da luta. Rommel é tão ardiloso que os próprios ingleses virtualmente fizeram dele um herói nacional pela derrota que ele infligiu ao Oitavo Exército.

E pensar que já faz mais de um ano desde que os alemães iniciaram sua marcha contra a Rússia. Eles disseram que a campanha terminaria antes da chegada do inverno, mas, ao contrário, o exército alemão ficou congelado e teve de enfrentar muitas dificuldades.

Quanto à ofensiva da primavera, a respeito da qual eles ficaram se gabando, não houve nenhum sinal dela, mesmo que os alemães tenham feito alguns avanços e terríveis e sangrentas batalhas tenham ocorrido na Crimeia, onde Sebastopol caiu recentemente.

Um navio a vapor sueco, o *Ada Gorthon*, foi torpedeado em águas suecas por um submarino russo, e outro navio sofreu um ataque perto de Västervik, mas não foi atingido.

A Suécia parece estar produzindo uma boa safra, graças a Deus, porque, do contrário, o povo passaria fome. Tivemos muita chuva e a temperatura foi bastante fria. Ontem, saí pela primeira vez ao ar livre, dia 4 de julho, perto do estaleiro. Eu estava em Vimmerby durante três semanas, mas o tempo não estava favorável para nadar, frio demais e muito vento. Agora estou em Furusund com Sture, Karin e Gunvor, e espero poder nadar de verdade. Karin está muito bem agora – até que enfim –, depois de sua persistente tosse de inverno. Lars ficou em Näs e está testando sua vocação para a agricultura. Ele e eu demos um giro de quatro dias de bicicleta: Vimmerby, Horn, Kisa, Norra, Vi, Tranås, Skurugata, Eksjö, Hult, Bällö [agora Bellö], Kråkshult, Vimmerby. Que linda está Småland.

Não estamos mais recebendo carvão da Alemanha, e está sendo difícil encontrar madeira na região. Portanto, a situação do combustível para o inverno parece estar bem precária. Agora é preciso de uma licença para comprar madeira, e não acredito que tiraremos aproveito de nossa lareira aberta nesse inverno. Por favor, que não haja mais pavorosos invernos como esses últimos três que tivemos em seguida.

18 DE AGOSTO

Soubemos pelas notícias da noite que um submarino estrangeiro afundou outro navio a vapor sueco em águas suecas perto de Västervik. Este é o terceiro ou, até mesmo, o quarto navio sueco afundado em circunstâncias semelhantes. Nossos escritores de cartas parecem convencidos de que os alemães estão por trás desses ataques, utilizando-se de submarinos russos para atiçar-nos contra a Rússia.

A marinha sueca está escoltando os comboios e dizem as cartas que vários submarino já foram afundados por meio de bombas de profundidade. Nós só podemos esperar que seja verdade. Os russos insistem em negar qualquer participação nesses acontecimentos.

Um par de espiões foi levado para Estocolmo hoje, por estar de posse de um rádio transmissor secreto. Pai e filho, sendo que o pai é de origem russa, mas agora é um cidadão sueco.

Negociantes do mercado negro são presos todos os dias. Há uma economia paralela que prospera junto ao racionamento.

Churchill, que Kar de Mumma chama de "Kurrill", foi visitar Stalin. Ele fez o sinal de "V" quando ali esteve, e os russos interpretaram o gesto como a promessa de um segundo front.

Os ingleses estão encontrando muitas dificuldades na Índia. Os hindus estão fazendo o máximo para tirar proveito da guerra, a fim de conseguir sua liberdade (eles alegam que, então, dariam uma ajuda dobrada para os ingleses), mas os ingleses não querem isso, e Gandhi, sua esposa e várias outras pessoas foram presos. Sérios atos de violência e de manifestações são a ordem do dia.

5 DE SETEMBRO

Três anos de guerra

A guerra faz três anos e eu não comemorei seu aniversário. Todos nós percebemos uma mudança gradativa com respeito à guerra. Costumávamos falar da guerra o tempo todo, enquanto agora a enxergamos como um mal necessário para ser pensado e do qual se deve falar a respeito o menos possível. O que devemos realmente falar é com respeito a quão pouco é nossa ração de carne e quantos ovos conseguimos além de nossa cota; se o inverno será frio; quantas vagens conseguimos armazenar, e assim por diante, sempre nesses mesmos assuntos. Comida significa tudo e, no entanto, estamos em uma situação bem melhor do que muitos outros países.

Dificilmente temos carne na mesa e também não há muito peixe, pelo menos não em Estocolmo. Assim, quando tivemos carneiro assado hoje para o jantar, isso nos colocou em um humor cerimonioso – assim como também era delicioso. Meu pensamento, de repente, dirigiu-se aos prisioneiros de guerra franceses e russos nos portos alemães: conforme cartas de marinheiros suecos, eles estão à beira da inanição e procuram por batatas até nas lixeiras. Portanto, não importa o que eu possa dizer, mas a guerra nunca será esquecida!

Há uma corrente de desespero correndo por baixo de tudo e o tempo todo, e que é constantemente alimentada pelas notícias dos jornais.

Na Grécia, há vários milhares de pessoas morrendo de fome todos os dias; ninguém tem a energia de enterrá-las, então, elas são simplesmente jogadas no cemitério. E aí vem outro inverno com guerra – Deus tenha piedade de nós! Neste mesmo momento, há uma furiosa batalha em andamento por Stalingrado; os alemães estão fazendo progressos na Rússia – mas tenho certeza de que nada de conclusivo acontecerá antes do inverno. O verão é mais quente do que nunca, e está em pleno e maravilhoso desabrochar das flores; estava bem frio mais cedo, mas agora o dia está lindo e todas as plantações estão crescendo a olhos vistos. Definitivamente, teremos uma boa safra este ano, graças a Deus.

5 DE OUTUBRO

Não, não, os alemães não devem morrer de fome! E, se os trabalhadores noruegueses, que não veem batatas e vegetais eu não sei há quanto tempo, recusarem, em seu desespero, a carregar os vagões ferroviários dos alemães com todos os alimentos, eles arriscam uma ida a um campo de concentração. E isso, é claro, ocorre em todos os países ocupados.

Mas as coisas estão muito lentas em Stalingrado. Não há nenhum lugar inteiro em toda a cidade e, no entanto, os russos não estão cedendo.

7 DE OUTUBRO

Um estado de emergência foi declarado em Trøndelag, na Noruega, e o resultado é que dez cidadãos noruegueses foram executados por um pelotão de fuzilamento às 6 horas da tarde, no dia 6 de outubro de 1942, "a título de reparação de várias tentativas de sabotagem". Todos os seus bens foram confiscados.

Olho por olho e dente por dente não é mais aplicável; agora, pessoas totalmente inocentes devem responder por crimes cometidos por outros! Que tipo de "sistema legal" é este? Uma carta horrível no relatório oficial descreve um norueguês que teve seus 32 dentes saudáveis arrancados para, depois, ser enviado a um campo de concentração com uma dieta de pão duro e água salgada por três meses.

3 DE NOVEMBRO

Logo após eu ter escrito meu último registro, um grande número de noruegueses foi fuzilado.

Nada há de particularmente novo para se relatar. Stalingrado ainda resiste; no deserto, os ingleses deram uma bela sova em Rommel, e os russos ainda estão pedindo um segundo front, mas nada vimos a esse respeito.

Estamos entrando no quarto inverno da guerra e, se apenas esse pensamento já nos cansa aqui na Suécia, eu me pergunto como devem estar passando as outras nações? Se olharmos para a guerra, um pouco para trás, poderemos detectar fases diferentes na forma de como as pessoas reagem: depois do terrível desespero que sentimos no início de tudo, houve um longo período de relativa indiferença, interrompida apenas pelos violentos choques como a ocupação da Noruega, a derrota da França, etc. E agora o real cansaço da guerra está se consolidando: as pessoas estão tão cansadas da guerra que, simplesmente, não sabem o que fazer; é tudo tão depressivo. Certamente, o inverno será um osso duro de roer, pelo menos nas cidades, mas raramente pensamos em como o inverno será em outros países.

Na Noruega, as pessoas estarão morrendo de fome, com certeza (os alemães pegam tudo) e, na Finlândia, as condições não estão muito melhores. Dizem que há um terrível cansaço da guerra na Alemanha, principalmente em Berlim. Na Dinamarca, há um sentido crescente de frustração; o rei Christian caiu de seu cavalo e quase morreu, mas parece que já está se recuperando bem.

Hoje, a família Lindgren comemorou o 44º aniversário de Sture, com um picadinho muito saboroso, enguia defumada e, depois, bolo. Aqui ninguém passa fome, pelo menos por enquanto.

8 DE NOVEMBRO

Na África, tudo está perdido para a Alemanha. Rommel está recuando desordenadamente, com os britânicos em seu encalço. Esta é, de fato, a primeira vez que ouvimos falar de uma real derrota militar dos alemães, e muitas pessoas já enxergam sinais de uma derradeira derrocada alemã. Os italianos pediram um cessar-fogo para enterrar seus mortos. Além disso, hoje, os americanos desembarcaram na costa africana, em território francês, o que resultou em uma declaração de guerra da França contra os Estados Unidos. Portanto, algumas coisas começaram a acontecer novamente.

12 DE NOVEMBRO

Coisas estão acontecendo! Ontem, os alemães marcharam dentro da zona livre francesa. Com isso, a França é agora um país totalmente ocupado e Pétain protestou. Hoje, foi reportado que ele fugiu. O destino da marinha francesa será decidido hoje, mas, de acordo com os jornais da noite, ela pretende defender-se contra qualquer ataque e Hitler prometeu não ocupar Toulon.

A resistência aos americanos, na Argélia, foi abandonada porque, muito provavelmente, era deficiente. Essa deve ser, mais ou menos, a primeira vez que os Aliados fizeram algo que Hitler não havia previsto. É necessário um enorme efetivo para manter a França ocupada, o que significa, é claro, menos alemães na Rússia. Na África do Norte, a marcha dos ingleses continua rapidamente. Todos esses eventos são explicados de uma melhor maneira nos recortes de jornais, a seguir.

> *[Recorte de jornal do discurso de Churchill: "Front europeu 1942, um estratagema". Sinos são tocados para comemorar a vitória no Egito].*

Tão diferente dos discursos de Hitler! É de se pensar que todo o mundo deveria perceber que somente um homem com algum tipo de defeito mental seria capaz de apresentar discursos como os de Hitler.

30 DE NOVEMBRO

Na sexta-feira, de manhã, 27 de novembro, toda a frota de Toulon foi afundada por suas próprias tripulações, quando os alemães tentaram apossar-se da base mediterrânea da França por mera força militar. As tripulações afundaram juntamente com seus navios. Em minha opinião, foi um dos mais dramáticos eventos de toda a guerra. De fato, a guerra em geral tem ficado cada vez mais dramática recentemente.

Pobre marechal Pétain que, afinal, não fugiu depois da ocupação, conforme havia sido noticiado, mas entregou todo o poder para aquele horroroso Laval, o qual segue Hitler obedientemente. Pétain redigiu uma proclamação, na qual ele debandava das forças militares francesas em terra, no mar e no ar.

Esse contratempo para os alemães na França acompanhou a derrota para os russos em Stalingrado; uma quantidade lunática de sangue foi derramada nessa batalha. Eu não sei o quanto a ofensiva russa significa, mas o próprio fato de que eles tiveram a capacidade de romper o front alemão em vários pontos diz muita coisa. Dever-se-ia sentir pena pelos soldados alemães que terão de enfrentar o inverno russo? – Eu realmente sinto muita pena por eles, mas, sejamos sinceros, que pessoas terríveis eles são!

Os acontecimentos são chocantes na Noruega. Recentemente, mil judeus noruegueses, entre eles mulheres e crianças, foram deportados para a Polônia e para a morte certa. É o trabalho do Demônio! Além disso, muitas garotas foram forçadas a ser recrutadas para serem enviadas às tropas alemãs, ao norte, cuja principal função será a de preparar refeições para os soldados, mas isso, sem dúvida, é apenas um aperitivo!

Há alguns dias, vi um dos pequenos e caros decretos pelo qual a parte norueguesa de valor para o grupo racial germânico devia ser salvaguardada, cuidando das crianças nascidas de mulheres norueguesas com soldados alemães como pais. Mas um pobre agricultor polonês, que se apaixonou por uma garota alemã e teve uma criança com ela, teve de cavar sua própria tumba e foi fuzilado na presença de seus companheiros poloneses, que foram forçados a olhar a título de advertência.

25 DE DEZEMBRO

O quarto Natal da guerra, e nós o passamos em Estocolmo. Foi o primeiro Natal em minha vida longe de Näs. Mas passamos um tempo tão gostoso que, acredito, faremos o mesmo no futuro. Infelizmente, Karin adoeceu por causa de uma infecção de garganta, uma semana antes do Natal. No dia 23, o médico declarou que a infecção provocaria um abcesso atrás das amídalas, mas, graças a Deus, a crise passou na véspera de Natal e à noite sua febre havia cedido e ela foi capaz de aproveitar as delícias do Natal. "Venha sentar-se perto de mim, mamãe, e ajude-me a ser feliz pela sorte que eu tive", ela disse. Lars também estava muito alegre e contente.

Seus presentes foram: para Lars, calças de esqui, uma jaqueta, meias esportivas, meias comuns, livros, dinheiro, doces e um álbum de fotografias; Karin recebeu: um guarda-chuva, um casaco para a escola, luvas, muitos livros, inclusive *Alice no País das Maravilhas,* que ela queria ler há algum tempo, doces, um par de jogos, e assim por diante. Nós ainda tínhamos velas da árvore neste Natal, embora fosse permitido a Karin ter dez velas. Felizmente, eu tinha guardado algumas.

E podemos dizer que não há falta de alimentos. Fizemos um pouco de economia em nossos cupons de porco e *bacon*; e, para o Natal, conseguimos um presunto de Natal de 3,5 quilos, músculo, patê de fígado caseiro, bifes salgados, rim de vitela de Småland (este nós conseguimos antes do dia de Natal). Esperávamos ter coelho de Skåne também, mas ele não veio, e até foi melhor assim, pois teria sido pura gula. Mas fizemos pequenos bolos e biscoitos e a mamãe [a sogra de Astrid] trouxe uma ração de biscoitos variados.

Nesta manhã teremos a visita da família Fries, que deverá trazer outras coisas, de maneira que teremos uma variedade de carnes (presunto, língua e bifes), além de batatas ao creme, salada de arenque, um gratinado flambado, arenque, patê de fígado e enguia defumada. Penso que passaremos um tempinho bem gostoso.

E, pelo mundo afora, apenas tristeza. As coisas estão indo mal para os alemães na Rússia e na África do Norte. Grandes reveses militares – deve ser o início do fim.

Pelle Dieden nos visitou antes do Natal e forneceu algumas notícias da Noruega.

A filha de Pontus de la Gardie [conde] casou-se com um membro de uma família norueguesa. Ela disse a Pelle que seu avô materno, o conde Lövenskiöld, foi levado para o norte da Noruega e sentenciado a trabalhos forçados, juntamente com outros líderes de seu distrito, em retaliação ao fato de alguns noruegueses reclamarem quando um soldado furou a fila do cinema e comportou-se de modo mal-educado. O pobre conde nem estava a par do enredo do filme. Essa é a justiça alemã.

E, depois que o conde foi levado, dois caminhões foram à sua casa e vários soldados alemães forçaram a entrada e levaram tudo o que puderam, inclusive 2 mil garrafas de vinho, todos os alimentos que haviam sido preservados, todo o sabão – eles não tinham permissão para usar sabão nem para os bebês. Depois, os soldados beberam até ficar extremamente bêbados e forçaram a idosa condessa a fazer chá às 3 da manhã. Em Grini [o campo de detenção supervisionado pelos nazistas, na Noruega], Pelle disse ter ouvido de alguns noruegueses que eles são surrados três vezes por dia, se tiverem sorte, quando não são quatro vezes. Coitados deles quando chegar o dia da volta.

E nossos queridos pais nos deram mil coroas como presente de Natal.

Roosevelt.

Churchill.

Rßskansler HITLER.

1 jan. 1942.
Ett nytt år börjar. Jag undrar
vad vidstående till gubbar
väntar sig av det nya
året. Hitler ser då åt-
minstone ut som om han
hade åtskilliga sömnlösa
nätter bakom sig, Churchill
ser sorgsen och bekymrad
ut; endast Roosevelt
har amerikanskt förhopp-
ningsfull. Men kanske
futtat tog, innan ja-
panerna gick till anfall.
För Tyskland ser det då
aktiebt inte roligt ut.
Det kan inte fördöljas,
ur dåligt det går i
Tyssland sedan en tid
tillbaka. Teats allt
måste vi sucka och hop-

Fonte do jornal não identificada.
Os Diários da Guerra 4, 1942.

Jag hörde i dag om en dam från en av Atens förmögnaste familjer, som magrat aderton kilo. Hon var ganska lång och redan förut smärt och vägde då 54 kilo. Andra av mina bekanta har magrat ännu mera. Hur det gått med de fattiga törs man knappast ens tänka på.

En utlänning, som nyligen var ett par veckor i Aten, tordes knappast ens gå ut på gatan, för han kände inte igen sina vänner, så medtagna såg de ut, och han skämdes att visa sig, rödkindad och välmående som han var.

Hur många, som dagligen dukar under, vet man inga siffror om; man ser folk stupa av svaghet på gatan.

Går kriget på några år till, lär det väl småningom bli likadant på hela jorden och slut med släktet homo, som förr kallades sapiens.

dem, då de demobiliserades o hade några civila kläder att s sig. Och det är längesedan de några nya att köpa.

Brödransonen var redan i no nere på 40 gram per dag och Kanske det nu finns lite apelsin det är nog ungefär allt, vad m finna på den tillåtna marknade på svarta marknaden har til minskats ytterligare och prise i proportion. Från slutet av ber hörde jag priserna: 1,500 mer per oka bröd (ungefär 45 d. v. s. c:a 32 kr. per kilo) och för dåligt och naturligtvis ok rat kött. En arbetare förtjä 150 dr. per dag då han lyckade bete, en kontorstjänsteman elle ämbetsman 3 à 4,000 dr. i mån

Detta är Grekland av
idag enligt Sthlms-
Tidningens korrespon-
dent. Och så förfär-
ligt mycket bättre
är det väl just
ingenstans i Europa
utom här i Sverige.
Frankrike måste
närma sig Tyskland
stod det i en tidning
häromdan; dom lit-

ärdne inte livsmedels-
rist och eländé länge.
Belgien sommer
...ek på gatorna av
...nger, i Finland och
...orge är det eländigt
...h naturligtvis i
...yskland också. Hur
...t är i Ryssland, vet
...g inte, men med lite
...utasi kan man ju
...nställa sig.
Och så denna abyggligt
...ella vinter igen.
...lk för frysa och
...ra illa, så man
...il gråla åt det.

"Onde está o pior na Europa", por Gunnar Cederschiöld,
Stockholms-Tidningen.
1º de fevereiro de 1942.
Os Diários da Guerra 4.

Holland april 1942.

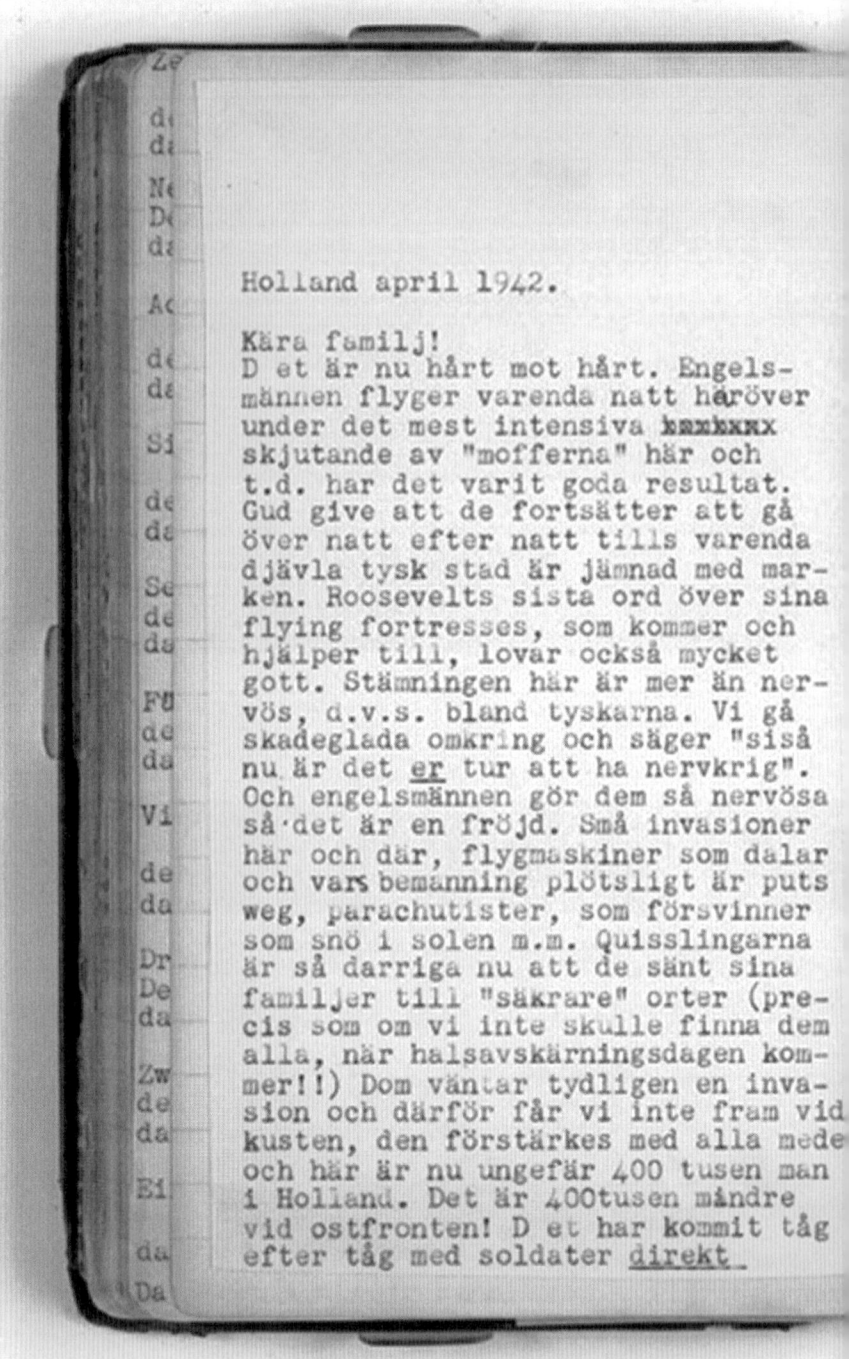

Kära familj!
D et är nu hårt mot hårt. Engelsmännen flyger varenda natt häröver
under det mest intensiva kxmkxxx
skjutande av "mofferna" här och
t.d. har det varit goda resultat.
Gud give att de fortsätter att gå
över natt efter natt tills varenda
djävla tysk stad är jämnad med mar-
ken. Roosevelts sista ord över sina
flying fortresses, som kommer och
hjälper till, lovar också mycket
gott. Stämningen här är mer än ner-
vös, d.v.s. bland tyskarna. Vi gå
skadeglada omkring och säger "siså
nu är det er tur att ha nervkrig".
Och engelsmännen gör dem så nervösa
så det är en fröjd. Små invasioner
här och där, flygmaskiner som dalar
och vars bemanning plötsligt är puts
weg, parachutister, som försvinner
som snö i solen m.m. Quisslingarna
är så darriga nu att de sänt sina
familjer till "säkrare" orter (precis som om vi inte skulle finna dem
alla, när halsavskärningsdagen kommer!!) Dom väntar tydligen en invasion och därför får vi inte fram vid
kusten, den förstärkes med alla mede
och här är nu ungefär 400 tusen man
i Holland. Det är 400tusen måndre
vid ostfronten! D et har kommit tåg
efter tåg med soldater direkt

från Ryssland hit. Jag har själv sett
dem. Tåg fulla med slöa apatiska soldater med långt hår och långa skägg.
De våga ej låta dem komma till sina
hem, ty de hade skrivit på vagnarna
"nie wieder nach Russland" och det
värsta är att de sitta fulla med löss
och 50% har fläcktyfus. Det är likt
de förbannade hunnerna att dra packet
hit och smitta ner oss. Om jag kommer hem och finner er pro-tyska,
kommer jag att bryta med er, och om
Sverige går med Tyskland, kommer jag
att dö av skam.
                    Förlusten -
tillsvidare - av Java är katastrofal.
Alla har familjer där och Holland
lever av sina kolonier. Och att sitta i koncentrationsläger hos japsen
är nog ingen sinekur, särskilt som
som är så pigga på vita kvinnor.
                    Här i landet
är man att Mussert nu skall till
makten, vilket kommer att bli ---
till allmänna strejker och dödande.
Varför han inte än är på samma plats
som Quissling är att Christiansen,
som är kommendant för "Luftgau
Holland" vill hålla landet i lugn
(han är anti-N.S.) och vet att det
blir oro, om Mussert kommer till.
Alla fabriker som måste arbeta för

*Cópia de uma carta do tempo de Astrid Lindgren na
censura das cartas pela Pka.
Os Diários da Guerra 4, 1942.*

Tyskland – och det är nästan alla – arbetar härligt: långsamt och dåligt, totalt saboterande "å det käckaste". Det finns ingen, som inte saboterar. Alla hästar är borta nu och alla svin är också fordrade. Samma dag "försvunno" 2000 svin. Bönderna är jättefina. Det värsta är att svinen (i detta fallet tyskarna) genom att dra in understöd tvingar arbetarna att arbeta i Tyskland. Vägrar dom, dras deras bröd-, fett-, kött- m.m. kort in. Men folk hjälper. Hos en god vän, som har en elektrisk fabrik, kom igår tre tyskar och sa: "Hur många arbetare är här?" 300. "Gut, 150 måste genast till Tyskland." Punkt, slut.

Hälften av våra vänner sitter i koncentrationsläger i Tyskland eller fängelser här, där de bevakas av quisslingar, som lär vara värre än tyskarna och använder rena sadismen. Häromdan lössläpptes 100 oskyldiga amsterdammare (av de upper ten) som tagits som repressalier för ett bombattentat och suttit två månader. Alla hade magrat 30 kilo och var alla mogna för sjukhusvård! Varenda dag skjuts ett tiotal holländare. I dynerna vid Schweningen få de gräva sin egen grav, ställas så på kanten, in faller dom, lite jord över och saken är klar. Ett par

veckor efteråt får familjen
reda på att de är skjutna men ej
var de ligger. I Amsterdam hade en
fru begärt att få sin mans lik hem,
det var en bekant Oranjeman. Och hon
fick hem en packlår, där mannens
dubbelvikta lik låg. Våra bästa professorer, präster, advokater och
haut-finansierer sitter. Snart kommer turen till storindustriens huvudmän, om de ej gå med på att rätta
sig efter den Nya Andan, och det gör
ingen -.-.-.-.-. Fast det finns ingen
som är feg, alla arbeta mot N.S.
                    Vi lever av
svarta handeln. Äggen kostar en krona
styck och jag har lagt in 200 för
vintern, smör 40:- kr kilot, te vansinnig 200:- kr kilot, kött 15:- kr
kilot, bröd, mjöl står ej att uppbringa. Om vi får en krigsvinter till
blir det allmän hungersnöd. Folket
lider redan nu mycken hunger och
tiggare - ett okänt begrepp i Holland - florerar vilt.
                    Det värsta av allt
är Gestapo och S.S. här. De terroriserar landet förskräckligt och varannan människa är spion. Min Klara har
börjat "gå med" tyska officerare,
och det är en pinsam situation, ty
man vågar ej avskeda dem nu. Hon vet
ju att vi är intensivt anti och att
vi tre gånger om dagen hör B.B.C. och
att vi hamstrar etc. Men den dan det
blir fred, åker hon. Först renrakas
alla holl. flickor, som tjalat med
tyskarna.

Continuação do relato anterior.
Os Diários da Guerra 4, 1942.

Vi får naturligtvis vara
med om mycken elände, innan det bli
slut. Om engelsmännen "besätter"
landet, bombarderar tyskarna med al
säkerhet Rotterdam m.fl. hamnar, oc
det vet vi, vad det vill säga. Av e
initierad har vi fått reda på att
alla tyska kaptener på alla fartyg,
krigs- och handels, tyska och besla
tagna, fått order att på given signal sänka alla sina fartyg.
 Vi har ett par flaskor good old
Scotch liggande för engelsmannen,
och den dag vi kan sitta på ett
tyskt lik och dricka en skål för
"our allied", den dan är kanske inte
så långt borta. Vad jag önskar att
ni kunde bevittna dessa världshis-
toriska händelser. Och du milde vad
vi sedan resten av vårt liv skall
spotta på de förbannade hunnerna.
Må deras syndiga själar förkolna i
Hades. Fråga Mariechen från mej hur
det känns att tillhöra världens mest
hatade folk!
 Ditte om ditte. Låt detta cirkule
ra i familjen och de förtrogna,
Men det kan kosta mej mitt huvud, så
tro ej att alla är förtroga. Det tro
de vi innan 10 maj 1940. Svär att
inte visa för obehöriga. Jag blir
bums ixfx uppspårad.
                    A.
5/5 72 holländare, f.d. officerare, advokater m.m. ha idag skjutits. En
enorm razzia hölls i natt och 1500
holländare "hämtades" från sins
hem. Såg själv kl. 6 i morse tre
som hamtades här mitt emot av soldater i full krigsutrustning, hjälm
handgranter i bältet. Sorgligt att
se dem lämna sina hem med sinx
lilla koffert. Oerhört många bekanta.

Continuação do relato anterior.
Os Diários da Guerra 4, 1942.

Sommar 1942
av
Pär Lagerkvist

Nu skräckens värld är full av blomsterdoft
och alla marker sig i fägring smycka.
I bödelsnatten svävar frömjölsstoft
och livet bävar av sin unga lycka.

Till avrättsplatsen ynglingskaran följs
av dofterna som människorna gläder,
och hemmet för de gamlas ögon döljs
för evigt vid ett vackert sommarväder.

På gravfält surrar honungsfyllda bin
och solen strålar över brända byar.
Kring Hellas skimrar havets blåa vin
och Norden drömmer under rosenskyar.

Med blodsprängd blick, o mänsklighet, du se
på undret som till glädje allt vill smycka.
Du kan ej le, blott sommarängen ler
med ljusa drag och full av jordisk lycka.

T.V. "Verão de 1942", por Pär Lagerkvist.
Fonte do jornal não identificada.
T. H. "Stalin: 'Aliados ajudam com pouco trabalho'. Cortina de ferro russa em Stalingrado".
5 de outubro de 1942.
T. H. " Göring: 'Situação de vida alemã melhora. Toda a guerra é planejada fora'".
5 de outubro de 1942.
Os Diários da Guerra 5, 1942.

Tanksattrapper vilseledde axeltrupperna.

Vad beträffar överraskningsmomentet i Egypten sade premiärministern, att man kunnat tillämpa en överraskningstaktik genom ett utmärkt camoufleringssystem. Fienden visste att ett anfall höll på att förberedas, men man kunde dölja för honom var, hur och när det skulle sättas in. Denna 10:e kår, som fienden sett från sina flygplan på 80 kilometers avstånd, satte sig i rörelse under natten och lämnade därvid kvar ett motsvarande antal stridsvagnsattrapper på den plats där den befunnit sig. Fienden hade ingen aning om i vilken omfattning den komme att anfallas. Vad ökenarmén åstadkom på slagfältet åstadkoms också här och i Förenta staterna i mycket större skala. Hitler kunde inte gissa det. I själva verket höll den största amfibieoperation som någonsin planerats, på att sättas in mot ett strategiskt ytterligt betydelsefullt område, vilket träffades utan minsta varning vad beträffar de platser där farygen skulle göra sina landsättningar. Jag tror det varit en stor fördel att icke offentliggöra våra förluster i farøyg. Tyskarna ha blivit offer för sina egna osanningar. Förlusterna äro tämligen höga, men de ha ständigt överdrivit dem, och följaktligen förmodar ag att de icke trodde att vi hade faryg i en sådan omfattning som nu använts.

Italien kommer nu mycket bättre att inse krigets prövningar och hur oklokt det var att träda in i det i ett ögonblick då man trodde att antagonisten var utmattad. (Applåder.) Detta kommer att ge hela det italienska folket en mycket klarare uppfattning om krigets prövningar och fasor.

Stora händelser att

I dag har jag fått veta att eslutat invadera hela Frankr ärmed bryta det vapenstillestå Vichyregeringen iakttagit med ig trohet och med fruktansvär ader ända därhän att man o a fartyg och matroser genom a på amerikanska fartyg som ill undsättning.

Förvisso är ögonblicket nu ör alla som vilja visa sig vä allas fransmän att hålla samm r stunden inne då alla fransn kjuta åt sidan sina personlig ch tvister och såsom gen aulle endast tänka på att b ädernejord. Underhuset kan v issat om att mycket kommer a de närmaste dagarna, och ja nte kunna komma med annat nodanden, om jag sökte avge et omdöme om den blivande ingen i Nordafrika, Frankrike ien, med undantag för att ort komma att ha mycket stö igheter att bombardera Ita uften.

Churchill slutade: Men v tt glädja oss endast på villk icke mattas i våra ansträngni måste använda segerstimulan oka våra prestationer. I de ch med underhusets orubb kola vi åter gå till verket.

Tank, sån sk ned på tal Hitlers! Att alla månnist förstår, att måste vara psykiskt defekt man, som sta upp och talar som Hitler.

"Churchill: 'Front europeu 1942, um estratagema'".
Sinos são tocados na Inglaterra para comemorar a vitória no Egito.
12 de novembro de 1942.
Os Diários da Guerra 5.

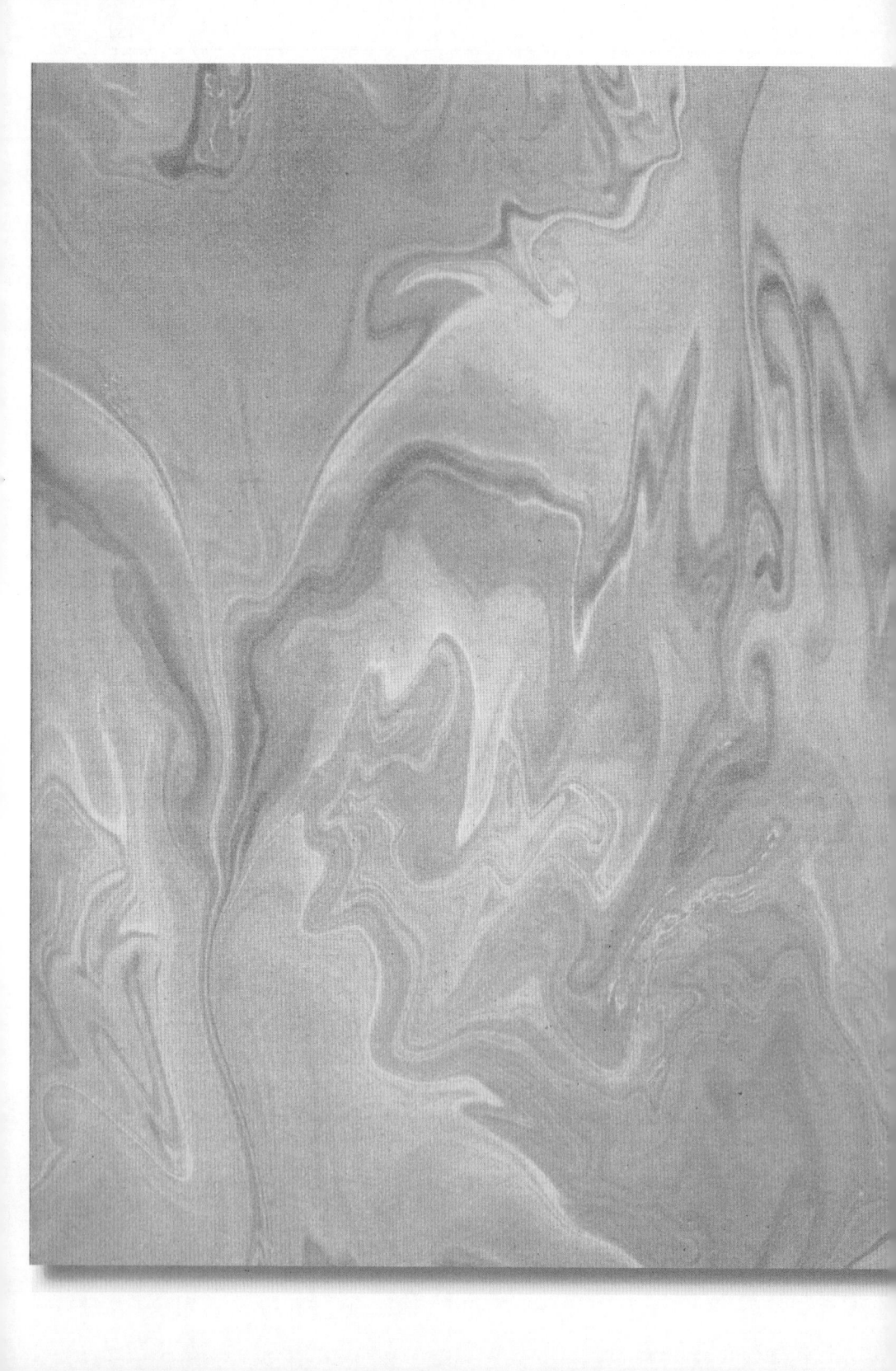

1943

Véspera de Natal 1943:
Karin, Karolina Lindgren, Astrid e Sture.

Véspera do Ano-Novo **1943**

Acabamos de comemorar o Ano-Novo de 1943. Eu me lembro de quando éramos crianças, na casa de Näs, onde ficamos acordados para esperar o ano de 1918, quando eu escrevi: "Longa vida, 1918", na parede branca atrás do forno, em nosso quarto. Será que 1918 e 1943 terão algo em comum? Certamente, a guerra terá de acabar neste ano. Eu acho que este ano é muito parecido com o ano de 1918.

Há alguns dias, ouvi de várias direções que a situação da Suécia é grave novamente. Mas espero que seja apenas exagero, assim como espero que haverá paz no mundo no próximo ano – tal como esperei a cada ano novo, nesses últimos três anos.

Na véspera de Natal, o almirante Darlan foi assassinado na Argélia.

O panorama é preto para a Alemanha. As coisas vão mal, tanto na Rússia, como no Norte da África; isso pode ser desastroso. Na Alemanha, as pessoas estão dizendo: *Den Krieg haben wir schon verloren* [já perdemos a guerra]. E eu acredito que elas estejam certas.

24 de janeiro

As coisas parecem estar como antes, porém, um pouco piores para os alemães. Os ingleses entraram em Trípoli, e a Rússia parece uma verdadeira catástrofe. Um exército alemão está cercado em Stalingrado, a cidade pela qual se lutou com unhas e dentes.

Na Alemanha, estão tocando música de funeral no rádio para honrar os heróis de Stalingrado. Todos os dias chegam notícias de que os russos estão avançando novamente; no Cáucaso, os alemães estão realizando um recuo planejado. Os pobres soldados em Stalingrado estão refugiados em buracos na neve, cujas entradas são alvos de atiradores russos. E agora está frio na Rússia. Pobres pessoas, eu só posso sentir pena pelos soldados alemães que devem estar sofrendo terrivelmente, não importa o quanto eu deteste o nazismo e todos os atos de violência que os alemães cometeram nos países que ocuparam. Eu acho que a Gestapo deveria ser expurgada da face da

Terra, mas certamente deve haver alemães decentes também, eu sei que deve haver!

Entretanto, a Suécia está apertando suas defesas, o rei fez um discurso extremamente sério na abertura do parlamento, e Per Albin [Hansson] praticamente resumiu o seguinte: "Não pensem que eles podem vir aqui, ou lhes mostraremos o contrário!".

Fala-se muito na possibilidade daquele ilusório segundo front aqui, nesta primavera, como parte de uma tentativa aliada para invadir a Noruega. Se isso acontecer, podemos imaginar os alemães exigindo trânsito para suas tropas – e nós recusando (o que nós todos esperamos que faríamos), e então será aberta a fornalha do inferno. É verdade que transportamos munições e soldados em licença em nossas ferrovias – e até isso é demais, em minha opinião.

Outra noite, Sture saiu com alguns amigos jornalistas, e Beckman, da TT [a agência de notícias], que deve saber o que está falando, disse que Hitler caiu em um estado de total apatia. Espero que ele continue assim. Seria um grande benefício se essa apatia o acometesse no início de sua louca campanha.

Em Estocolmo, estão atualmente apresentando *Sra. Miniver*, que, na realidade, é um belo filme e uma excelente publicidade para os Aliados. Seria interessante para os alemães vê-lo.

Até aqui, o inverno tem sido ameno e calmo. Karin e eu fomos esquiar hoje em Koa.

29 DE JANEIRO

[Recorte do jornal Dagens Nyheter *sobre um jornal sueco que espalhou uma desinformação a respeito de arranjos de trânsito. De fato, modestos números de oficiais médicos alemães e materiais foram transportados pela Suécia em 1940, nada além disso, enquanto havia luta na Noruega].*

Penso que isso seja interessante. É lamentável o fato de os noruegueses terem a impressão de que nós, suecos, deixamos passar tropas alemãs, enquanto a luta na Noruega ainda estava em progresso. É uma vergonha o jornal *Göteborgs Handels-och Sjöfartstidning* ter espalhado uma afirmação dessas. Tínhamos medo dos alemães na época – abril de 1940 – e estávamos em situação de atenção nas fronteiras – como poderíamos deixar passar tropas alemãs? Eu não acredito nisso. Mas deixamos passar trens com tropas em licença, depois que a luta parou, e ainda deixamos; eu gostaria que parassem com isso.

Churchill e Roosevelt se reuniram em Casablanca para uma conferência sobre os novos cenários da guerra. Gostaria de saber o que eles conversaram a respeito dos países nórdicos.

Hoje, os nazistas marcaram o décimo aniversário de sua entrada no poder – sem discurso de Hitler. De acordo com os jornais da noite, Hitler estava em Stalingrado para incentivar as tropas a não se renderem, mas a lutar até o último homem, porque o destino da Alemanha estava nas mãos deles.

"O Sexto Exército deve manter suas posições, a fim de atrasar e obstruir o avanço do inimigo", decretou Hitler. Em outras palavras, seu Führer ordenou que morressem, e eu sei que eles são obedientes e teimosos a ponto de seguir essas ordens absurdas.

Como eu disse antes, não houve discursos de Hitler hoje, e isso parece muito estranho, mas foi Göring quem fez o seu, com um atraso de uma hora, e aqui está o que disse:

[Recorte de jornal, fonte desconhecida, com longos trechos em sueco, do discurso de Göring].

Imagine a ousadia de se apresentar e dizer ao pobre e atormentado povo alemão que "os últimos dez anos demonstraram o poder inato de nossa visão do mundo e das bênçãos que é capaz de conceder". Eu não sei o que o povo alemão realmente pensa e sente, em relação às bênçãos do Socialismo Nacional. Uma guerra mortal que mata a flor da juventude; o ódio e o nojo de virtualmente todas as outras nações; escassez e miséria; assaltos horrorosos sobre povos indefesos; brutalização e desaculturação de seus cidadãos, especialmente da juventude; tortura tanto mental quanto física das populações em países ocupados; o sistema de informante; o sistema de delação; a dissolução da vida familiar; a destruição da religião; a eutanásia para os doentes incuráveis e deficientes mentais; a redução do sentimento do amor em troca de um relacionamento com o objetivo de procriar; o blecaute das notícias ocultando-as do resto do mundo e – a não ser que todos os sinais sejam enganadores – o colapso total do povo alemão em um futuro não distante.

É simplesmente impossível que, pelo menos, os alemães com um pouco mais de cultura não tenham percebido que foram desmedidamente enganados por seu Führer e por outros líderes. E quando, como eu vi em uma carta alemã, alguém chama *Sra. Miniver* de pura propaganda, com certeza deve tratar-se de uma pessoa que não enxerga direito. Um filme que prega a humanidade acima de tudo. Eu estava tão irada com essa carta quanto eu estava com um "Quisling norueguês". A autora alegava ainda que as coisas estavam como nunca estiveram tão livres quanto agora. Além de sua não aceitação do fato de os alemães estarem obstando o caminho na Noruega, tal como estiveram obstando o caminho em Berlim, no ano passado. Se você não puder nem ver a diferença *nisso,* então ou você é um "Quisling" ou um nazista. Eu nunca vi ninguém fazer esse tipo de afirmações grotescas.

Ela escreveu: "Há rumores de alemães e rumores de norugueses nas ruas", e a queridinha achou que a frase ficou bonita. Ela então encerrou com um "Heil Hitler – Quisling". Portanto, o líder alemão teve precedência sobre o norueguês.

Parece que Quisling ficou com gripe e, assim, ele não pôde receber o tributo do "povo" em seu primeiro aniversário.

Sim – e finalmente Leningrado foi aliviada, depois do cerco de um ano e meio. Você teria de ser russo para aguentar o tipo de sofrimento pelo qual a população da cidade teve de passar. Os cães, os gatos e os ratos haviam sido comidos já há algum tempo e, de acordo com a sra. Medin, ela ouviu ontem da Finlândia que, perto do final, oferecia-se carne humana, mas eu não acredito nisso. É mentira. As pessoas tinham energia para se manter em pé durante um curto período de tempo por dia e um pedaço de pão e umas gotas de uma das mais ralas das sopas. Essa, aparentemente, era sua ração diária.

De vez em quando, recebemos incríveis relatórios dos ataques russos no Báltico durante o ano em que ali mantiveram o controle. Oitenta mil pessoas foram mandadas para a Sibéria, e só Deus sabe aonde mais. Recebi uma carta de Riga hoje, contrabandeada. O emitente disse que possivelmente nós não acreditaríamos nos relatos daquele lugar – e ele jurou que eram verdadeiros. Até mulheres e crianças eram jogadas em caminhões de gado e levadas sabe-se lá para onde; as crianças eram separadas das mães, assim como os maridos eram separados das esposas, e assim por diante. Rosén veio outro dia e disse sentir-se mal; ele tinha visto as fotografias do Báltico e Bågstam havia confirmado que reconhecera várias das vítimas – essas eram fotos de cenas atuais de carnificinas cometidas pelos russos antes de se retirarem. Não, nunca deixe que os russos entrem aqui!

Devo colar o discurso de Goebbels e a proclamação de Hitler. Possivelmente, Hitler não está bem, pois ele não falou pessoalmente.

[Recorte do jornal Dagens Nyheter: *Goebbels: "O ponto alto de nossa luta está próximo"].*

E aqui está o que Hitler disse em sua proclamação:

[Artigo do jornal Dagens Nyheter, *de 29 de janeiro de 1943: "Vitória Inequívoca" prometida pelo Führer].*

Muito haverá de se dizer a respeito do escrito acima, mas acho que os comentários de Johannes Wickman no mesmo jornal serão suficientes.

[Recorte do jornal Dagens Nyheter, *de 31 de janeiro de 1943, sobre o artigo de Wickman: "Jubileu sem Jubilação"].*

Pode-se dizer o que quiser sobre Wickman – mas ele não é exatamente neutro. Eu me pergunto o que aconteceria se a Gestapo o apanhasse.

A única coisa de que eu não gosto é a tendência geral dos simpatizantes dos ingleses de considerar os russos pequenas pombas da paz. Penso que descobriremos que não são.

7 DE MARÇO

Sem notícias importantes a reportar. Mas uma coisa notável é a total reorganização da economia alemã, que torna tudo subordinado às metas da guerra. Os países ocupados também estão começando a fazer o mesmo.

No outro dia, houve um maciço ataque aéreo inglês sobre Berlim, durante o qual a casa de Zarah Leander foi totalmente destruída. Centenas de pessoas morreram.

O grupo "*Salvem as Crianças*" lançou uma grande campanha para ajudar as crianças da Europa – e, certamente, elas precisam de ajuda. Mas Karin engordou um quilo desde seu último check-up e agora ela pesa 29 quilos.

Na Dinamarca houve um ataque a bomba fracassado sobre mulheres alemãs. Eu não me lembro de ter escrito sobre o telegrama de Hitler para o rei Christian.

Dizem que a repressão no tratamento da Dinamarca pela Alemanha é o resultado direto desse telegrama. De qualquer forma: Hitler enviou ao rei dinamarquês um telegrama – eu não me lembro quando – deve ter sido para o seu aniversário. O telegrama segue o costumeiro estilo bombástico, tudo sobre a nova ordem na Europa etc. O rei Christian enviou uma resposta pungente, própria da Dinamarca, que dizia: "*Mange Tak Christian Rex*" [Muito obrigado, Christian Rei]. Não é à toa que Hitler estava furioso. Nossos jornais apenas apresentaram dicas a respeito do "curto telegrama real", mas sem dar detalhes. Ouvi o resto de Gunnar, no Natal.

E então aconteceram as eleições presidenciais na Finlândia. Ryti foi reeleito. Ele teve muitos problemas na formação de seu governo.

Ontem, houve um terrível acidente [no campo de treinamento] em Ränneslätt. Uma carga de TNT explodiu; sete soldados morreram, seis deles imediatamente e outro mais tarde. Muitos ficaram feridos gravemente. Há muitos acidentes, até mesmo em nossas forças da defesa pacífica.

Hitler continua em silêncio e fala por intermédio de outros líderes. Alguns dizem que ele morreu e outros dizem que ele perdeu o juízo.

1º DE ABRIL

Na África, os ingleses invadiram a Linha Mareth, e a situação de Rommel não parece boa. Não ouvimos muita coisa da Rússia: provavelmente as coisas estão indo mal para todos eles. Hitler deu sinal de vida novamente depois de seu longo silêncio e fez um ou dois discursos. Mas a desintegração alemã, com toda probabilidade, é apenas uma questão de tempo.

Aqui na Suécia, houve muita argumentação e questionamento no Parlamento sobre um avião correio alemão que caiu na água, em Lekvattnet, e produziu uma preocupante falta de reação por parte das Forças Armadas suecas, com exceção de um garoto de 17 anos, membro da guarda local, que recebeu uma medalha por sua presteza. O "avião courier" levava soldados alemães com metralhadoras a bordo, embora não estivessem carregadas. O caso causou grande desgosto na Inglaterra.

A invasão aliada é antecipada em um lugar ou outro. Na Dinamarca, os atos de sabotagem aumentaram dramaticamente.

Os ataques aéreos dos ingleses sobre a Alemanha e a Itália estão produzindo impactos.

SEXTA-FEIRA SANTA

Uma semana atrás, provavelmente na sexta-feira do dia 16, o submarino sueco *Ulven* desapareceu com sua tripulação de 33 homens. O submarino havia participado de exercícios navais na costa oeste e foi visto pela última vez na tarde de quinta-feira. O *Ulven* não apareceu na sexta-feira para seus exercícios programados e as investigações começaram. Uma semana já passou desde então, e nesse período o interesse de toda a nação sueca focou-se exclusivamente sobre o *Ulven*. Todas as esperanças já estão perdidas. Presume-se que o submarino tenha sofrido grandes dificuldades e ficou ilhado no leito marinho, sem possibilidade de manobrar e com sua tripulação ainda viva enquanto durou o oxigênio. Todos os possíveis recursos foram disponibilizados nas buscas, com toda a especialidade que a ciência sueca podia [palavra ilegível], e, afinal, o pai de um dos tripulantes pagou uma passagem aérea para trazer Karlsson, o clarividente de Ankarsund, em Västerbotten. Mas nem ele conseguiu localizar o *Ulven*. O tempo tem estado horrível, uma tempestade após outra, o que impediu o trabalho dos mergulhadores. No começo parecia haver esperança. Os jornais declararam que o *Ulven* havia sido "localizado", mas, meu Deus, isso não significa que o encontraram. Havia relatos de batidas vindas do *Ulven,* mas, como nenhuma era em código Morse, não acredito que fossem do submarino.

Os jornais publicaram: "Às 6 horas da manhã de terça-feira foi ouvida a última batida pelos hidrofones e, desde então, foi só silêncio". Como isso poderia corresponder, mais ou menos, ao período de tempo que a tripulação teria sobrevivido, o fato faz com que nos questionemos a respeito.

Na noite de domingo, o submarino *Draken* reportou que, na sexta-feira de manhã, ou seja, no dia em que o *Ulven* desapareceu, nas mesmas águas, o submarino sofreu disparos de um navio mercante alemão, armado. O comandante do *Draken* permaneceu calado e só foi relatar o acontecimento no domingo à noite. Protestos foram enviados a Berlim com a exigência de investigações imediatas sobre o fato de esse mesmo navio mercante ter disparado contra o *Ulven*. Nossa esperança é que esse seja o caso e que os homens a bordo do *Ulven* tenham sofrido uma morte instantânea, e que não tenham passado uma semana de sofrimento horrendo por falta de oxigênio. Mas existia a possibilidade de o navio mercante, cujo nome é *Altkirch*, ter afundado o submarino de uma forma que permitisse à tripulação sobreviver em partes estanques do submarino enquanto houvesse oxigênio. Então, espero que matem esse comandante do *Draken,* o qual deixou de informar sua descoberta somente no domingo à noite.

Em minha opinião, a Marinha sofreu uma grande tragédia, muito pior do que a de Hårsfjärden. Eu li uma carta comovente de um marinheiro; ele escreveu que, juntamente com seus companheiros, estavam sentados e falando sobre o *Ulven,* sendo que "todos, sem exceção, tinham lágrimas aos olhos".

Hoje, parece que a primavera chegou de verdade! E os homens do *Ulven* não chegarão a ver outra primavera. O oficial comandante havia se casado há apenas um ano, e sua esposa está esperando o primeiro filho, a qualquer hora.

Na Inglaterra, Churchill anunciou que haviam recebido notícias sobre as intenções de os alemães usarem gás no front oriental. Churchill está preparando os alemães para o fato de que, no caso de ser verdade, o gás será imediatamente solto em cidades portuárias alemãs e em locais industriais relacionados com a guerra.

Esta, certamente, será, sem dúvida, uma linda primavera.

Mas hoje, em Djurgården, entre as flores anêmonas e as estrelas amarelas de Belém, e banhados pelos raios de um sol brilhante, tudo estava glorioso. Lars foi para Småland e somos nós, Sture, Karin e eu, que aproveitamos esse momento divino. Começamos, então, a jogar "sapatos dourados e chapéu dourado", que é um jogo que permite passar por várias tarefas para se poder ganhar. Com relação aos sapatos dourados, hoje saberemos algo sobre o racionamento de sapatos e, se os jornais tiverem alguma credibilidade, ele será bem rigoroso. Estou tão chateada pelo fato de não ter levado os sapatos de Karin para uma meia-sola para a Páscoa...

9 DE MAIO

Aqui está, mais ou menos, o que aconteceu hoje. Tivemos uma resposta aos nossos protestos sobre o *Draken* e seu comandante, ver a seguir:

[Recorte de jornal não identificado].

É o mesmo tipo de insolência que você esperaria desses bastardos. Portanto, a Alemanha terá o direito de decidir como os submarinos suecos devem se comportar em águas suecas! Porém nós respondemos à altura, provavelmente em tons mais incisivos do que ousamos anteriormente. Os alemães nada disseram sobre o *Ulven* em seu memorando.

Esta foi a resposta do governo sueco:

[Recorte de jornal não identificado].

Suponho que a coisa mais inquietante de tudo tenha sido o campo de minas que os alemães colocaram em águas suecas. Muito provavelmente foi uma mina que decidiu o destino de nosso submarino, porque, alguns dias depois, o Ulven foi encontrado. Pode-se dizer que ele estava no meio desse campo minado, a uma profundidade de 52 metros.

Eles ainda não descobriram o que provocou seu fim, mas não parece ter sido por colisão e não há sinais de que foi alvejado. A proa parecia estar "comprimida", disseram os mergulhadores. Foi um barco de pesca que o encontrou. Todos estamos ansiosos para saber se a tripulação morreu instantaneamente, o que parece ser o mais provável, e é o que desejamos e esperamos descobrir. É de se presumir que tenha colidido com uma mina em águas suecas. Portanto, chegou a hora de parar com essa odiosa permissão dos alemães em licença transitarem em nosso solo, e a esse respeito toda a nação sueca está furiosa.

Outro assunto: "o salvo-conduto por mar", que os alemães interromperam em janeiro, foi restabelecido há alguns dias. Talvez devêssemos começar a receber alguns produtos essenciais novamente: um pouco de café e de couro para sapatos, a fim de poder relaxar um pouco esse rigoroso racionamento.

Bem, o que registrei até aqui foi a respeito da Suécia. Mas é claro que muita coisa aconteceu também na guerra mais ampla. Túnis e Bizerte caíram. Portanto, o jogo acabou para o Eixo no Norte da África. Esse é um sucesso de primeira ordem para os Aliados, é claro, o maior conseguido até agora. O restante do exército do Eixo está cercado em um canto estreito na península de Cabo Bon e muitos milhares de soldados já se renderam.

Também parece haver algum conflito entre os governos russo e polonês. Eu nem sabia que existia um governo polonês, mas presumo que ele esteja sediado em Londres. De qualquer forma, o governo polonês exigiu uma investigação, por intermédio da Cruz Vermelha, a respeito de terríveis valas comuns em Katyn (acho que esse é o nome), onde os russos mataram e enterraram 10 mil oficiais poloneses depois de terem anexado a Polônia. Sim, Deus nos guarde dos russos! Eles também estiveram argumentando sobre as futuras fronteiras da Polônia e sobre as relações com a Rússia, mas, como eu disse, não prestei muita atenção nesses assuntos.

22 DE MAIO

Tão quentinho e tão lindo, que bênção! Um tempo maravilhoso. Anteontem, Karin completou 9 anos. Elsa-Lena e Matte estavam em casa. Karin ganhou um relógio, uma sacola escolar, uma caixa de chocolates, um livro, e nós lhe demos uma calça de treino e vários livros das visitas. Para o jantar, tivemos não apenas Matte como convidado, mas também camarões, rabanetes, sardinhas, presunto, ovos e o resto do bolo.

Lars fez sua prova de inglês no mesmo dia, o que decidirá sua pontuação final no assunto. O ano escolar está chegando ao fim, graças a Deus, porque não tem sido fácil. Ele recebeu as advertências da escola a respeito de notas baixas e eu tenho certeza de que insisti até demais para que ele estudasse. Com certeza, não passará no alemão; quanto às outras matérias, só podemos esperar e rezar pelo melhor.

Estarei de volta ao trabalho na segunda-feira, depois de uma semana e meia de ausência, em razão de um forte resfriado. Enquanto estava de cama, escrevi sobre alguns temas e os enviei, primeiro para o *Stockholms-Tidningen,* que comprou um de meus artigos leves e devolveu três; depois, para o *Dagens Nyheter,* que devolveu as duas peças que eu lhes havia enviado. Em uma delas, Staffan Tjerneld escreveu alguns comentários, começando por "A garota pode escrever, não há dúvida", mas era curto demais e não é suficientemente verdadeiro.

Talvez seja importante mencionar agora que Stalin está dissolvendo o Comintern. Isso estava nos jornais de ontem e, é claro, causou uma comoção no mundo todo, pois significa que o Bolchevismo renunciara à ideia da revolução mundial. Eu duvido muito que esse seja o caso; o Comintern continuará existindo, mas encoberto, e todo o estratagema foi provavelmente conjurado para angariar o favorecimento da opinião pública na Inglaterra e na América.

Outra notícia é que os ingleses bombardearam duas das chamadas barragens na Alemanha, o que resultou em uma imensa destruição e uma inundação em grande escala.

Dizem que foi um judeu alemão em exílio que deu a ideia aos ingleses, o que agora será motivo para maiores perseguições aos judeus da Alemanha.

Por hoje, é só.

3 DE JUNHO

Nenhuma notícia em particular da guerra. Mas alguma coisa chamada "Attu", uma possessão japonesa, caiu. Quando as poucas centenas de guerreiros que restaram perceberam que nada conseguiriam, eles se voltaram em direção ao Palácio Imperial de Tóquio, fizeram uma profunda reverência e se lançaram ao ataque com um último grito de "Banzai", para todos serem abatidos, até o último homem, de acordo com os jornais. Isso basta para Attu – não sei quais são as implicações desse fato no caos geral.

O bombardeio é cada vez mais devastador. No trabalho, vi a foto de uma propaganda italiana: uma maternidade havia sido bombardeada e a foto apresentava muitos mortos e feridos – foi simplesmente horrível.

Outro dia, os jornais noticiaram que, ao todo, 100 mil pessoas em Atenas estão morrendo de fome, cerca de 1.600 por dia, no pior dos cenários.

Mas na Suécia estamos indo notavelmente bem no que diz respeito aos alimentos, uma melhoria bem distinta. Muita carne e *bacon* e, de repente, temos peixe disponível. Por isso, eles devem ter aumentado a ração do peixe. Na realidade, é fácil ser dona de casa hoje. O único problema é somente a falta de manteiga.

Passamos o Dia da Ascenção com um clima bom e o tempo mais quente chegou; eu estava irada com Sture pelo mesmo motivo de sempre. Então, de manhã, saí para andar de bicicleta com Karin e Alli e, à tarde (depois do jantar), apenas nós duas, fomos até Koa. Essa é uma época tão bonita, os lilases e as castanheiras desabrochando, é uma loucura. Eu queria que Lasse viesse também, mas agora ele tem seus próprios programas.

Véspera de pentecostes

Uma gloriosa véspera de Pentecostes, e está tão quente. Tudo está acontecendo mais cedo este ano. Aqui estamos, em nossa sala de estar com as janelas todas abertas, e é quase como nos sentirmos sentados no parque. Os sons são os próprios do verão, o barulho das crianças no parque e, quando os bondes aceleram, eles até parecem estar vindo diretamente em nossa direção.

Karin foi até Solö [no arquipélago de Estocolmo] juntamente com Matte, e estou contente que ela tenha ido para lá por conta dessa onda de calor, mas ela me faz muita falta em casa, que parece ficar vazia sem ela. A menina fez suas provas no dia 8 e sua nota foi *Ba* [uma aprovação satisfatória] em todas as suas matérias, com exceção de Música e Ginástica. Por outro lado, Lars veio para casa com um conjunto de resultados muito baixos (*Bc* em Matemática, [uma aprovação no limite]; *B [satisfatória}* em Inglês, História, Química e Francês) o que é uma pena, depois da boa pontuação do ano passado. Parece que ele ainda não se conscientizou do fato de estar frequentando agora o ensino secundário complementar. Neste ano, ele trabalhou um pouco como mensageiro de bicicleta e fez jus a 50 coroas, e, na próxima semana, ele e Göran sairão em um giro ciclístico. Eu bem que gostaria de ir com eles, porque o verão está realmente tão glorioso que dá vontade de largar tudo e sair da cidade imediatamente. É impossível negar que está extremamente lindo aqui, a mais linda cidade de verão nesta terra. Então penso que, apesar de não ter visto muitas outras cidades, tudo o que eu quero é sair com minha bicicleta à tardezinha para apreciar a profusão de flores e todo o verde, os aromas das flores e o totalmente fantástico anoitecer do céu. Esta é a estação do arrebatamento! E eu, certamente, quero ser arrebatada!

Marcamos o início do Pentecostes com um jantar de rabanetes, ovos cozidos com anchovas, aspargos, escalopes de vitela e torta de frutas. É inacreditável estarmos tão bem com relação aos alimentos; é a coisa mais simples do mundo ser dona de casa, embora seja caro, é claro.

Nesse meio-tempo, a Ilha italiana de Pantelária capitulou depois de um bombardeio devastador. "Você fica aí escrevendo sem parar", diz Sture.

"Você está escrevendo sobre Lampedusa?" – Lampedusa é a próxima ilha da qual os Aliados se apossarão. O humor na Itália deve estar muito mais abaixo do que o baixo. Afinal, a ocupação de Pantelária pode ser interpretada como um pequeno prelúdio à invasão, pois originalmente ela era território italiano. Fala-se muito em invasão nesses dias.

Hoje, os jornais dizem que o relatório sobre o acidente de Hårsfjärden, de 1941, indica que a causa do desastre parece ter sido sabotagem. Que horrível!

Na Rússia, os alemães e os russos estão se preparando para se enfrentar. Na Alemanha, os Aliados continuam com seus terríveis bombardeios, e, na noite passada, ele foi sobre Düsseldorf e Münster, Wilhelmshaven e Cuxhaven; dizem que esse foi o maior bombardeio por parte dos Aliados.

Eu li hoje na carta de um aviador que na Alemanha dizem que 200 mil pessoas morreram quando as barragens foram bombardeadas há algum tempo. Aparentemente, os pilotos ingleses que realizaram o bombardeio foram especialmente treinados durante um mês para essa missão. A devastação disseminada pelo mundo cresce cada vez mais. A santidade da vida é simplesmente desprezada. Neste delicioso verão [a primeira linha de um hino sueco]...

2 DE JULHO

A partir do último registro, o rei conseguiu chegar aos 85 anos, é uma marca que atraiu grande cobertura por parte da imprensa local e estrangeira. Houve uma grande movimentação em Estocolmo no dia do aniversário e o ambiente era bem festivo, mas eu estava tão ocupada em deixar as coisas de Lasse prontas para o passeio de bicicleta que nem tive a oportunidade de ir ver a procissão pela cidade.

O tempo estava muito seco durante todo o início do verão, e esperávamos ansiosos por chuva, mas por que tinha de chover precisamente às 5 da tarde no dia 16 de junho, quando o rei estava em sua carruagem aberta? Mas choveu, e todos ficaram preocupados, porque o rei estava muito molhado. Ele é incrivelmente popular, nosso velho rei, e o mundo todo lhe enviou telegramas de parabéns.

O povo sueco está convencido de que devemos agradecer ao rei Gustaf o fato de não estarmos em guerra, e é bem possível que ele esteja certo.

Então, chegamos ao solstício de verão. O giro ciclístico de Lars e Göran levou-os em volta de Östergötland e Småland. Karin estava fora, em Solö, e deu sua volta no carrinho de feno, conforme prometido, mas voltou para casa com Sigge Gullander na noite do Dia do Solstício. Sture e eu demos uma volta de bicicleta até Saltsjöbaden e o passeio foi divertido.

Tivemos em sequência um par de dias agitados, enquanto eu aprontava as coisas de Karin e as minhas para a nossa viagem a Småland, e foi o que fizemos no dia 27. Agora, aqui estamos nesse nosso destino, e as crianças e eu realmente aproveitamos completamente.

A guerra continua mais ou menos como de costume. De manhã, o rádio noticiou uma ofensiva americana no Pacífico. Invasão, invasão, invasão, eles não podem parar de falar a respeito e, na realidade, querem referir-se a uma invasão Aliada no continente – não como a de 1940, quando se tratava da invasão da Inglaterra, mas aquela que nós esperávamos a qualquer momento, e que nunca aconteceu. Hitler deveria ter montado sua invasão quando teve oportunidade, mas ele a perdeu.

De qualquer forma, ainda não vimos nenhuma invasão, apesar de as coisas parecerem ameaçadoras na Sicília. Os bombardeios aliados continuam, com fraca resistência por parte do Eixo. A Catedral de Colônia, quiçá a mais fina peça de arquitetura na Alemanha, sofreu danos em razão dos bombardeios, e os jornais alemães estão chamando os ingleses de vândalos – mas e o que eles fizeram em 1940?

17 DE JULHO

Vários fatos importantes aconteceram desde a última vez, mas nossos dias em Småland não me permitiram escrever a respeito.

Tudo começou com uma grande ofensiva russa, com muito derramamento de sangue dos dois lados. Acho que o local era chamado de Kursk. Alguns dias depois dessa grande batalha, os Aliados conseguiram desembarcar na Sicília, onde agora há lutas pesadas. Os jornais disseram que os Aliados estão a dez quilômetros de Catânia e, seguramente, é uma questão de tempo até a resistência baixar as armas. Em seguida, provavelmente será a vez do interior. Suponho que esse poderia ser chamado de início da tão falada invasão. Os Aliados estão lançando panfletos sobre a Itália, encorajando os italianos a procurar a paz.

Esqueci de falar de nosso fenômeno, Gunder Hägg, que está na América correndo como um foguete. Ele participou de três corridas em distâncias diferentes e, embora não tenha batido seu próprio recorde mundial, ele venceu seus oponentes americanos. Ele é chamado de "Gunder Maravilha" e, hoje à noite, participará da quarta corrida. Todos nós temos um especial interesse em seu sucesso e ele é considerado um embaixador da Suécia de primeira classe nos Estados Unidos.

Sture, Karin e eu chegamos aqui em Furusund anteontem. Lars ainda está em Småland, ocupado com agricultura, o Alemão e a Matemática. Colhemos nossas primeiras cantarelas ontem. Não se pode confiar muito no verão neste ano, você tem de aproveitar o momento. E agora vou para a cama para ler um pouco de *All Världens Berättare* [Contadores de Histórias ao Redor do Mundo]; hoje é a vez de Maupassant: "Bola de Sebo".

25 DE JULHO

Bem, de acordo com os recortes de jornal, Hitler e Mussolini se reuniram e Roma foi bombardeada. Essa reunião aconteceu porque Hitler queria impedir que Mussolini assinasse um tratado de paz separado. "A Itália opta pelo caminho da honra", os jornais italianos diziam em resposta aos panfletos – mas existem manifestações pela paz acontecendo no país, e as pessoas querem paz. Na Sicília, os Aliados estão ganhando terreno paulatinamente; está tudo indo muito bem, disse Churchill. Em uma ordem do dia emitida no sábado, Stalin declarou que a ofensiva alemã de julho havia sido estancada e que

70 mil tombaram no campo de batalha. O número de russos mortos é de cerca de um terço de 1 milhão. Mesmo que os dois lados estejam contando mentiras, só nos resta lamentar a estupidez humana e a miséria que a acompanha.

Estive lendo recentemente a *História do Mundo* de Grimberg, sobre a Roma antiga com todos os seus banhos de sangue e atrocidades, proscrições e guerras de conquistas. Lendo os jornais e constatando os mesmos nomes geográficos, entramos em paranoia e verificamos quão pouco a humanidade aprendeu na passagem de tantos séculos.

Apesar de tudo, as pessoas começaram a ter esperança, não no amanhã nem tampouco neste ano, mas pelo menos não em um desesperador futuro distante. E a Itália deverá entrar em colapso e não falta muito para isso, todos pensam dessa forma.

E Gunder Hägg correu sua melhor corrida nos Estados Unidos – uma milha inglesa em 4.05.3.

E agora, o verão realmente chegou. Sture, Karin e eu estamos aproveitando ao máximo aqui em Furusund: de manhã remamos até nossa ilha para dar alguns mergulhos e nadar um pouco, e Linnéa e eu colhemos amoras à tarde. Lasse ainda está em Småland e sinto falta dele, principalmente à noite. Mas ele está contente ali e virá para uma breve estadia dentro de uma semana antes de nós dois mergulharmos no Alemão e na Matemática. Karin nada como um peixinho agora, e está muito feliz com sua ousadia em querer pular praticamente em/de qualquer lugar.

> [Recortes de jornal. Um recorte sem data e sem identificação:
> "A mensagem aliada ao povo da Itália".
> *Roosevelt e Churchill estão implorando para que se rendam.*
> Dagens Nyheter, *21 de julho de 1943:*
> *Os líderes do Eixo rejeitam especulação inimiga",*
> *O enviado dr. Schmidt ameaça "retaliação vingadora".*
> *Astrid intitula o artigo de* Crap *(lixo).*
> Dagens Nyheter, *mesmo dia: Depois do bombardeio de Roma, a gasolina é gratuita e veículos carregados se dirigem para fora da cidade].*

Escrevi isso na noite passada. Mas, nesta manhã, ouvimos as notícias sensacionais: *Mussolini foi demitido* por Vitório Emanuel [rei] e o marechal Badoglio foi nomeado seu sucessor. Vibremos, vibremos alegres! Porque a "a Hidra do Fascismo" perdeu sua cabeça. Agora talvez a humanidade esteja no caminho da recuperação de sua total sanidade.

Devemos admitir que esse bastardo (que conseguiu despertar um pouco de vida nesses italianos, temos de admitir) despachou o pacífico povo italiano para a Abissínia em uma guerra de conquista, em 1935, iniciando todos esses anos de agitação e, uma vez na África, ele autorizou os ataques a gás contra nativos inocentes. Graças à sua intervenção na Espanha, a terrível guerra civil foi prolongada e, incidentalmente, ao criar o Fascismo, ele também propiciou as condições para essa guerra civil, como também as condições, ou para ser mais precisa, o modelo para o Socialismo Nacional, na Alemanha. Ao mesmo tempo, causou essa mais terrível guerra mundial de todos os tempos – esse grande bastardo foi isolado em um canto para aguardar o veredito da história que, seguramente, será severa. Uau! Essa foi uma longa frase, mas estamos falando a respeito de história mundial aqui.

Dizem que ele está doente, com câncer de estômago e, se alguém merece um câncer de estômago, só pode ser ele próprio.

E assim foi-se Benito Mussolini. Poderia ser Hitler o próximo, por favor?

A declaração do primeiro-ministro Churchill, na Câmara dos Comuns, na terça-feira, sobre a situação na Itália, começou da seguinte forma:

"Esta Casa deve ter ouvido com satisfação a notícia da queda de um dos principais criminosos dessa guerra desoladora. O fim do reinado longo e severo de Mussolini sobre o povo italiano indubitavelmente marca o encerramento de uma época na vida da Itália. A pedra fundamental do arco fascista ruiu e, sem tentar profetizar, parece que o edifício fascista inteiro cairá ao chão em ruínas, se já não caiu."

29 DE JULHO

O Partido Fascista foi dissolvido. Séria inquietação em Milão. Luta nas ruas. Muitos civis e soldados mortos. As massas estão exigindo paz imediata. O arsenal militar foi tomado à força. Manifestações em apoio à União Soviética.

O correspondente de um jornal americano chamou Vitório Emanuel de "um pequeno rei idiota", o que inquietou Roosevelt.

4 DE AGOSTO

Hoje, houve um evento em memória da tripulação do *Ulven*, o qual finalmente foi retirado do mar, onde estava desde abril. Cinco marinheiros morreram de ferimentos causados por uma mina (mina alemã em águas suecas) e o resto da tripulação morreu afogada – uma morte rápida, graças a Deus.

E Sibylla deu à luz sua quarta princesa, ontem à noite.

6 DE AGOSTO

Finalmente! Finalmente estão parando os acordos de trânsito que toda a nação sueca detestava tanto. Eu acho que o *Götebors Handels-och Sjöfartstidning* e o *Trots Allt* estejam gritando de alegria, eles lutaram como leões! Afinal, essa violação da neutralidade foi-nos imposta, e isso nos dá um claro sentido da atual fraqueza da Alemanha, ao nos conceder "permissão" para interromper esse acordo infeliz. Na Noruega, houve muita amargura contra nós, em virtude dos trânsitos, e essa opinião dos noruegueses começou quando a guerra na Noruega estava ainda em progresso. Eu espero e acredito que a negação firme de nosso governo a esse respeito seja um verdadeiro reflexo do que aconteceu.

Só Deus sabe se a guerra chegará logo a um fim. O desastre da Alemanha está suspenso no ar, por assim dizer. As coisas estão indo mal na Rússia, os russos se apossaram de Orel; na Sicília, a Catânia caiu, e logo será uma Tunísia em miniatura. Entretanto, a Itália não desistiu, apesar de o povo estar demonstrando e exigindo a paz. O terrível bombardeio da Alemanha continua; não podemos deixar de chorar sobre os relatos de Hamburgo. É preciso pensar que ali também há crianças. É de cortar o coração, terrível, insuportável. Eu acabei de ler o livro de Jean-Jacques Agapit [*Dites-le "leur"* (*Digam a Eles*)], um relato do inferno que os prisioneiros de guerra franceses feridos passaram em um hospital alemão. O livro todo se afoga em sangue e pus, e agora estou tão saturada com tudo o que se refere à guerra, que não tenho palavras para me expressar. E como deve ser nos países onde acontecem essas atrocidades na frente de seus olhos diariamente? É um bom livro, mas não me impressionou tanto quanto o livro de Remarque, *Nada de Novo no Front*, publicado no período entre as duas grandes guerras. Eu me enfiava embaixo das cobertas à noite (isso foi na Atlasgatan) e, lendo-o, chorava de tristeza, e me lembro de pensar que, se houvesse outra guerra e a Suécia pensasse em participar, eu me ajoelharia diante do governador e imploraria para que ele não deixasse "o diabo solto". Eu mesma atiraria em Lars para que não fosse à guerra. Quanto devem sofrer essas pobres mães neste planeta insano. Quando pensei na tripulação do *Ulven* e quando li o livro de Agapit, tentei imaginar meu Lars no submarino afundado (quando pensamos que a tripulação estivesse presa sobre o leito do mar, ainda vivos) ou com uma febre e com feridas supurando em um hospital de guerra.

A simples ideia era para mim tão dolorida que eu dificilmente a suportava. Não consigo imaginar o que devem passar as pessoas para quem isso não é imaginação, mas a cruel realidade. Como é possível que a humanidade deva sofrer esse tormento e por que temos guerras? É possível que bastem dois homens como Hitler e Mussolini para levar o mundo todo à destruição e ao caos? Por favor! Façam com que isso termine logo, pelo menos o derramamento de sangue; e então há toda a miséria que segue a trilha da guerra.

Minha avó agora dá suas voltas toda empinada e otimista, e ela pensa que, assim que a paz for declarada, tudo estará bem novamente. Ela tem a certeza de que a humanidade ficará contente, desde que o café comece a fluir novamente e o racionamento seja eliminado, aqui e no estrangeiro, mas as feridas profundas causadas pela guerra não serão curadas apenas com um pouco de café. A paz não pode devolver às mães seus filhos ou devolver a vida às criancinhas de Hamburgo e de Varsóvia. O ódio não acaba quando acaba a guerra; aquelas pessoas cujos parentes foram atormentados até a morte em campos de concentração não esquecerão disso só porque sobreveio a paz, e a memória de milhares de crianças que realmente morreram de fome na Grécia certamente estará no coração de suas mães, no caso de essas mães terem sobrevivido.

Todos os feridos de guerra ainda estarão claudicando com uma perna só ou, eventualmente, perderam um braço; aqueles que perderam a visão são ainda tão cegos quanto aqueles cujos sistemas nervosos foram muito afetados em batalhas de tanques desumanos, e tampouco se recuperarão só porque a paz foi decretada. Mas, assim mesmo, por favor, façam com que a paz chegue logo, para que as pessoas possam gradativamente recuperar sua sanidade.

E, no entanto, como será essa paz? O que acontecerá com a pobre Finlândia? E será que o Bolchevismo, com todo o seu terror e a tirania que ele implica, terá a liberdade de fazer o que quiser na Europa? Penso que as pessoas que já perderam suas vidas nesta guerra podem vir a ser os mais afortunados nessa história.

O verão de 1943 está chegando ao fim – ou talvez seja como eu o vejo, pois minha licença de verão já terminou. Amanhã, Lars e eu vamos para Estocolmo. O tempo aqui em Furusund tem se mantido bom e quente, mas hoje choveu e o dia pareceu outonal. Karin e Linéa continuarão aqui por um tempo. Finalmente Karin perdeu o medo de nadar em águas profundas. Também aprendeu a pular de uma prancha de mergulho, para sua grande satisfação; Lars está voltando para refazer suas provas de Alemão e de Matemática. Tivemos várias rusguinhas enquanto estivemos juntos neste verão, em razão de sua falta de vontade de estudar durante os feriados.

[Transcrição datilografada de uma carta da Noruega, do trabalho de Astrid no escritório de censura, sobre ódio e propaganda de vingança, o terrível tratamento infligido pelos nazistas e uma chamada ao povo norueguês a fim de fazer um juramento solene de nunca esquecer

o terror da Gestapo. Também um recorte do jornal
Dagens Nyheter, *de 15 de agosto de 1943:*
"Grandes perdas dos dois lados, na Batalha de Orel".]

Isso é tudo por hoje!

26 DE AGOSTO

Conforme foi reportado, Roosevelt e Churchill reuniram-se em Quebec. Stalin não estava, o pequeno sabichão! Foi uma grande sensação quando Litvinov, o embaixador russo em Washington, foi chamado de volta e substituído por outra pessoa. Isso foi interpretado como um sinal de que os russos e os outros dois parceiros Aliados entraram em choque. A Rússia quer um segundo front e, dessa forma, eles somente aceitarão uma invasão pelo Canal da Mancha.

Hoje, todo especialista amador tem algo a dizer sobre a possibilidade de uma paz separada entre Alemanha e Rússia, o que realmente colocaria em cheque a Inglaterra e a América. Para a Alemanha, provavelmente, essa seria a única saída de um colapso que parece iminente. O bombardeio sobre Berlim recomeçou e espera-se que continue tanto quanto foi em Hamburgo.

Houve muita agitação recentemente na Dinamarca; muita sabotagem e alguns confrontos entre alemães e dinamarqueses, especialmente em Odense.

Depois de uma intensiva revisão comigo, Lars prestou as provas de segunda época e conseguiu passar de ano. Karin começou seu terceiro ano com uma nova professora, a sra. Adin, que parece ser bem severa e ter certa idade. Para comemorar a passagem de ano de Lars, ele e eu, com a permissão de Karin, fomos ao cinema às 7 horas da noite. Sture chegou em casa às 20h30 para encontrar Karin chorando copiosamente. Ela havia começado seu dever de casa, revisando suas tabuadas, e descobriu que, em seu estado sonolento, não sabia as respostas. Ela então se sentou e ficou com Sture até eu chegar às 21h30. Ela se jogou em meus braços com lágrimas nos olhos, mas logo a consolei. Depois, ela adormeceu e esqueceu tudo o que havia passado. Ela não escapou de uma pequena infecção de garganta antes do início das aulas e, hoje, estou de cama com a garganta inflamada. Mas logo me levantarei para ir à loja de departamentos NK, a fim de comprar tecido de blusa para Karin e algum material para consertar a pele de meu casaco. Também vamos armazenar dez quilos de vagem e, assim, o dia não será perdido.

Esta noite

O jornal *Aftonbladet* está reportando importantes distúrbios na Dinamarca. Vou recortar o artigo.

29 de agosto

Eu me esqueci de guardá-lo. Mas hoje ouvimos dizer que a Dinamarca declarou-se em estado de emergência. Ontem, as linhas telefônicas com a Dinamarca foram cortadas e aqui, na Suécia, estivemos seriamente preocupados sobre o que estava acontecendo. Hoje veio a explicação. Hoje foi dado ao governo dinamarquês um ultimato para restaurar a ordem no país, que esteve prejudicada recentemente por sabotagem, greves, brigas de rua e assim por diante. Como o governo não se considera capaz de ser bem-sucedido, foi instituído o estado de emergência. Qualquer pessoa que argumente é levada diante de uma corte marcial alemã; greves ou incentivos a entrar em greve são atos sentenciados à pena de morte. Reuniões de pessoas são proibidas, assim como todo o trânsito ao escurecer. O trânsito entre a Dinamarca e a Suécia foi interrompido (e nós estamos com a equipe de Atletismo Nacional Dinamarquês hoje em Estocolmo). A comunicação por telefone – e por telégrafo – ainda está bloqueada. Aposto que a Dinamarca sofrerá o mesmo inferno que a Noruega sofreu.

Um avião civil sueco, o *Gladan*, em um voo da Inglaterra para a Suécia, comandado pelo capitão Lindner, desapareceu na sexta-feira passada e nada mais ouviu-se dele desde então. Provavelmente tenha sido derrubado a tiros. Barcos de pesca suecos, na costa oeste, que pacificamente pescavam em águas internacionais, como sempre fizeram, sofreram disparos de metralhadora de um navio mercante alemão. Doze pescadores estão desaparecidos.

O rei Bóris, da Bulgária, faleceu ontem, oficialmente de *angina pectoris* (ele tinha acabado de voltar de uma conferência com Hitler), mas, de acordo com os rumores, ele recebeu um tiro no abdômen disparado por um inspetor de polícia. Seu sucessor é seu filho de 6 anos, Simeon II.

Assim, este foi o estado da situação na Dinamarca desde domingo, 29 de julho de 1943. Devo, definitivamente, colar aqui a proclamação do estado de emergência também.

> *[Recorte do jornal* Dagens Nyheter, *de 30 de agosto de 1943: "Regulamentos para o Estado de Emergência na Dinamarca"].*

30 DE AGOSTO

Acho que estão totalmente loucos na Dinamarca. Escute só:

> *[Os seguintes comentários de Astrid estão intercalados entre recortes de jornal colados.* Dagens Nyheter, *30 de agosto de 1943: "Nove navios dinamarqueses fogem para a Suécia, os outros foram afundados". "O porto naval de Copenhagen foi explodido". "Luta para as barracas dos salva-vidas". "Sou um homem morto", declarou dr. Best, o administrador civil nazista da Dinamarca, depois de uma visita a Berlim. "O governo dinamarquês sob guarda militar alemã"].*

Parece que a filha e o genro de Mussolini conseguiram fugir.

> *[Recorte não identificado]*

Onze noruegueses foram executados por espionagem.

A Alemanha enviou uma resposta ridícula ao nosso protesto sobre o tiroteio a barcos de pesca suecos:

> *[Recorte do jornal* Dagens Nyheter, *de 30 de agosto de 1943: "Curta resposta de Berlim ao protesto de pescadores"].*

E os alemães estão furiosos com a imprensa sueca por promover agitação contra a Alemanha, o que, de fato, é verdade.

> *[Recorte do jornal* Dagens Nyheter, *de 30 de agosto de 1943: "PS: A imprensa sueca é maldosa"].*

Um artigo meio tolo sobre Mussolini, do correspondente do jornal *Dagens Nyheter*, em Roma:

> *[Recorte do jornal* Dagens Nyheter, *de 30 de agosto de 1943: "Flerte em balneário do ditador transformado em drama de triângulo amoroso"].*

1º DE SETEMBRO

> *[Recorte de jornal não identificado sobre a Dinamarca com um mapa – a margem oriental mostra a Espanha, Portugal e está faltando a Irlanda].*

Coloquei o mapa incompleto, mencionado anteriormente, apenas para mostrar como é pobre a pequena Suécia nas garras da Alemanha, tal como a Suíça. Mas, apesar disso, estamos xingando e insultando a Alemanha, nós e a Suíça. O mapa em seu estado original mostrava quão poucos países europeus tiveram condições de se manterem fora da guerra: Suécia, Suíça, Espanha, Portugal e Eire. Olhando para o mapa, é possível entender a bênção de não estarmos em guerra e ainda temos paz e estamos muito bem em todas formas, por enquanto, com a guerra passando por seu quarto aniversário e nossos vizinhos do norte em um estado precário.

A Dinamarca é realmente infernal. Os aprisionamentos em massa continuam. As comunicações postais e telefônicas ainda estão cortadas.

Dependendo do número de anos e meses, esta guerra poderá estender-se tanto quanto a Primeira Guerra Mundial.

5 DE SETEMBRO

Anteontem, dia 3, exatamente quatro anos desde que a Inglaterra declarou guerra contra a Alemanha, o Oitavo Exército cruzou o Estreito de Messina e desembarcou no sul da Itália. Enquanto estou escrevendo essas linhas, as coisas estão progredindo rapidamente, várias cabeças de pontes foram asseguradas e o povo italiano está saindo com lenços brancos em sinal de rendição.

Supostamente, os alemães estão se aprontando para defender uma linha mais ao norte. A Itália, é claro, apenas quer os alemães fora do país, a fim de poder capitular em paz e em silêncio.

As crianças também estão aprontando, de maneira que terei de parar de escrever, mas esses, certamente, são tempos excitantes.

Bem, Karin já foi pegar o jornal, o *Aftonbladet*, e Lars está sentado lendo, assim eu posso escrever que foi um dia glorioso, com um sol brilhante. Karin e eu andamos de bicicleta de Norra Djurgården até Djurgårdsbrunn, e depois voltamos para casa e tivemos frango assado para o jantar. Sture agora está sentado na poltrona, dormindo e roncando, enquanto as crianças e eu lemos meus diários da guerra. Em seguida, Karin foi para a cama e eu lerei para ela um pouco do livro *In Search of the Castaways* e, depois, quero me acomodar para ler o livro de Churchill, *Minha Mocidade*.

9 DE SETEMBRO

Ontem à noite, sentada na beirada da cama de Karin, lendo-lhe *In Search of the Castaways*, Lars entrou no quarto dizendo que a Itália se rendera incondicionalmente. Isso já era esperado, mas, assim mesmo, sentimos um grande alívio. O orgulhoso Eixo está deslocado e, na Alemanha, muitas palavras amargas expressam o sentimento do povo por ter sido enganado e traído. Particularmente, muitos insultos a Vitório Emanuel e ao marechal Badoglio também. O cessar-fogo foi assinado em 3 de setembro, na Sicília, mas foi mantido em segredo até que toda a frota italiana estivesse segura em portos aliados.

Por quanto tempo os alemães poderão ainda resistir? As coisas estão indo mal na Rússia, muito mal, e agora os Aliados terão um pé firme na Itália e talvez nos Bálcãs também, em pouco tempo.

Numerosas condenações à morte foram sentenciadas na Dinamarca. E eles não estão mais recebendo jornais suecos; é uma aflição depois de outra. Um grande número de pessoas está fugindo para a Suécia.

10 DE SETEMBRO

Não está fácil na Itália. Os alemães ocuparam Roma, de acordo com o noticiário da noite, além de outras partes do país. Portanto, agora alemães e italianos estão lutando entre si, assim como os Aliados. O rei Vitório Emanuel parece ter abdicado em favor do filho Umberto. Aparentemente, a princesa Marie José saiu do país com seus quatro filhos. Além disso, os alemães ocuparam a Albânia, onde era esperada uma invasão aliada. Esses sofredores italianos merecem nossa piedade, pobres-diabos. Eles achavam que as coisas iriam se acalmar finalmente, mas então elas pioraram ainda mais.

20 DE SETEMBRO

A situação está terrível para a Alemanha, em todos os fronts. Na Itália, houve um confronto em Salerno, quando parecia que os Aliados iam levar a pior e ela foi proclamada pelos alemães como sendo a nova Dunkirk. Mas o destino quis que esse confronto virasse e, afinal, os Aliados venceram, apesar das grandes perdas. E na Rússia, os alemães fracassaram totalmente. Foi um desastre.

Por que aquele homem estúpido e teimoso não pode manter sua boca fechada? A Itália encontra-se em uma deplorável situação, com os alemães e os Aliados lutando como loucos sobre seu território, e há italianos lutando dos dois lados. E então Mussolini quer mais derramamento de sangue para ocultar e apagar a desgraça. Em minha opinião, ele devia derramar seu próprio sangue.

Na quinta-feira à noite, eu já estava indo para a cama, em torno das 22 horas, porque estava cansada depois de um dia de caça a cogumelos, quando o telefone tocou – era Esse. Ele havia viajado de Copenhagen no início dessa tarde e, da estação de trem, veio correndo nos encontrar. O cônsul sueco em Copenhagen advertiu todos os cidadãos suecos a voltarem para casa, e Esse é de fato um cidadão sueco, embora não fale uma palavra de sueco. Imaginem, precisou de uma guerra mundial para ele voltar para casa, na Suécia.

Era um jovem seguro de si e de modos afetados que entrou em nosso apartamento. Ele não parava de falar sobre a atual situação na Dinamarca e nos falou de sabotagem e de miséria. Ele alega que todos os jovens na Dinamarca são "ilegais" e participam de sabotagem. O próprio Esse contou a Lasse que ajudou a explodir uma fábrica, vestido com uniforme de alemão. É compreensível o fato de os jovens se jogarem em atividades patrióticas, mas, certamente, não é apenas pelo bem. Sem dúvida, as tendências destrutivas que fazem parte da natureza humana são despertadas de forma alarmante e, mais tarde, será difícil voltar à normalidade da vida, quando explodir fábricas e quebrar janelas não será mais incentivado.

26 DE SETEMBRO

Outro dia, Eden disse mais na Câmara dos Comuns sobre a missão de Hess na Inglaterra. Foi um plano de paz que ele levou. Resumindo: à Inglaterra será concedida a liberdade de agir em seu império e, em contrapartida, a Alemanha terá a liberdade de agir no continente; as colônias alemãs seriam devolvidas, a Rússia seria banida para a Ásia. Se a Inglaterra não aprovar esses termos para a paz, a Alemanha a esmagará e manterá a Inglaterra subjugada para sempre. Hess alegou ter planejado tudo sem o consentimento de Hitler, mas o que ele apresentou seriam as intenções dele.

Smolensk caiu! Kiev deve ser a próxima. E os russos provavelmente obrigarão os alemães a recuarem além da fronteira.

3 DE OUTUBRO

Na Dinamarca, os alemães estão agora perseguindo os judeus. Vários milhares deverão ser deportados. O governo sueco enviou um forte protesto para Berlim e ofereceu-se para receber no país todos os judeus dinamarqueses. Provavelmente isso de nada adiantará. Enquanto isso, muitos judeus estão fugindo para cá.

Nápoles está em mãos aliadas. Logo será a vez de Roma.

Temos de economizar gás agora, e o resultado é que temos nossa água quente de volta. É impossível descrever como isso é bom e o quanto mais fácil se torna o trabalho de casa. Ver a seguir uma observação comovente sobre a questão da água quente, em um recorte do jornal *Söndagsnissestrix*.

[Recorte de um quadrinho, 3 de outubro de 1943.
Um menino de rua diz para outro igual a ele:
"Então esse é o fim de todo o nosso divertimento?"].

10 DE OUTUBRO

A proclamação no verso de um confiável e velho nazista é bem sintomática da virada da maré em dias recentes. Também diz muita coisa a respeito da grande indignação, na Suécia, com respeito ao tratamento dos judeus na Dinamarca. Refugiados judeus estão atualmente chegando em grande número através do estreito de Oresund. Na realidade, até parece que os alemães nem estão ligando, nem tampouco tentando impedi-los. Temos, aparentemente, 6 mil refugiados dinamarqueses no país, e a maioria é judia. Os suecos antissemitas estão passando o dia no campo distribuindo panfletos chamando os refugiados de "um bando de assassinos e estupradores".

Estou tão deprimida nesses últimos dias por causa da tragédia de Rut. Isso aconteceu na quinta-feira, e é tão terrível, a ponto de eu recusar a acreditar no que dizem. Ontem ela foi solta e terá de esperar três semanas para o veredito. Hoje eu falei com ela por telefone e nunca ouvi uma voz tão brutalmente quebrada. E trata-se de outra tragédia que pode ser atribuída à guerra, porque, se não tivesse havido guerra, ela nunca teria esse trabalho e, se não tivesse havido esse trabalho, ela nunca teria sido exposta a essa chocante tentação.

> *[Recorte do jornal* Aftonbladet*: ásperas reclamações de nazistas contra a imprensa sueca; o novo ministro italiano deve jurar aliança com Deus e com Mussolini; um longo artigo de Karl Olivecrona sobre a perseguição aos judeus na Dinamarca].*

20 DE OUTUBRO

Esqueci de escrever que a Itália, a Itália de Badoglio, declarou guerra à Alemanha há alguns dias. E hoje o jornal anuncia que Mussolini irá se retirar. O front alemão na Rússia foi quebrado. Há uma troca de prisioneiros de guerra britânicos e alemães por meio de uma intermediação sueca, em Gotemburgo. Incluí essa foto da troca de prisioneiros de guerra apenas para ver o rosto dos soldados. Para mim, essa é a expressão de todos os anseios de cada soldado ao redor do mundo.

[Fotografia do jornal Aftonbladet, *20 de outubro de 1943, legenda:*
"Uma jovem inglesa, casada com um marinheiro sueco, encontrou seu irmão e teve a possibilidade de conversar com ele por alguns minutos"].

24 DE OUTUBRO

Nas primeiras horas da sexta-feira, um avião da Aerotransport, o *Gripen*, foi derrubado perto de Smögen. Mais tarde, verificou-se que foi um *Junker* que o derrubou. O *Gripen* continuou voando por 20 minutos depois de ter sido atingido, foi quando um tanque de combustível explodiu e o avião foi caindo em chamas até bater na face de um penhasco. Treze passageiros morreram e dois foram resgatados, duas esposas de diplomatas russos, cada uma com duas crianças. Elas foram encontradas entre os passageiros. O capitão e o primeiro oficial do avião deixam esposas e crianças pequenas.

Domingo, depois da reunião da diretoria, Sture chegou em casa radiante, dizendo que deverá ir para a Inglaterra a trabalho. Mas há uma proibição para voar e todos os aviões estão em terra, até novas ordens. Graças a Deus, assim ele não será morto em um avião, pelo menos por enquanto.

Ontem li a carta de um judeu dinamarquês. O autor da carta mencionava o nome de alguém que teve suas unhas arrancadas para que desse os nomes de seus cúmplices em atividades ilegais. Durante essa tortura, ele denunciou vários nomes, inclusive o do autor da carta, que deve ter fugido para a Suécia. Ele também mencionou os nomes de várias mulheres com 80 anos de idade que foram empurradas para o porão de um navio para que ali morressem com a queda. Todos os nomes mencionados na carta deviam, evidentemente, ser conhecidos do autor. Ele também alega que garotas dinamarquesas de 11 anos foram levadas para prostíbulos na Alemanha.

Tudo o que podemos fazer é rezar para que não seja verdade.

7 DE NOVEMBRO

Eu devo estar ficando louca [citação da casa de repouso de Småland de uma senhora fora de si, que exclamou: "Eu devo estar louca por vestir calças vermelhas com Olle morto"] por não escrever sobre a conferência dos Aliados em Moscou. Ela já está acontecendo há algum tempo. Os ministros inglês e americano (Eden e Hull) estão ali. Eis no que todos estão interessados nesse momento e há um grande desconforto na Finlândia e em outros lugares sobre os possíveis resultados.

Chegaremos logo na data de 11 de novembro, o Dia do Armistício, e a Alemanha é presa da psicose do 11 de novembro, conforme um dos jornais. O fato é que o mundo todo está esperando pelo colapso da Alemanha, que deve acontecer em pouco tempo, em virtude da terrível situação no front oriental. Ontem encontrei-me com uma mulher que esteve na Alemanha recentemente. Ela me disse que ali as pessoas não podem rir; seus rostos são de cor cinza e parece que desistiram totalmente da vida.

Outro dia li que Badoglio exigiu a abdicação de Vitório Emanuel. Não sei se é verdade, mas certamente a Casa de Savoia não passará essa guerra com sua coroa intacta.

Há uma porção de histórias sobre o rei da Dinamarca. Uma delas conta que, quando os alemães estavam planejando introduzir a Estrela de Davi na Dinamarca, no mesmo modelo da Alemanha, o rei da Dinamarca disse que, nesse caso, ele seria o primeiro a portá--la. Mas eles nunca levaram a Estrela de Davi para lá. Há uma outra história a respeito de quando os alemães propuseram içar a suástica em Amalienborg: Christian contou que um soldado dinamarquês a abaixaria novamente. "Então esse soldado seria fuzilado", disse o comandante-chefe alemão. Então o rei disse: "Esse soldado sou eu!".

11 DE NOVEMBRO

A Primeira Guerra Mundial terminou 25 anos atrás, no dia de hoje. Ninguém mais faz um minuto de silêncio, como era costumeiro fazer entre as guerras. E todos os pequenos "soldados anônimos" ao redor do mundo, enterrados com tanta pompa e esplendor, alguém, por acaso, se lembra deles? Ou eles são esquecidos em um dia como hoje a favor de todos os soldados desconhecidos confrontados diariamente e a cada hora com as realidades da vida em diversos fronts. Ó meu Senhor Jesus, por que isso não acaba logo?

Nesta noite, eu ouvi um documentário dramatizado no rádio (um de Gierov) chamado *1918 In Memoriam*. Ele me deixou muito melancólica. Supostamente, 1918 devia ser o último ano de guerra na história da humanidade, mas não era para sê-lo. Foi muito triste ouvir a respeito de tantos mortos nos Rios Somme e Marne; suas mortes foram terrivelmente em vão, tão completamente desnecessárias, pois tudo aconteceria novamente 25 anos mais tarde.

Sobre esse dia do Armistício, existem notícias nos jornais de massacres contra os judeus italianos e outros tópicos humorísticos. Nesse Dia do Armistício, tive de levar Lars para o oftalmologista pela primeira vez. Espero que ele não tenha nada nos olhos. Nesse mesmo dia, Sture participou de uma reunião do comitê e eu estou com muito sono, portanto não posso mais continuar escrevendo. As crianças já estão dormindo em suas camas.

29 DE NOVEMBRO

Estamos agora no período do Advento e podemos começar gradativamente a olhar para o Natal. Nós nos aconchegamos ao redor do fogo e pensamos como é maravilhoso ter uma casa, pelo menos é o que eu sinto. Por outro lado, como será que os berlinenses estarão encarando o próximo Natal?

Esta semana começou com bombardeios generalizados sobre Berlim. Os distritos, um por um, estão sendo obliterados. É horrível pensar a respeito disso. Não gosto que os ingleses façam isso para ganhar a guerra. Deve-se admitir que foram os alemães a estabelecer o exemplo a partir dos bombardeios de Varsóvia, Roterdã, Coventry e Londres, mas isso é tão abominável quanto os bombardeios de Berlim, e nós não queremos que os ingleses se comportem como os alemães. Ah, se fosse possível garantir que as bombas apenas atingissem os nazistas, mas, infelizmente, elas também matam massas de pessoas inocentes. Se pudéssemos juntar toda a Gestapo e todos os seus asseclas assassinos e fuzilá-los de uma só vez, eu não teria um pingo de pena deles.

A Suécia agora está inundada de refugiados. Aparentemente, temos 50 mil deles aqui. E, no trabalho, estamos nos afogando, com tantas cartas dos refugiados.

3 DE DEZEMBRO (SEXTA-FEIRA À NOITE)

Em uma sexta-feira, há 17 anos, eu estava em trabalho de parto, uau, e a dor era terrível! Será gostoso ir para a cama agora e saber que, provavelmente, dormiremos sem dor. E amanhã, Lars completará 17 anos. Se morássemos na Alemanha, ele seria convocado ou ele já teria sido enviado a algum lugar para realizar seu serviço militar, mas, certamente, não para o front diretamente. Mas, mesmo assim...

Os alemães cometeram outro de seus atos verdadeiramente maldosos. No dia 30 de novembro, todos os estudantes noruegueses foram detidos para ser enviados à Alemanha. O governo da Suécia reclamou a respeito disso no mais forte dos termos, mas quem sabe com quais resultados. Aparentemente, as deportações não aconteceram ainda. Na Suécia, o povo está revoltado e os estudantes suecos estão promovendo contínuas manifestações de protesto.

O bombardeio de Berlim continua sem parar. Ontem à noite foi terrível.

Dia de Natal

Sture, Karin e eu fomos para Skansen [um museu ao ar livre e zoológico] (Lasse não quis vir; ele queria dormir), nesta manhã de Natal, enquanto a vovó ficou em casa e acabou queimando alguns biscoitos de aveia no forno. O clima outonal é nebuloso, mas sem um floco de neve, e o solo também não congelou em qualquer profundidade. Mas nossos pés, sim, estavam congelando, os de Karin e os meus, embora estivesse bonito em Skansen, sem muita gente; os chapins-reais voaram e empoleiraram-se em nossos braços, enquanto tentávamos alimentar um pequeno e tímido esquilo. Havia um pequeno veado correndo livremente que também veio para nos cheirar.

Depois fomos para casa e para a mesa de Natal. Agora, estou sentada de frente para o fogo e vou escrever.

Este é o quinto inverno de guerra – e temos mais comida do que nunca. Em minha geladeira, tenho dois presuntos grandes, músculo, patê de fígado e costeletas de porco, salada de arenque, dois grandes pedaços de queijo e um pouco de bife salgado. Além disso, todas as minhas latas estão cheias de: bolachas de gengibre, biscoitos de aveia, biscoitos de licor, dedos de amêndoas, pão recheado e merengues.

Este é o segundo Natal que passamos em Estocolmo, e foi muito bom novamente. Este ano, estou feliz em dizer que Karin não esteve doente. Ela leu para nós a história do Natal da Bíblia e também tocou a música do Papai Noel no piano. O saco de presentes estava tão cheio que ela mal conseguia arrastá-lo. Sture e eu ganhamos um par de abajures e é só porque todos os outros presentes eram para as crianças, é claro: para Lasse, uma camisa esportiva, uma gravata, um cachecol de lã, luvas esportivas, dois pares de calças, um quebra-cabeça, doces, três livros (*Red House, Chaffer K., Above Suspicion* – de Helen MacInnes), dois rolos de filme, dinheiro, escova e pente, e chinelo. Para Karin, chinelos, patins de gelo, uma jaqueta de esqui, escova e pente, meias e luvas, e um *jumper* branco que eu mesma tricotei, duas caixas de tintas, e o cancioneiro *Let's Sing Now, Peter No-Tail's Great Escape, Mary Poppins Comes Back, Unforgettable Tales,* dinheiro, doces, etc.

Amanhã, os Frieses virão em casa para a festa do Natal, e no dia 27 Karin e Lars irão para Småland, sendo que eu os seguirei no dia do Ano-Novo.

Eu não conheço nenhuma pessoa tão afortunada quanto nós. Sture teve um aumento de salário de 4 milcoroas por ano, a partir de 1º de janeiro. E nossos pais nos deram novamente mil coroas como presente de Natal.

Eu, sinceramente, gostei de aprontar as coisas para o Natal aqui, em nossa casa, e o tempo todo senti uma profunda gratidão pelo fato de tudo isso ainda ser possível e que vivemos nessa particular e pacífica parte do mundo. Soa triste, mas, não importa, estou tão grata, é uma coisa que não pode ser colocada em palavras e estou totalmente consciente de que esses são os anos mais felizes de minha vida; seguramente, ninguém pode fazer melhor do que isso! Como também é certeza que existem desafios à minha frente. Tudo é jogado tão claramente pelo resto do mundo tão cheio de desgraça e de miséria, uma miséria tão concentrada que, ao ouvir um coro de crianças alemãs cantando "Noite Feliz", fui para a cozinha e chorei. Essas crianças, com suas vozes angelicais, maravilhosas vozes, estão crescendo em um país que tem como propósito fazer mal a outros seres humanos.

Um livro foi publicado neste outono, o livro de um autor tcheco cujo título é *The Dead Look On* [de Gerald Kersh], que fala da obliteração do vilarejo tcheco de Lidice, depois do assassinato de Heydrich. Ninguém no vilarejo tinha algo a ver com o assassinato, mas os alemães queriam fazer deles um exemplo. E assim todos os homens com idade acima de 16 anos foram baleados, depois de cavar sua própria sepultura; todas as mulheres foram condenadas a trabalhos forçados e todas as crianças acima de 3 anos foram levadas para um lugar desconhecido em um caminhão, no qual 157 crianças foram colocadas juntas em um espaço próprio para a metade desse número, de maneira que tiveram de ficar em pé durante todo o trajeto. De acordo com o livro, a viagem durou sete horas e, na chegada, diversas crianças estavam mortas. Eu não saberia dizer quão exatos são os detalhes do livro, mas se apenas metade deles forem autênticos, os alemães cometeram um ato sangrento que ficará na memória da história da humanidade por toda a eternidade.

Depois, o vilarejo inteiro foi explodido; em 24 horas nada havia para indicar que o lugar havia sido um pequeno e pacífico vilarejo habitado por pessoas pacíficas.

E esse é o trabalho de pessoas que criaram a canção "Noite Feliz". Eu cheguei a ver uma versão satírica de Arnulf Overland em uma das cartas que passou pelas minhas mãos:

> Noite feliz, noite santa,
> Papai foi sequestrado, que medo.
> Ninguém sabe dizer para onde o levaram.
> Ninguém sabe se é para ele ficar ali.
> Vista-se – e não demore!
> Eles disseram e o levaram.
>
> Paz na terra, paz que vem de cima,
> Criança, cuidado com o amor de seu irmão.
> Seu beijo de traidor e o teu destino é previsto
> "Ajuda de Inverno" está fora, no frio.
> Lobos vestidos de carneiros. Cuidado!
> Eles estão conosco em todo lugar.
>
> Paz natalina, paz ao nosso redor!
> Ouça o som dos tiros repetidos de metralhadoras!
> Enfeite os *halls* de tinta verde paraíso
> Os mais lindos cadáveres que você já viu.
> Vozes angélicas cantavam
> Até em Yang-tse Kiang!

27 DE DEZEMBRO

Ontem à tarde, o navio de guerra *Scharnhorst* foi afundado no Cabo Norte pelas forças navais britânicas. Não deve ter sobrado muita coisa da marinha alemã agora.

[Recortes de jornal: foto do duque de York, que afundou o Scharnhorst, *fonte desconhecida; linhas da coluna de Hasse Zetterström do jornal* Svenska Dagbladet, *29 de dezembro, 1943, um comparativo do tratamento alemão de algumas crianças dinamarquesas com o comportamento de Herodes, intitulado "Quanto ao Natal" por Astrid; artigo longo "A implicação da perseguição judaica" de Hugo Valentin,* Dagens Nyheter, *28 de dezembro de 1943].*

Beträffande stridande militär personal ägde under hela tiden 9 april—10 juni 1940, eller den tid då norska soldater kämpade mot tyska trupper i Norge, ingen som helst transitering rum till Norge. Ej heller transiterades krigsmateriel av något som helst slag under denna tid, trots att under senare hälften av april och maj samt i början av juni 1940 officiella och inofficiella framställningar därom gjordes.

Officiell begäran om transport avböjdes.

Samtliga avböjdes av svenska regeringen. Detta skedde dels med hänvisning till Sveriges vid krigets början och senare — genom statsministerns radioanförande den 12 april 1940 och den officiella kommunikén av den 22 april samma år — deklarerade ståndpunkt, dels med framhållande av att sådan transitering skulle av svenska folket betraktas som vanärande för svensk nationalkänsla och

framkalla allmän förtrytelse och skamkänsla. Hänsyn till denna det svenska folkets syn på sin heder och ära var i sista hand avgörande för svenska regeringens ställning rörande transitering av krigsmateriel.

2 läkare och 290 sjukvårdare, svensk militär tillfrågades.

Den 25 april, 1, 12, 15, 23 och 29 maj samt 6 juni 1940 transiterades i olika stora grupper, den största omfattande 81 man, sammanlagt 2 läkare och 290 man sjukvårdspersonal. Detta medgavs av svenska regeringen av humanitära skäl, då det tyska detachement som stred i Nord-Norge från början praktiskt taget saknade sjukvårdspersonal. Innan medgivandet

lämnades tillfrågades ansvarig militär myndighet om det begärda antalet sanitetspersonal ej kunde vara för stort, utan stod i rimligt förhållande till den ifrågavarande militära styrkans storlek. I verket uppgick antalet endast till proc. av det antal som enligt militärt beräkningssätt borde vid truppförband av ifrågasatt styrka. De järnvägsvagnar som iterades 20—25 april 1940 — på av snöhinder tog transporten lång tid —, sammanlagt 34 innehöllo 24,6 ton sjukvårds- däribland skrymmande röntgenning och annan klinisk 348,3 ton livsmedel samt 21,8 despersedlar, däribland filtar, del och klädespersedlar till behövliga för den norska civ ningen. Alla dessa vagnars kontrollerades dels av svensk sonal, dels av en tjänsteman kesdepartementet.

S. N. 29.1.43

Detta är fa[ktiskt]
Tiskt intres
sant, tycker
jag. Sorgli[gt]
nog lär
det vara
spridt upp
fattning i
Norge, at[t]
vi i Sveri[ge]

"G.H.T. espalhou a percepção prejudicial para a Suécia.
Declaração do comitê de imprensa sobre a carta do Ministro
dos Negócios Estrangeiros".
29 de janeiro de 1943.
Os Diários da Guerra 5.

— Även här hade man av våra
dragit den slutsatsen att huvu-
framför allt låg hos fyra vapen:
vagnar och pansarvärnskanoner, f
och luftförsvar.
Vad är Europa över huvud ta
Ryssland? När man på jordglob
det väldiga riket och jämför Europ
det, måste man fråga sig om vi v
med rätta kunna kalla oss för e
kontinent. Denna fråga har en r
ficer, som stod Stalin mycket nära
besvarat.
— Europa är i bästa fall
rysk provins, ett konglomerat av
stater, som inbördes ligga i fe
är tyskarna som hittills förmec
tillträdet till Europa. Allt anna
der ingenting för oss. Kunna v
vinna Tyskland, då äga vi Eur

— Om nu, betonade riksmar
vidare, i detta Europa fnnas ho
vänter och vänner eller neutra
mot oss fientligt sinnade stater
mer måste de förstå — och de v
också — att ryssarna icke, om
Tyskland skulle bryta samman,
sansa av någon inre högaktning
svenska eller schweiziska eller
annan neutralitet. Bolsjevismen
samma ögonblick ha rasat
Europa ända till den yttersta

Herr Molotov lät en gång hos os
ta fram att ett mycket gott samf
i fortsättningen skulle vara möjli
Tyskland om vi skulle blunda vid e
anfall mot Finland. Det skulle ha
det slutliga tillintetgörandet av b
Därutöver skulle ryssen givetvis
ha kastat sig över de svenska
områdena och lagt beslag på d
hamnar, vilka han sedan lång tid
traktat efter.
På den andra sidan ville han
Rumänien som sin intressesfär.

— Och nu, mina kamrater, anti

är fältmarskalk eller rekryt, ber
tänka på, i vilket läge vår ledare
han i sin politiska genialitet fu
måste inse den dödliga faren. Vå
stod inför sitt allra svåraste bes
liv men även inför det historiskt
tydelsefulla avgörandet. Det blev
för honom att leda det tyska f
denna strid. Han med sin världsh
politiska och strategiska genialit
att detta skulle bli den svåraste
strider. Han fattade ett beslut o
landets bestånd eller undergång
tet att hämma den bolsjevistis
vägen.

Fonte do jornal não identificada.
Os Diários da Guerra 5, 1943.

Jag måste klistra in Goebbels
tal och Hitlers proklama-
tion också. Hitler ligger
väl förmodligen och tugg[ar]
mattor nu ett slag igen
eftersom han inte tala[r]
är själv.

BERLIN, sönd[ag]
T.T. från D.N.B. Riksministern d:r Goebbels höll på lördagsefte[r-]
dagen i Berlins Sportpalast med anledning av tioårsdagen av makt[-]
tagandet ett tal, i vilket han betonade att det sedan 1933 varit traditi[on]
Hitler varje år personligen givit det tyska folket parollen för det kom[mande]
de kampåret. "Rikskansler Hitler har", fortsatte Goebbels, "givit mig i
drag att meddela er att det varit hans hjärtligaste önskan att även i d[ag]
till nationen. Han beklagar liksom vi att behöva bryta denna tradition
blivit ett inre behov för oss. Men den hårda nödvändigheten i kri[get]
ningen tillåter honom icke för ögonblicket att lämna sitt högkvarter, frå[n]
ket han leder de stora försvarsstriderna i öster. Han vänder sig därför
proklamation till det tyska folket."

I en återblick över händelserna under östfronten tror motståndaren
le gångna åren påpekade d:r Goebbels gång att han kan triumfera öve[r]
att Tyskland avvärjt alla faror och kri- fientliga tidningarna innehålla
er. "Som det varit i det förgångna skall om att undantagstillstånd prokla[-]
let också bli nu och i framtiden. För oss Tyskland. Jag kan däremot sl[å]
var det sedan gammalt varit en fast och Tyskland råder blott ett tillstån[d]
orubblig grundsats att ordet kapitulation tal beredskap från vårt folks sid[a]
cke finns i vårt ordförråd. Därvid förbli att koncentrera dess krafter på k[rig]
vi och komma alltid att förbli. Strid har segern. Vi skola från och med
alltid varit parollen för den national- allt upptänkligt för att påskynd[a]
socialistiska rörelsen, och strid har va- Det är därvid alldeles likgiltig[t]
rit vår lösen ända till i dag. Liksom vi om våra fiender icke ta oss på
icke fingo något till skänks då skola vi vår beslutsamhet. Att bli und[er]
icke få det nu. Vi måste själva erövra av fienden är alltid en god hjä[lp]
allt åt oss och arbeta oss till allt. Under Man kommer på fiendesidan a[tt]
de nuvarande mycket svåra striderna på än man tänkt sig få känna på [mer]
av vårt fanatiska arbete.

T.V. "Goebbels: 'O ponto alto de nossa luta está próximo'".
31 de janeiro de 1943.
T. H. "'Vitória inequívoca' é prometida por Hitler".
31 de janeiro de 1943.
Os Diários da Guerra 5.

— att överfalla Europa, förinta dess kultur och framför allt utrota dess människor för att erhålla slavarbetare till de sibiriska tundrorna? Vilken stat hade, förutom Tyskland, förmått att möta denna fara? När sedan 1941 största delen av Europa sluter upp kring Tyskland i striden mot öster, faror, kan detta inträffa blott emedan detta Tyskland år 1933 erhöll de politiska, materiella och moraliska förutsättningarna för att föra en strid som i dag avgör världens öde. Liksom det inre två möjligheter funnos, nämligen antingen seger för den nationalsocialistiska revolutionen och därmed en planmässig social nyuppbyggnad av riket eller den bolsjevikiska omstörtningen och därmed förstörelsen och förslavningen av alla, finns det också i dag blott dessa två alternativ: antingen segra Tyskland och de förbundna länderna och därmed Europa, eller också bryter från öster den inreastatiska bolsjevikiska vågen in över den äldsta kulturkontinenten, precis lika förödande och tillintetgörande som fallet redan varit i själva Ryssland. Blott världsfrånvända fantaster kunna allvarligt tro på det judiska skrytet att en brittisk eller amerikansk pappersdeklaration skulle kunna hejda en sådan folkkatastrof. Då Frankrike och England 1939 utan varje orsak förklarade krig mot Tyskland och därmed igångsatte det andra världskriget, åstadkommo de omedvetet blott det goda att den största konflikten i historien utlöstes just i det ögonblick då det tyska riket nådde sin största kraft, en strid som enligt vad vi i dag vet sedan lång tid tillbaka beslutats av makthavarna i Kreml och som med varje år skulle ha blivit ännu svårare. Inför omfattningen av denna jättelika kamp förblekna alla andra händelser.

Försynen skänker ej segern.

Ty om den nya anstormninge inre Asien mot Europa skulle ha gång måste den nuvarande bryta samman precis så som den gång bröt samman inför stormen. Ett flertusenårigt skulle därmed åter ha varit fö I stället för ordning i världens nenter skulle komma kaos och i för kultur obeskivligt barbari som därför sedan år 1933 utrå ekonomiskt, kulturellt eller p område står trots all sin storhet ka för den uppgift som i dag förelagd. Om nationalsocialism hade skapat någonting annat som ligger bakom den skulle c dan vara en av de väldigaste fo serna i världshistorien, men skulle trots detta vara förlorat vår rörelses underbara väg fr första tidens få män till makt gandets dag och sedan fram til är blott tänkbar och begriplig so synens vilja att ge det tyska fol därutöver hela Europa möjlig med framgång kunna möta det hot från alla håll. Det kommer att åligga enbart oss att först bördan i detta krig och att fö oss påtvungna kampen så bes och så länge tills denna kontin nses vara slutgiltigt räddad. Vad som än må drabba ödets slag är ingenting gentem som alla skulle lida om östern barharder förmådde viltra in vår världsdel. En gång i tides tyska riddare ut i fjärran för att strida för sin tros ideal, kämpa våra soldater i österns lighet för att bevara Europa förintelse. Varje enskilt män liv som faller i denna kamp ko

Continuação do relato anterior. "Vitória inequívoca é prometida..."
Os Diários da Guerra 5, 1943.

ar flotta och vårt flyg åstadkommit givit om kampen för tillvaron
råga om stolta hjältedåd skall, be-utan att någonsin svikta icke
ransat av det oförgängligas lager, ge våra liv och ej heller sky någo
—ill historien. Vad den okände gre-te för att bevara vårt folks
knadjären måste uthärda kan nutid och framtiden. Då skall en gång
mramtid väl knappast göra sig en fö-strid den stora timme slå då v
tillställning om. Uppifrån den höga befriats från den yttre fienden.
storden och ned till den afrikanska ök-dödas offer och våra städers oc
aten, från Atlantiska oceanen till vid-ruiner skall då ett nytt liv s
stjerna i öster, från Egeiska havet till att skapa den stat vi tro på
Stalingrad ljuder en hjältesång som vilken vi kämpa och arbeta, n
skall överleva årtusenden. den germanska staten av tysk
som evig och likaberättigad

"Totala arbetet måste stegras än mera."

Att hemmafronten visar sig jämbördig med dessa enastående och just under dessa dagar så svåra prestationer är ett hedersbud för den. Även om en hittills i stad och på land lämnat rätt väldiga bidrag till genomförandet av denna strid, måste nationens totala arbete nu stegras ännu mera. Våra soldaters hjältekamp vid Volga skall vara en maning för alla att göra det yttersta i striden för Tysklands frihet och vårt folks framtid och därmed i vidare bemärkelse för bevarandet av hela vår kontinent. Det nationalsocialistiska partiet är skyldigt att, liksom alla dess medlemmar inom alla vapenslag av vårt krigsmakt, tävla med varandra i mönstergill tapperhet, även vara hemmafrontens ledare. Det har varit våra fienders vilja att hota fredliga städer och byar med de hemskaste förintelsemedel. Det har emellertid redan nu visat sig att de blott tillintetgöra hus eller människor, men icke kunna bryta andan, utan snarare stärka den. Vad som vid detta krigs utbrott ännu icke var känt för många tyska män och kvinnor har nu blivit klart för dem, nämligen att den strid om samma fiender som 1914 påtvingat oss är avgörande för vårt folks existens eller förintelse. Den Allsmäktige kommer att vara en rättvis domare. Vår uppgift är att så fylla vår plikt att vi inför honom, skaparen av alla världar, kunna bestå provet enligt den lag han

för alla män och kvinnor inc folk: det nationalsocialistiska s riket. Inom detta kommer så tider den kraft att finnas som vändig för att även i framtide da den europeiska folkfamilje

emot Österns faror. Det stort ket och de med detta förbundn nerna måste dessutom gen trygga de livsrum som äro ous för bevarandet av dessa folks ella existens.

Högkvarteret den 30 januari
Adolf

Det skulle va
en hel del at
säga om ova
stående, me
jag tror Joha
nes Wickmar
kommentar
i D. N. räck
till:

T.V. Continuação do relato anterior.
"Vitória inequívoca é prometida..."
T. H. "Jubileu sem Jubilação", por Johannes Wickman.
31 de janeiro de 1943.
Os Diários da Guerra 5.

dag har ersatts med krevader av på väg att realisera sin plan
bomber från flygplan som sänts från ga hela Europa under sig:
det folk som in i det sista sökte "j tjugu år blott haft ett mål
komma till en fredlig uppgörelse med som en gång under folkvan
det nazistiska riket. tiden eller mongolstormarna

Den tyske kanslern har i sin sto- överfalla Europa, förinta dess
ra bekännelseskrift utvecklat att och framför allt utrota dess
mänskligheten inte bara är dum skor för att erhålla slavarbet
utan i lika hög grad glömsk: den de sibiriska tundrorna". Som h
måste höra om och om igen vad man män för detta påstående
vill att den skall tro. Även Göring "amerikanska korrespondente
och Goebbels har i sina anföranden namnges inte, men många
på tioårsdagen anslutit sig till den- — t. ex. Shirer, Howard Sm
na syn på "die Mitwelt". Vad de andra — har visat sig så vä
tre ledarna har haft att säga kan be- rättade att det är fullt förklar
traktas som olika versioner av den man i Tyskland anser sig be
framställning av Tysklands nuvaran- trakta deras reportage som hi
de läge som under de senaste vec- urkunder. Mot den nya far
korna lämnats i alla tyska tidningar, öster framstår nu återigen
särskilt under de dagar som gått zistiska Tyskland som rädd
närmast före tioårsminnet. Man kan och begär detsamma som fö
inte undgå att frapperas av hur allt sedan, bara på ett betydlig
detta påminner om något som man plan: liksom tyskarna i sitt
har hört förr en gång, just för tio tresse måste underkasta sig
år sedan — i samband med riks- ternas diktatur så måste de
dagshusbranden. Då försäkrades att peiska länderna rädda sig ge
bolsjevismen stod för dörren, en acceptera det nazistiska Ty
kommunistisk sammansvärjning hade diktatur.
i sista stund avslöjats tack vare kon- Om inte Tyskland lyckad
spiratörernas oförstånd att ge signal nomföra sin hegemoni över
till upproret genom att sätta eld på och hävda sig i kriget mot R
riksdagshuset. De hade inte tänkt på skulle många allvarliga ting s
att en eldstod mitt i huvudstaden det är de nazistiska ledarn
inte bara observerades av de vän- om. Göring, som lämnar å
tande konspiratörerna utan också konkreta detaljer från olika
av polisen — och därmed hade na- den, intresserar sig också för
zisterna räddat Tyskland och på och Schweiz. Ryssarna sku
samma gång Europa. För att vara i låta hejda sig "av någon in
stånd att även i fortsättningen för- aktning för den schweizisk
svara västerlandet mot hotet från svenska eller någon annan
öster fordrade nazistpartiet och lyc- litet", såsom Tyskland — det
kades också genomdriva sin dikta- ceras i Görings uttalande — h
toriska makt över landet. beträffande många europeisk

Det är exakt samma synpunkter stater, däribland våra skandi
som nu framförs av de nazistiska broderländer. Av största intr
ledarna till tyska folket och — lik- också Görings förklaring i vis
som förra gången — till den övriga tydelsefulla frågor angående
världen. De ryska bolsjevikerna ä föringen. Det var "inte fiende

Continuação da anterior. "Jubileu sem Jubilação".
Os Diários da Guerra 5, 1943.

sitt första barn.

I England har Churchill
meddelat, att man fått
informationer om att tyskarna
tänker använda gas på
ostfronten. Churchill
förklarade tyskarna på a
att omedelbart i så fall
komma att släppa ner
gas över tyska hamnstä[der]
och krigsindustriplatser
att bli nog en härlig vär[ld]
det här.

Men idag på Djurgår[den]
bland vitsippor och vårlö[k]
i solskenet, var det
ejuuligt. Lars har res[t]
till Småland, så det var
bara Sture, Karin och jag
Karin o. jag läkte 'guldsk[o]
och guldhatten', som m[an]
måste genomgå prov fö[r]

Fonte do jornal não identificada.
Os Diários da Guerra 5, 1943.

Beträffande detaljerna kan följande konstateras:

1) I fråga om plats och tid. Den tyska ångaren befann sig den 16 april på väg från Kristiansand till Stettin. Intermezzot ägde rum från kl. 6.35 till kl. 6.38 tysk sommartid. Ångaren "Altkirch" befann sig på c:a 57° 50' n. br. 11° 27' ö. l. De från tysk sida fastställda orts- och tidsangivelserna stämma ungefär överens med de svenska. Det kan därför anses vara fastslaget att det faktiskt rör sig om den svenska u-båten "Draken".

2) U-båten befann sig när den först sikatdes kl. 6.35 tysk sommartid ungefär fyra grader babord om "Altkich", c:a en sjömil föröver. "Altkirch" befann sig vid denna tidpunkt på c:a 57° 50' n. b. och 11° 27' ö. l. U-båten dök därefter. Ångaren "Altkirch" fortsatte i sicksack-kurs länge tremilsgränsen. När u-båten andra gången siktades kl. 6.38 tysk sommartid befann den sig tvärs om styrbord. U-båten befann sig därigenom klart utanför tremilsgränsen. Därmed överensstämmer också den positionsangivelse som den svenska flottan tillställt marinattachén vid tyska legationen i Stockholm den 19 april 1943, nämligen 800 m. väster om en punkt 57° 48,5' n. b. 11° 28' ö. l.

3) Enligt meddelande från chefen för den svenska kommandoexpeditionen till marinattachén vid tyska legationen i Stockholm av den 14 augusti 1940 utfärdades den 12 augusti 1940 följande order av svenska flottan: "Order från chefen för marinen i anslutning till den av de tyska myndigheterna erhållna promemorian beträffande svenska u-båtars övningar vid västkusten: Övningar i undervattensläge de yttre territorialvattnen skola äga rum blott vid god sikt och i den omfattning som är oundgängligen nödvändig för stridsberedskapen. Övningar i undervattensläge skola undvikas när tyska krigs- eller handelsfartyg befinna sig i närheten".

Den omedelbara anledningen na order var att vid denna inom samma farvatten där mezzot mellan "Altkirch" och ägde rum tyska handelsfart; pede gånger anfallits av en båtar, t. o. m. på svenskt vatten.

Avsikten med ordern var uppenbarligen att förhindra mellan svenska och engelska För u-båten "Draken" gäl ordern att övningar i underv skulle undvikas i närheten ren "Altkirch". Fullständig häremot uppträdde u-båten på följande sätt:

När den först siktades tysk sommartid iakttog kap "Altkirch" ungefär fyra gr babord cirka en sjömil för ö net på en u-båt som arbeta i sjön. Kort efter det der dök u-båten. Detta skedde dessförinnan den svenska visats eller annars någon i ningssignal givits. Enligt d nämnda ordern var denna i strid mot instruktionerna.

Sedan u-båten dykt gavs u-ombord på "Altkirch", och fortsatte i sicksackkurs på gränsen. Därefter följde den från u-båtens sida som i inl till denna skrivelse beteckna fullständigt obegripligt. U-b kl. 6.38 tysk sommartid åter periskopdjup om styrbord u-båtens uppträdande tvinga tenen på ångaren "Altkirch" rekt anta att det var fråga o entlig u-båt som beredde sig omedelbart torpedanfall mo ikirch". Denna förmodan var ket mera ofrånkomlig som d omnämnda ordern till de sve båtarna att de skulle upphö Deövningar i undervattensläge ellerten av tyska handelsfartyg v för kaptenen på ångaren "A Kaptenen på "Altkirch" ga och med full rätt order om eld

e tyska handelsfartygen ha
g sträng order att noga iaktta
n för handelssjöfarten. Kap-
å ångaren "Altkich" har icke
mot dessa regler. Det finns
intet skäl att av denna an-
ge de tyska handelsfartygen
e order. Däremot måste riks-
gen anmoda svenska rege-
att genom lämpliga order till
-båtar skapa garanti för att
beklagligt intermezzo, som
ande berodde på den svenska
ns stridsmässiga manövrer och
ket ingen skuld på tysk sida
nes, icke kan upprepas."

Precis så oför-
skämt svarar
dom kilarna.
Tyskland ska
alltså ha rätt
att bestämma
hur våra svenska
båtar ska uppträda på
*ruckt vatten'! Men di
har fått svar på tal
samtliket det skarpaste
som vi har vågat ge dom
*än gång. Om ulven
sa tyskarna ingenting
i sitt P. M.
Och så här lydde
*n svenska regeringens
svar:

Continuação do relato anterior.
Fonte do jornal não identificada.
Os Diários da Guerra 5, 1943.

beträffar tiden för incidenten har en svensk radiostation uppfattat, att "Altkirch" rapporterat afiktandet av e undervattensbåt kl. 6.12 svensk tid, och chefen på den svensk undervattensbåten "Draken" har meddelat, att beskjutningen ägt rum omkring kl. 6.15 svensk tid, motsvarande kl. 7.15 resp. kl. 7.15 tysk sommartid. Å svensk sida föreligger inte tvivel om att dessa uppgifter rörande tidsbestämningen är riktiga.

2) Beträffande positionen angav chefen på undervatten båten sin egen position vid tidpunkten för beskjutningen ti lat. 57 grader 48,4 minuter N., long. 11 gr. 27,3 min. O, vilke punkt är belägen innanför tremilsgränsen. Chefen bestämd sitt läge såväl omedelbart före som omedelbart efter beskju ningen genom säkra terrestraobservationer. Chefen uppgav att han iakttagit "Altkirch" omkring 800 meter ost om si vid beskjutningen. Med utgångspunkt härifrån meddelades frå svensk sida redan den 19 april under hand till tyske marin attachén i Stockholm en preliminär positionsuppgift beträ fände "Altkirch", nämligen 2,8 sjömil i bäring 315 gr. frå Stora Pölsan. Den av "Altkirch" kl. 6.12 signalerade positione lat. 57 gr. 50 min. N., long. 11 gr. 27 min. O är belägen inemo 1.000 meter innanför tremilsgränsen. Undervattensbåten had order att under de pågående övningarna hålla sig innanfö tremilsgränsen. Att undervattensbåten skulle ha åsidosat denna order måste anses ytterst osannolikt redan av den or saken, att utanför gränsen föreligger minfara. "Draken" be fann sig vid tiden för incidenten otvivelaktigt på svenski om råde. Att detta var förhållandet beträffande "Altkirch" ha icke bestritts.

3) I detta sammanhang vill svenska regeringen bringa til tyska regeringens kännedom, att vid minsvepning, som äg rum i samband med efterforskningen av den svenska under vattensbåten "Ulven" den 22, 23 och 24 april ett antal för ankrade tyska undervattensminor anträffats på svenskt om råde innanför tremilsgränsen. Positionen för dessa minor har angivits på ett sjökort, som med det snaraste kommer at överlämnas. Svenska regeringen ser sig nödsakad framföra bestämd protest mot utläggande av minor inom svenskt ter ritorialvatten.

4) Vad beträffar den från tysk sida upptagna frågan om risken av en förväxling av svenska undervattensbåtar med

Fonte do jornal não identificada.
Os Diários da Guerra 5, 1943.

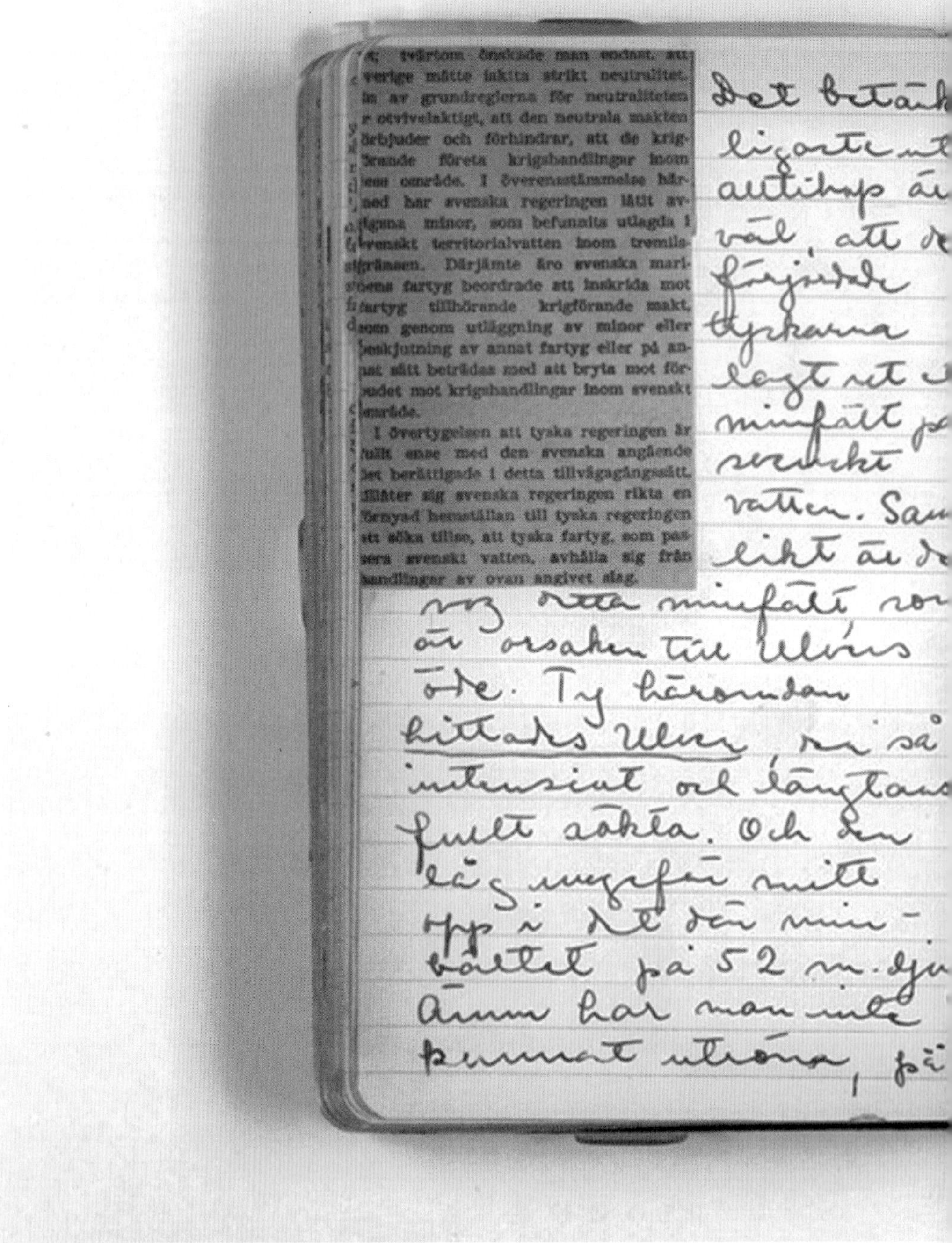
tvärtom önskade man endast, att
verige måtte iakttа strikt neutralitet.
n av grundreglerna för neutraliteten
r otvivelaktigt, att den neutrala makten
örbjuder och förhindrar, att de krig-
örande företa krigshandlingar inom
ess område. I överensstämmelse här-
ned har svenska regeringen låtit av-
igsna minor, som befunnits utlagda i
venskt territorialvatten inom tremilsgränsen. Därjämte äro svenska mari-
ens fartyg beordrade att inskrida mot
artyg tillhörande krigförande makt,
om genom utläggning av minor eller
eskjutning av annat fartyg eller på annat sätt beträdas med att bryta mot för-
udet mot krigshandlingar inom svenskt
område.
I övertygelsen att tyska regeringen är
ullt ense med den svenska angående
et berättigade i detta tillvägagångssätt,
illåter sig svenska regeringen rikta en
örnyad hemställan till tyska regeringen
tt söka tillse, att tyska fartyg, som pas-
era svenskt vatten, avhålla sig från
handlingar av ovan angivet slag.

*Continuação do relato anterior.
Fonte do jornal não identificada.
Os Diários da Guerra 5, 1943.*

Det allierade budskapet till Italiens folk.

"Dö för Hitler eller leva för Italien."

LONDON, 16 juli. Roosevelt och Churchill ha i ett gemensamt budskap uppmanat italienarna att ge upp striden mot de allierade.

Följande meddelande utsändes i dag över radiostationen i Alger: "Detta är ett budskap till det italienska folket från Förenta staternas president och Storbritanniens premierminister. I detta ögonblick hålla Förenta staternas, Storbritanniens och Kanadas kombinerade väpnade styrkor under befäl av general Eisenhower och hans ställföreträdare general Alexander på att föra kriget djupt in i ert lands område.

Detta är en direkt följd av den förödmjukande ledning, som Mussolini och hans fascistiska regim utövat över er. Mussolini förde er in i detta krig såsom vasall åt en skoningslös förstörare av folken och friheten. Mussolini störtade er i ett krig, som han trodde Hitler redan hade vunnit. Trots Italiens stora sårbarhet vid luft- och flottanfall sände edra fascistledare edra söner, fartyg och flygplan till avlägsna slagfält för att hjälpa Tyskland i dess försök att erövra England, Ryssland och världen. Denna anslutning till det av nazisterna kontrollerade Tysklands planer var ovärdigt Italiens forna frihets- och kulturtraditioner, vilka traditioner Amerikas och Storbritanniens folk äro så mycket skyldiga.

"Överallt ha tyskarna svikit."

Edra soldater ha stridit ens intresse utan för de Tyskland. De ha kämpat de ha svikits och övergivit na på den ryska fronten je slagfält i Afrika från till Cap Bon. I dag ha Ty hoppningar på en världs släckts på alla fronter. Italien domineras av För nas och Storbritanniens s mador. Italiens kuster h största anhopning av britt lierade sjöstridskrafter s sammandragits i Medelhave kor som nu stå emot er uppgift att förstöra de Tysklands makt — en obarmhärtigt använts att förstörelse och död över a vägra att erkänna tyskar herrefolk.

Det enda hoppet för Itali leva ligger i en hedersam inför den överväldigande de förenade nationernas m kor. Om ni fortsätta att t cistregimen, som tjänar onda syften måste ni li

av ert val. Vi ha ingen till se av att invadera Italien föra krigets tragiska föröd det italienska folket, men slutna att tillintetgöra de f na och deras läror, vilka lien i dess nuvarande läg Varje ögonblick som ni stånd mot de förenade kombinerade styrkor, varje som ni offrar kan tjäna blo nämligen att ge fascist- o darna litet mera tid att u de oundvikliga följderna a na dåd. Alla edra intress edra traditioner ha svikits zistiska Tyskland och av falska och korrumperade led om dessa tillintetgöras ka upprättat Italien hoppas en respekterad plats i de nationernas familj.

...nden är nu inne för er, Italiens
att tänka på er egen självkänsla,
egna intressen och edra egna
...ingar om ett återupprättande av
...ell värdighet, säkerhet och fred.
...len är inne för er att besluta om
...arna skola dö för Mussolini och
... eller leva för Italien och civili-
...nen.
OSEVELT.   *CHURCHILL.*

D. N. 21.7.-43

Rikskansler Hitlers högkvarter, tisdag. T.T. fr. D.N.B.
Der Führer och Il Duce hade på måndagen ett sammanträffande i en stad i övre Italien. Härvid diskuterades militära frågor.

Hitler begav sig på måndagsförmiddagen i flyg tillsammans med sina närmaste militära medarbetare till den stad i Norditalien där mötet hölls. Den italienske regeringschefen väntade honom där och välkomnade honom på det hjärtligaste. Överläggningarna, som försiggick i en byggnad utanför staden, pågick till eftermiddagen, då Hitler efter ett hjärtligt avsked från Mussolini återvände till sitt högkvarter. Cheferna för de tyska och italienska överkommandona samt andra framträdande militära personer och experter på den gemensamma krigföringens frågor lär ha varit närvarande vid mötet.

Vid mötet dryftades det militära ...ge som uppstått genom de väldiga ...ska truppmassornas förtvivlade an... ...ormning mot den europeiska för... ...arsfronten i öster och genom de ...gelsk-amerikanska truppernas land-

T.V. "A mensagem aliada ao povo da Itália".
Fonte do jornal não identificada.
T. H. "Os líderes do Eixo rejeitam especulação inimiga.
Schmidt fala de 'retaliação vingadora'".
21 de julho de 1943.
Os Diários da Guerra 5.

stigningsförsök i Medelhavsområdet, meddelar Deutsches Nachrichtenbüros diplomatiske redaktör. Då man i tyska politiska kretsar talar om Europas två ödesfronter understryker man därmed inte bara betydelsen av de pågående striderna utan också deras inre samband och därmed även ödesgemenskapen mellan de vid dessa fronter insatta europeiska nationerna.

På grundval av en nykter, saklig, illusionsfri prövning av situationen, varvid utvecklingen i Medelhavsområdet sannolikt stått i förgrunden, torde Hitler och Mussolini i sin egenskap av axelmakternas militära överbefälhavare ha övervägt och fattat beslut om de åtgärder som sakläget påkallar. Att dessa är av militär natur framgår av den kortfattade kommunikén, som förtjänar beaktande, därför att den visar det orimliga i fiendens politiska spekulationer. Det lakoniska meddelandet om mötets militära karaktär kan därför också betraktas som ett nytt och särskilt eftertryckligt svar på det engelsk-amerikanska försöket att politiskt slå mynt av militära aktioner mot italienskt territorium.

Att detta försök är dömt till misslyckande bevisas inte endast av att de italienska folkets hållning efter terroranfallet mot Rom förråder allt annat än mottaglighet för fiendesidans propaganda, utan kommer även att framgå genom verkningarna av de beslut som Hitler och Mussolini i medvetande om sitt ansvar för Europas öde torde ha träffat.

Skitprat
↓

D:r Schmidt: "E skall komma.

BERLIN
T.T. Vid en mottagning f ländska pressen i riksutrik mentet förklarade sändel Schmidt på tisdagen att "d flyganfallet mot Rom icke något nytt i motståndarens utan måste betraktas som e ning av de metoder som r kända genom terroranfallen kulturplatser i Europa". D fortsatte:

"En dag skall emellerti på vilken var och en i Tys i Italien nu väntar, en da är beslutna att nå fram t för den hämnande vederg då det sedan länge saml kommer att urladda sig. I kommer motståndaren fö vädja till världssamvetet humaniteten eller att Washingtons, New Yorks dons kulturella minnesmär de ständigt växande bevise ras egen krigföring skall v motståndarens klagorop."

Slutligen framhöll d:r S uttalanden av detta slag ic traktas som en appell till nionen utan blott som ett den järnhårda beslutsamhet va vedergällning.

21. 7. -43

**sinen fri,
lastade bilar
llar ur staden**

*i Dagens Nyheters Rom-
korrespondent
AGNE HAMRIN.*

ROM, tisdag.

st i dag börjar man få
verblick av omfattnin-
av gårdagens bombar-
ing av Rom och de
id anställda skadorna
intalet dödsoffer.

i officiella kommunikén be-
r närmast den uppfattning
arje ögonvittne fick redan
det angreppet pågick,
gen att det var synnerligen
eskadrar som deltog i
. Den ena vågen av fly-
fästningar och andra ame-
ka bombplan följde på den
under de tre timmar som
ppet varade. Det är sålunda
et vis överraskande att da-
krigskommuniké anslår de
ande bombplanens antal
era hundra. Det torde där-
vara ställt utom allt tvivel
tta luftangrepp i fråga om
ande maskiner kan mäta
ed de tidigare stora raider-
ot en rad andra italienska
r, såsom Neapel, Livorno
Turin.

let intryck man fick av de ma
skadorna vid den första kor
nen med de hemsökta delar
taden bestyrkes till fullo a
ikén. Det uppges nämlige
att skadorna är "betydande
ens antal anges till 176 och c
till 1.659. Man måste dock

med eftertryck understryka kommuni-
kéns ord, som antyder att det endast
rör sig om preliminära beräkningar.
Det slutgiltiga antalet kommer sannolikt att bli betydligt högre.

Vid ett nytt besök i de bomb'skadade stadsdelarna i eftermiddag kunde Dagens Nyheters korrespondent
konstatera att räddningsmanskapet
fortfarande var ivrigt sysselsatt med
att dra döda och sårade ur ruinerna.
Här och var kunde man höra stönan-
den från svårt sårade, vilka låg be-
gravda under hela berg av samman-
störtade husmurar. Huruvida de nuvarande luftskyddsrummen motsvarar
det moderna luftkrigets krav torde vara tvivelaktigt.

Den romerska gatubilden erbjuder i
dag en sorglig anblick. För första gången sedan krigsutbrottet kan man åter
se långa rader av bilar som väntar vid
de åter öppnade bensinpumparna för
att kunna delta i den i ganska stor
omfattning påbörjade evakueringen av
staden. Myndigheterna har nämligen
bestämt att var och en som äger en
bil och är beredd att transportera hu-
vudstadens befolkning från staden
skall få bensin för ändamålet. En oav-
bruten ström av alla slags motorfor-
don rinner sedan i morse ut genom
stadens portar. Varje vagn är över-
fylld av människor, som till varje pris
— även i ordets bokstavliga mening —
önskar lämna Rom för att finna en
säkrare tillflyktsort.

De flesta måste dock stanna.

Ehuru strömmen av flyktingar utan
tvivel är mycket stor, får man dock
inte föreställa sig förhållandena så
som att Rom snart skulle vara en öde
stad. Rom är dock en miljonstad, och
större delen av befolkningen kan av
många närliggande orsaker under inga
omständigheter lämna staden, även
om de skulle vilja det. Vid närmare
eftertanke måste väl också det fak-

T.V. Continuação do relato anterior.
"Os líderes do Eixo rejeitam especulação inimiga ...".
T. H. "Os carros sem gasolina, completamente carregados, saem da cidade", por Agne Hamrin.
21 de julho de 1943.
Os Diários da Guerra 5.

Norsk hat- och hevnpropaganda.

" Kamerater, personlig har jeg set så meg
fasismens grusomhet og oplevet det samme
det går an. Det er umulig i en kort artik
å fortele det en har oplevet og set av te
og vold. Jeg kan bare nevne et par eksemp
på barbarisk behandling av motstandere. J
har set stoute sterke skogsarbeider bukke
unner og olive doter, ja verre en som såd
efter å ha været unner gestapos tredjegra
forhör. Jeg har set intelligente mennesker
leger, forfatere, diktere, politikere bli
behandlet av personer stående på et så la
utviklingstrin ja mange ganger lavere end
de man kan treffe på sinnsykasylene. Jeg
har set en man som Einar Gerhardsen, en
av Norges fremste arbejderpartipolitiker,
som efter at ha været i forhör hos Gestapo
hade fået hele ryggen fra nakken og ned
til fotsålene slått blå og gult foruten a
han blev slåt slik at han hade indvendige
blödninger. Jeg så en anden av Norges
kjempere blive slåt nat efter nat slik
at han halvt död blev kastet inn i cella.
På samme måten behandlet de våre fremste
menn på alle områder. Jeg har set folk
blive vanvittige av torturen. En anden
såskit fange ble dyppet i kokende soda-
blösning. Hodet hans så ut som en röd-
glödende ovn efter behandlingen.
Jeg har set og hört hvordan umenneskene
skiltes moder fra barna og jeg har set
hvordan de såkaldte uskyldige tyske
soldater i krigen i Norge slo ihjel barna
like for öjnene på foreldrene. Jeg har set

T.V. Cópia de uma carta do tempo de Astrid Lindgren na censura das cartas pela Pka.
T. H. "Grandes perdas dos dois lados, na Batalha de Orel".
15 de agosto de 1943.
Os Diários da Guerra 6.

KÖPENHAMN, söndag. (TT). Overbefälhavaren för de tyska trupperna i Danmark utsände kl. 4.10 på söndagsmorgonen genom Ritzaus Bureau en kungörelse om militärt undantagstillstånd i Danmark.

Kungörelsen, som senare lästes i Pressens Radiovis, har följande ordalydelse:

"*De senaste händelserna ha visat att den danska regeringen icke mera är i stånd att upprätthålla lugn och ordning i Danmark. De av fientliga agenter framkallade oroligheterna rikta sig direkt mot den tyska krigsmakten. Jag proklamerar därför i enlighet med artiklarna 12—56 i Haags lantkrigsordning militärt undantagstillstånd i hela Danmark.*

Med omedelbar verkan förordnar jag följande:

1) Ämbetsmän och funktionärer vid de offentliga myndigheterna och trafikväsendet skola lojalt fortsätta att utöva sina ämbetsplikter. De skola efterkomma de anvisningar som lämnas av de insatta tyska myndigheterna.

2) Folkanhopningar och folksamlingar på mer än fem personer på gator och offentliga platser äro förbjudna liksom alla församlingar, också de icke-offentliga, äro förbjudna.

3) Stängningstiden fastställes till mörkrets inbrott, från och med vilken tidpunkt all trafik på gatan är förbjuden.

4) Allt bruk av post, telefon och telegraf är tills vidare förbjuden.

5) Varje strejk förbjudes. Uppmaningar till strejker till skada för den tyska krigsmakten främja fienden och straffas i regel med döden.

Överträdelse av ovanstående bestämmelser avdömes av den tyska ståndrätten. Mot våldshandlingar och folkanhopningar o. s. v. kommer hänsynslöst bruk av vapen att göras. Varje medborgare som rättar sig efter dessa på folkrvolande anvisningar skydd till person och egendom med lagarna."

För att undgå misförklarades i Radioavisen vederbörligt håll meddelmala gudstjänsterna ej na, vilket däremot är sportevenemang.

30 aug. 1943.

[...] u tror jag, de är ut vilda Danmark. Ser bra.

[...] omförandet av undantagstillståndet i [...]ark möttes på flera ställen av öppet mot[stånd]. Ammunitionsförråd och verkstäder på varvet i Köpenhamn sprängdes i luften [av dan]ska marinsoldater då tyska trupper för[sökte] besätta arsenalen och bemäktiga sig de [dansk]a fartygen. Ett 20-tal krigsfartyg sänk[tes av] de egna besättningarna, och de övriga [gick] till Sverige. Nio danska örlogsfartyg [har] på söndagskvällen anlänt till Landskro[na oc]h Malmö.

[...]a strider uppstod
[...]å tyskarna skulle
[...] danska livgardets
[...]r vid Rosenborg.
[...]ning förekom vi-
[...]å Amalienborgs
[...]ts.
[...]ntagstillståndet,
[...]ger hela Danmark

[...]igsrätt, proklame-
[...]dan danska rege-
[...]vvisat det ultima-
[...] d:r Best medfört
[...] konferens med
[...]r i Berlin. D:r Best
[...] vid sammanträf-
[...]med danske stats-
[...]n Scavenius ha

förklarat: "Jag är en död man i Berlin. Min politik i Danmark har misslyckats".

Säkra uppgifter om kung Christian föreligger ännu icke. Det meddelas att hela danska regeringen, sedan man vägrat uppfylla de tyska kraven, stannade kvar hos konungen på Sorgenfri slott, som nu uppges stå under tysk militärbevakning.

T.V. "Uso inconsciente de armas".
DN, 30 de agosto. Em 1943.
T. H. "Nove navios de guerra dinamarqueses fogem para a Suécia,
os outros foram afundados.
O porto naval de Copenhague foi explodido.
"Sou um homem morto", declarou Dr. Best após uma visita a Berlim".
30 de agosto de 1943.
Os Diários da Guerra 6.

Ciano flydde med familjen undan vakten.

U.P. LONDON, söndag.

Enligt vad nyhetsbyrån Transocean meddelar skall en uppgift ha varit synlig i Corriere della Sera om att greve Ciano med familj tidigt på lördagsmorgonen lyckades fly från det hus där de hölls under bevakning av 8 polismän.

Ciano skall ha varit synlig i ett fönster i sin våning på lördagsmorgonen, och vid 9-tiden på morgonen företog grevinnan med barnen en kort promenad, från vilken hon är som uppslukad av jorden. Senare har det framkommit att tjänstefolket fått sina löner utbetalda tidigt på lördagsmorgonen, och av alla tecken att döma har flykten varit förberedd sedan någon tid tillbaka.

Deutsches Nachrichtenbüro meddelar:
Den 25 augusti observerade tyska sjöstridskrafter flera fartyg i det varningsområde i Skagerak som är förbjud fiske. Fartygen uppmärksamgjordes genom varningssk att de befann sig inom varningsområdet, varpå de avlä sig. På kvällen påträffades fartygen ånyo på samma pla inne i det tyska varningsområdet. De tyska stridskraftern staterade dessutom att av de föregående natt utlagda s bojarna blott en fortfarande lyste och att de övriga dels des, dels gjorts obrukbara genom bortskruvande av str tarna och avlägsnande av topptecknen.

T.V. topo. "Ciano fugiu com a família à frente da guarda".
Fonte de jornal não identificada.
T.V. abaixo. "Curta resposta de Berlim ao protesto de pescadores".
30 de agosto de 1943.
Os Diários da Guerra 6.

P. S.

Svenska pressen är "illvillig".

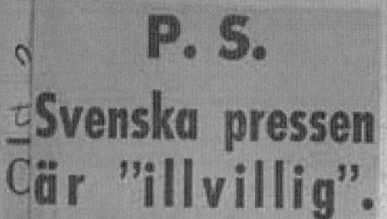

Fräna ord i Berlin om svenska tidningar.

BERLIN, söndag.

T. T. från D. N. B. Deutsche Diplomatische Korrespondenz konstaterar att den svenska pressens ton då den sysselsätter sig med tyska förhållanden knappast längre kan kallas neutral. En objektiv hållning hos den svenska pressen vore så mycket mer lämplig, skriver korrespondenten, som Tyskland, Sveriges granne i söder, till följd av krigshändelserna även blivit Sveriges granne i väster och norr.

Som exempel på denna översittarton, framhåller korrespondenten de svenska presskommentarerna om händelserna i Norge eller Danmark, om ett tyskt kurirflygplans nödlandning i Sverige, om en svensk u-båts undergång på svenskt territorialvatten, om ett tyskt handelsfartygs berättigade nödvärn utanför dessa farvatten samt om uppsägningen av det tysk-svenska transiteringsavtalet. Dessa presskommentarer är mycket dåligt förenliga med den svenska neutraliteten.

Lika illvilliga är de svenska nyheterna när det gäller själva krigshändelserna. Medan hela världen harmas över den engelsk-amerikanska luftterrorn mot den tyska civilbefolkningen, finner den svenska pressen på ursäkter härför. Med anledning av termezzo mellan tyska krigsvenska fiskebåtar i Skagerrak svenska pressens hållning till en nästan otänkbart Ehuru den rättsliga ställning synpunkter obestridligt talar land — de svenska fiskebåhållande i det tyska varnin kan endast betraktas som handling och besvaras d hänger sig den svenska pres liggningar som icke blott i l fall överträffar allt som f tidigare, utan som dessutor beröva den tyska krigsma heder.

Det är därför på tiden at skarp varning. Den politis ningen hos en stor del av ka pressen skiljer sig i da sätt från uppfattningen hos folkets fiender. Mera skada rande och förljuget skrivs d i den brittiska och amerikan sen mot Tyskland. Men meda för krig mot Tyskland har r en press, då deras reporta rollen av ett politiskt vapen, na rätt inte tillerkännas de pressen, så länge det tysk-sv hållandet karaktärserna som

"P. S. A imprensa sueca é 'maldosa'".
30 de agosto de 1943.
Os Diários da Guerra 6.

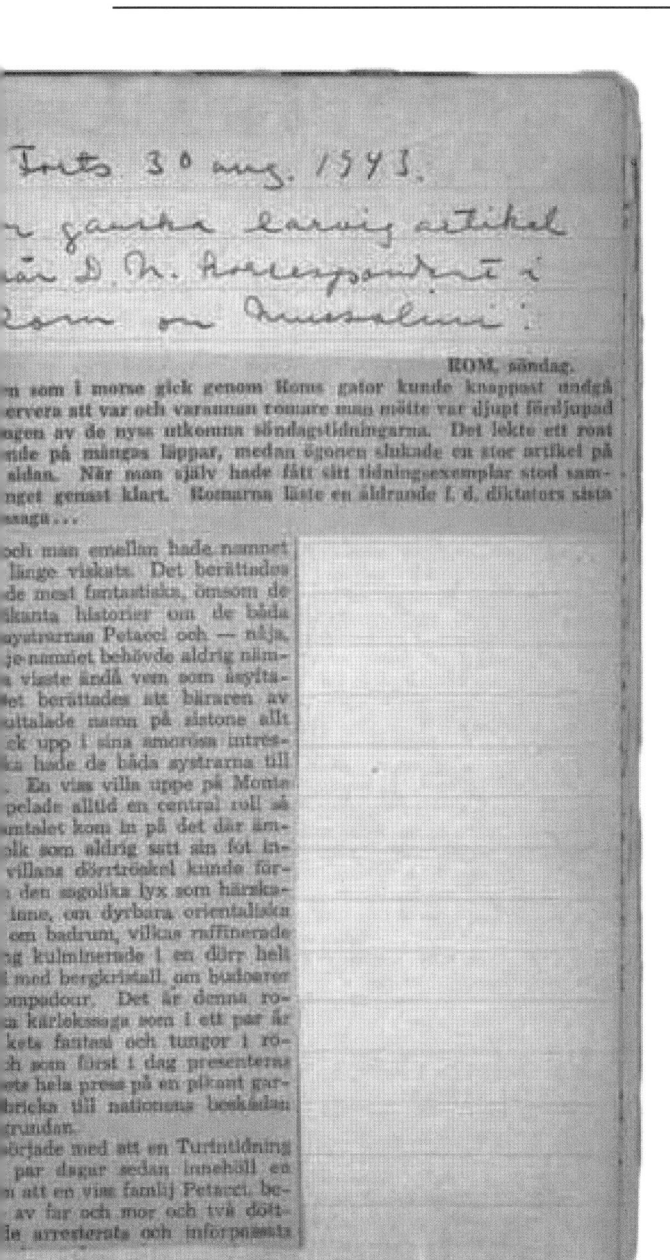

"Flerte em balneário do ditador transformado em drama de triângulo amoroso ", por Agne Hamrin.
30 de agosto de 1943.
Os Diários da Guerra 7.

...ll fängelset i det närbelägna Novara. D:r Francesco Petacci, född i Konstantinopel och utövande läkarpraktik [v]id en av Roms huvudgator, har två [d]öttrar, som allmänt beskrivs som synnerligen välväxta och vackra, den [3]0-åriga Clara, gemenligen Claretta kallad, och hennes tio år yngre syster Maria, som plötslig dök upp i filmens värld under pseudonymen Miria Di San Servolo, där hon basunerades ut som stjärna i en för övrigt tämligen [o]känd film med det poetiska namnet "Kärlekens vägar".

Mötet på badstranden i Ostia.

Det begav sig en dag för några få år sedan att en man, som i detta sammanhang figurera som "en synnerligen [hö]gt uppsatt person", i sin magnifika, långcylindriga bil for ut till Ostia för att bada. Stranden där ute var full av badande romare, som vördnadsfullt [v]ek åt sidan när den högt uppsatte personen trädde ut ur badhytten och majestätiskt klev ner i det ljumma [v]attnet. "Gästen", berättar den allvarligt sinnade Messaggero, "som i en raffinerad baddräkt demonstrerade sitt [b]ronsbruna bröst, kastade härskarblickar omkring sig."

Till sin häpnad och förfäran får nu mängden plötsligt se en ung dam skynda fram till den högt uppsatte personen. Några herrar av den typ som helst bör vara anonym, men är lättare igenkänd än folk av något annat yrke, rusade skräckslagna fram för att hejda den sköna i hennes vilda förehavande. Men mannen med härskarblicken vinkade avvärjande mot dem och uppmuntrande till den unga damen, vars baddräkt enligt den citerade tidningen framhävde hennes "förvisso mycket behagliga former".

Claretta inledde nu ett samtal med [d]en högt uppsatte personen, ett sam[ta]l som skulle komma att få vittgåen[d]e följder. Respektfullt, som det hö[v]es en undersåte, försäkrade Claretta [d]en högt uppsatte personen att hon

alltid hyst den allra största be[undran] för honom, att hon i ett otal b[rev till] honom låtit honom förstå det, [men] värr aldrig fått något svar och [att han] rent av uppvaktat honom med [ett ann]at poem. Den högt uppsat[te per]sonen rynkade pannan eftersi[nnande]

nå, det var så många som skre[v] brev och poem till honom, han [kunde] inte minnas — men en blick p[å den] unga nymfen framför honom ö[vertyg]ade honom om att hennes [brev] måste äga en söt amorös doft.

En kvinnlig nödlögn en kvinnas list.

Claretta glömdes inte av den [högt] uppsatte personen. Hans intres[se för] henne stegrades ytterligare när [han i] hennes mun fick veta att hon ä[lskade] blommor och hade en stark kon[stnär]lig böjelse. Markens alla ljuva [blom]ster i den högt uppsatte per[sonens] praktfulla trädgård stod till henne[s för]fogande, försäkrade han. När ha[n fick] veta att Claretta även spelade fi[ol blev] han klart för sig att det fanns [ytter]ligare en beröringspunkt mellan [dem].

Men till råga på allt målade [Cla]retta också tavlor. Den högt [upp]satte personen blev eld och l[åga]. Det skulle genast arrangeras e[n ut]ställning av hennes verk, e[n av] Roms förnämsta konstsalonger [re]kvirerades för ändamålet. Me[n det] där med måleriet var bara en [liten] nödlögn från Clarettas sida. Ho[n ha]de aldrig tagit i en pensel. [Kvin]nans list är dock berömd även [i Ita]lien. Claretta fann på råd. [Hon] hyrde en fattig målarkludd, so[m på] tio dagar totade ihop 40 tavlo[r av] henne, porträtt och landskap [och] stilleben, och så var den verniss[agen] räddad. Den högt uppsatte p[erso]nen köpte hela samlingen, rubb [och] stubb.

Ett sällsamt triangel-
drama.

...ssagans följande kapitel är
:n snart berättade. "Kärleken
.e upp med en vådelds hastig-
:n icke mera unge beskydda-
rent ut sagt vimmelkantig av
-rsäkrar det allvarliga romer-
gonbladet. Men Claretta hade
n yngre syster, den 20-åriga
även hon en glödande konst-
Av dialogen blir sålunda om-
tt idylliskt triangeldrama av
särskilt slag.
gge systrarnas lycka var gjord.
iftes bort med en ung dandy,
a. fick barontitel som belöning
etta hade varit gift, men var
:ild. Även pappa Petaccis lyc-
gjord. Ingen människa hade
hört talas om att han skulle
.gon särskilt framstående me-
n. Men plötsligt dyker hans
pp under långa och lärda me-
. artiklar i Messaggero och
dningar och tidskrifter.
.nsamt för pappa Petacci och
.da vackra flickor tycks emel-
.a varit ett starkt utvecklat af-
e. Den gamla myten om det
.ka guldregnet som flödade över
plev verklighet, om än i modern
n. Den okände konstantinopo-
läkarens bankkonto svällde
.at, och nådens sol fortfor att
ver Claretta och Maria.

Budoaren blev aldrig
konselj.

.ydde morgonen till den 26 juli
Folk som den morgonen flane-
.enom Via Nazionale blev då
till hurusom en hop unga ro-
.ra av frihetens rus trängde in
.s, hurusom en rad fönster slogs
.h en syndaflod av vita läkar-
instrument och medicinflaskor
.ner. Det var slutet på d:r Pe-
praktik.

Det finns en eller två observationer
av ett visst intresse att göra i detta
sammanhang. För det första kan man
konstatera att varken systrarna Petacci eller någon av deras föregångare
i ämbetet spelat någon som helst politisk roll. De fascistiska mätresser-
nas uppgift har varit begränsad.

Men så finns det en synpunkt till,
och den är säkert inte mindre intres-
sant eller betydelsefull. Så pass sen-
sationellt utstyrda artiklar som dessa
om familjen Petacci kan absolut inte
publiceras utan höga vederbörandes
samtycke.

Vår egen förklaring är denna: det
har måhända förelegat en viss risk
för att det skulle kunna uppstå en
Mussolinilegend, vilken i ett givet
ögonblick kunde tänkas bli farlig på
ett liknande sätt som Napoleon-
legenden. Det finns fortfarande några hundra tusen övertygade fascister
i Italien, och de är kanske inte alla
villiga att så där utan vidare ge
slaget förlorat. Tungan kan vara ett
farligt vapen. Efter publiceringen
av historien om systrarna Petacci
bör det bli rätt svårt att propagera
en legend om den högt uppsatte person som nyss försvann från det offentliga livets skådebana. Löjet
dödar.

Continuação do relato anterior.
Os Diários da Guerra 7, 1943.

Samtliga danska officerare har arrestera[ts av] tyskarna. Åtgärden drabbar mellan 800 och [...] man, som kommer att interneras på Frede[riks]bergs slott och Hotell d'Angleterre i Köpenh[amn]. Masshäktningar har även företagits bland p[oli]tiker och intellektuella. Hela ledningen för [kon]servative parti med Ole Björn Kraft i spetse[n har] häktats, likaså universitetsmän, bl. a. filosof[i]fessorn Jörgen Jörgensen, författare som [mate]matikern Kjeld Abell och ett antal pressmän. [Utrikesmini]geringen Scavenius, som officiellt avgått, [har] satts under bevakning. Mosaiska församlin[gens] ledare, C. B. Henriques, befinner sig bland [de] häktade. Det väpnade motståndet fortsätte[r. I] Næstved på Själland rasade strider ännu [på] måndagsförmiddagen under parollen "strid [till] sista patronen".

Generalstrejken har från Jylland spritt sig till Svendborg på Fyn. I Svendborg har det kommit till hårda strider, varvid befälet över danskarna förts av prins Gorm, en son till prins Harald. I Viborg har den tyske prinsen Christian von Schaumburg-Lippe, ingift i danska kungafamiljen, lett den militära operationen.

Kung Christian och hela danska kungafamiljen uppges befinna sig i fångenskap på Amalienborgs slott.

All civil resetrafik i [Dan]mark har förbjudits, post och telegraf har [inte] öppnats. På måndage[n utkom] Danmark utan tidningar [...] det är osäkert om de [kom]mer ut på tisdagen. T[...] vars direktör var Kjeld [Abell] har stängts.

En tysk pansardivisio[n har] anlänt från Norge för a[tt] sättas på Själland.

*Fonte do Jornal não
identificada.
Os Diários da Guerra 7, 1943.*

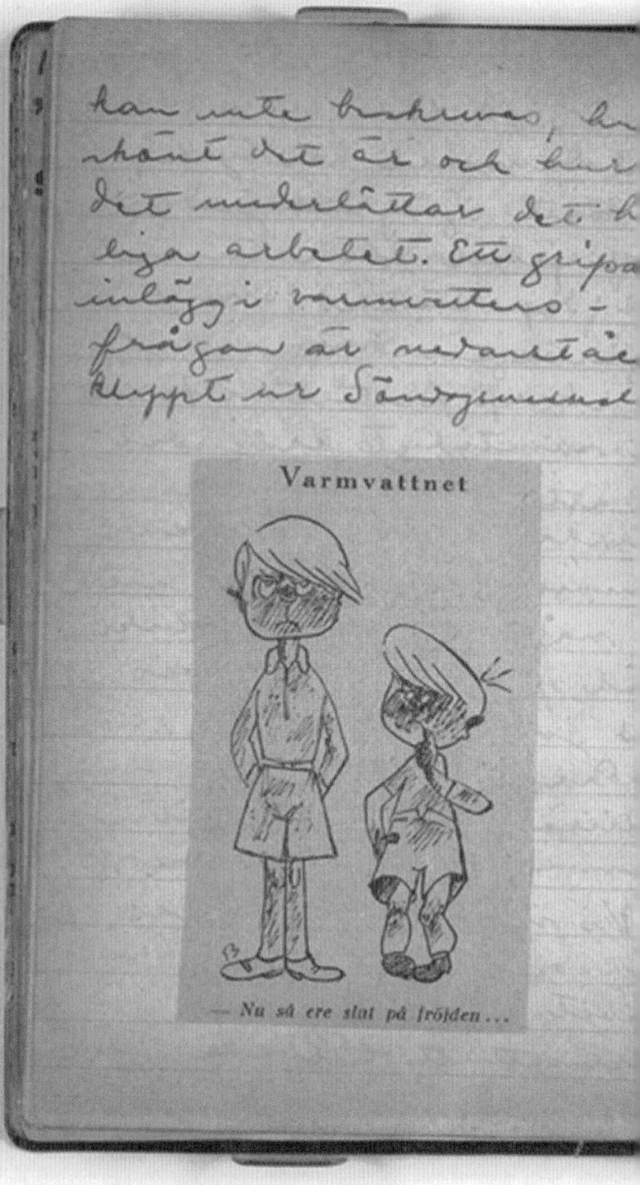
Varmvattnet
— Nu så ere slut på fröjden ...

T.v. Söndagsnisse-Strix.
3 de outubro de 1943.
Fonte do jornal não identificada.
Os Diários da Guerra 7.

"Svin i smoking"
tysk replik
på hänvändelsen.
Nazistiska huvudorganet
öser ur sig sitt dåliga
humör.

BERLIN, fredag.

A.B. 8/10.-45

9/10.

"Jag tror på Gu
och Mussol

Från Dagens Nyheters speci-
korrespondent.

U.P. DEN ITALIENSK-SCHW
GRÄNSEN
Mussolini förestavade på f
för sin nya ministär en ed,
han i likhet med Hitler n
den Högstes beskydd. D
eden lyder ordagrant: "Jag
Gud, jordens och himlens
på hans rättfärdighet och
och jag tror på det förråd
ens återupprättelse. Jag
Mussolini och på vår sege
vapen, italienare, mot inkrä

Aldo

T.V. "Porco na Fumaça", resposta alemã ao incidente.
O corpo principal nazista expressa seu mau humor".
Aftonbladet, 8 de outubro de 1943.
T.V. "Eu creio em Deus e Mussolini".
9 de outubro de 1943.
T. H. "A perseguição judaica na Dinamarca", por Karl Olivecrona.
Aftonbladet, outubro de 1943.
Os Diários da Guerra 7.

n ung engelska, gift med en svensk sjöman, återfann sin bror o
tala med honom några minuter.
Detta foto från krigsfånge
utväxlingen tar jag med
bara på grund av soldaten
ansikte. Jag tycker, det ut
trycker all soldatlängtan i
världen.

"Gotemburgo e 'todo o país' ajusta-se à guerra".
Aftonbladet, 20 de outubro de 1943.
Os Diários da Guerra 7.

Scharnhorsts besegrare

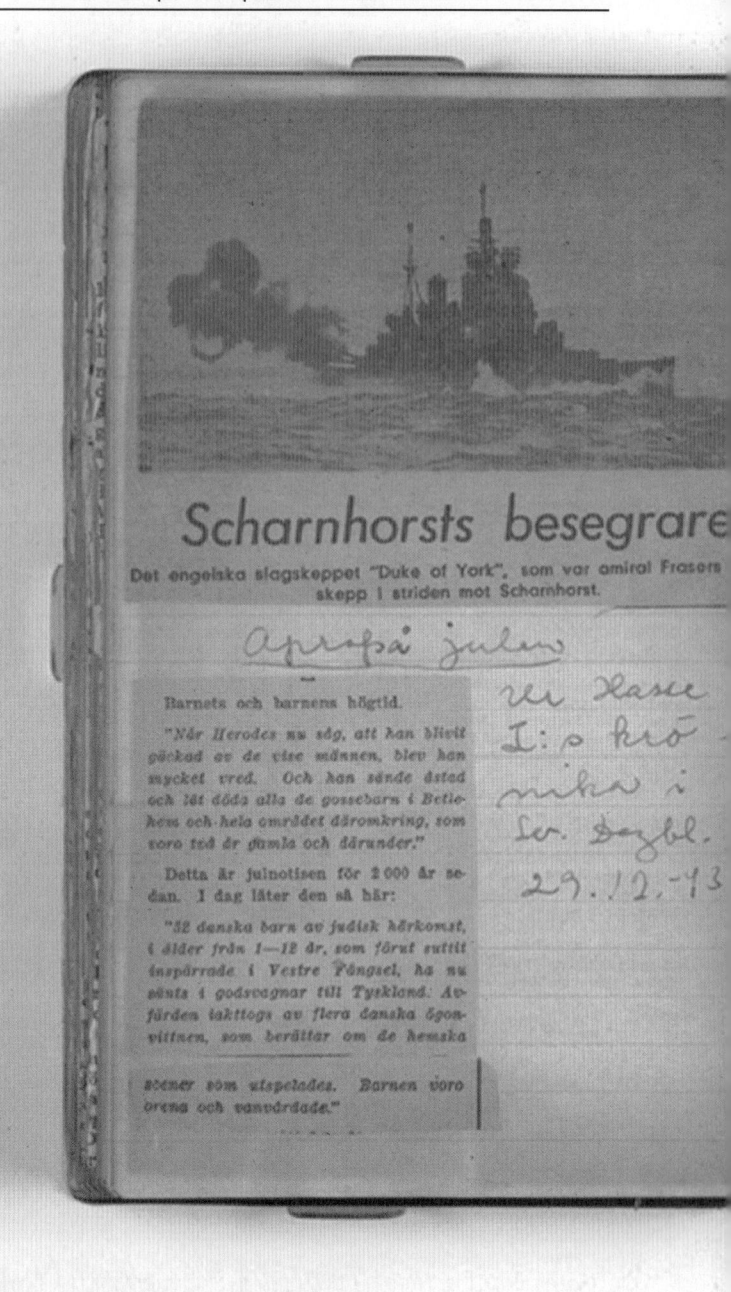

Det engelska slagskeppet "Duke of York", som var amiral Frasers skepp i striden mot Scharnhorst.

apropå julen

Barnets och barnens högtid.

"När Herodes nu såg, att han blivit gäckad av de vise männen, blev han mycket vred. Och han sände åstad och lät döda alla de gossebarn i Betlehem och hela området däromkring, som voro två år gamla och därunder."

Detta är julnotisen för 2 000 år sedan. I dag låter den så här:

"52 danska barn av judisk härkomst, i ålder från 1—12 år, som förut suttit inspärrade i Vestre Fängsel, ha nu sänts i godsvagnar till Tyskland. Avfärden iakttogs av flera danska ögonvittnen, som berättar om de hemska scener som utspelades. Barnen voro orena och vanvårdade."

ur Hasse I:s krönika i Sv. Dagbl. 29.12.-43

T.V. topo " O vencedor do Scharnhorst".
29 de dezembro de 1943.
Fonte de jornal não identificada.
T.V. inferior "na margem. Por que celebramos o Natal? ", Por Hasse Z..
SvD, 29 de dezembro de 1943.
T. H. "Significado da perseguição judaica", por Hugo Valentin.
28 de dezembro de 1943.
Os Diários da Guerra 7.

cirka 5 miljonerna judar i Ryssland inklusive deras stamfränder i Baltikum, Östpolen, Bukovina och Bessarabien, föll en stor del i nazisternas händer under de närmaste månaderna efter tysk-ryska krigsutbrottet 1941. Av dem som undkommo vistas cirka en miljon i Turkestan.

Så långt Brodetsky. Pihls siffra, hittills 4.335.000 "likviderade" judar i Europa, strider ej mot hans uppgifter. Ty dels räknar Pihl som "likviderade" även de deporterade och i ghetton instängda, som ännu ej avlivats, dels avse hans beräkningar en senare tidpunkt: oktober 1943.

Nazisternas avlivning av judarna, vilken så att säga försiggår på löpande band, har enligt Brodetsky nått genomsnittssiffran 100.000 pr månad, vilket i och för sig förefaller troligt.

Den åskådning som ligger bakom det mot judarna proklamerade utrotningskriget är den att dessa utgöra en hemlig, fantastiskt mäktig international, som med infernaliska medel arbetar på att "förinta" de ariska folken genom att hetsa dem mot varandra för att sedan upprätta ett judiskt världsherravälde. Ett led i denna judiska världskonspiration är det mot Tyskland riktade förbundet mellan det bolsjevikiska Ryssland och de "plutokratiska" anglosachsiska staterna. Såväl denna allians som det nu pågående kriget är judarnas verk. (Någon namngiven jude utpekas dock i regel icke, men i den för den bredare publiken avsedda propagandan framställes bland Roosevelt som jude.) De mot Tyskland fientliga folken äro av judarna förda bakom ljuset och tjäna, då de bekriga nazismen, icke sin egen sak, utan den judiska internationalens. De ha av denna "förbannade ras" drivits ut på slagfälten för att offras för att den internationella judendomen skall kunna sina affärer och leva ut sitt "maltestamentliga hat" (Hitlers årsbudskap 1943). I lidelsefull dalag har Hitler, särskilt und senaste åren, gång på gång fö nat att detta krig icke skall som judarna enligt honom ho d. v. s. med de "ariska" folker rotande, utan med judarnas, å stone de europeiskas, förintan sitt tal i Berlins sportpalats 30 ari 1942 betonade han att tredje möjlighet icke funnes.

Denna politiska förkunnelse pletteras av en metafysisk, vilken "juden" är en inkarnati det radikala onda. I den nazi religionen intar han samma som djävulen i den kristna. för får han i bokstavlig mening den för allt, särskilt för allt är ägnat att väcka den s. k. vreden. De grymheter som til vas bolsjevikerna, t. ex. i Balt betecknas i regel som judiska naturligtvis äro engelsmännens rorraider" judiska. Den likri pressen och en skickligt organi viskningspropaganda ha under na år övertygat miljoner männ därom liksom om judarnas " inflytande" på sina "värd moral — en lärorik illustratio H. C. Andersens "Det är r sant".

Utanför de nazistiska kret torde man emellertid ingens längre sätta tro till denna anti-j ka mytbildning, och detsamma de numera gälla också stora del nazisterna, särskilt dessas övre De äro säkert medvetna om att dödade judiska miljonerna ick enda individ drömt om att u "arierna" eller att upprätta et diskt världsherravälde. Icke l torde de tro att judarna äro

*Continuação do relato anterior.
"Significado da perseguição judaica".
Os Diários da Guerra 7, 1943.*

1944

Astrid, Karin e Lars, 1943.

7 DE JANEIRO DE **1944**

Parece que não tive tempo para escrever alguma coisa desde o Ano-Novo, tampouco recortei qualquer publicação de 1943 que estava nos jornais. Mas aposto que este será o ano da paz que acabou de aparecer. É preciso que haja paz em 1944 e um fim dessa anarquia.

Anteontem eles anunciaram no "Sveriges Radio", como deve ser conhecido a partir do começo deste ano, que Kaj Munk, o religioso e poeta, foi levado de sua residência, em Vederso, alvejado com um tiro de pistola na cabeça e atirado em uma valeta de estrada. É muito triste e suficientemente inquietante a ponto de fazer-nos chorar. O número de atos de violência na Dinamarca está crescendo a cada dia; parece pior ali do que em qualquer outro lugar.

Recebemos notícias outro dia, dizendo que os russos chegaram à fronteira polonesa, que não esteve em suas mãos desde a primeira semana da guerra Rússia-Alemanha. Todos os comunicados reportam o recuo alemão para posições preparadas e um recuo planejado – mas daqui para a frente somente serão recuos.

Neste momento, as crianças e eu estamos em Näs. Não está tão maravilhoso quanto no ano passado, quando os bosques pareciam a floresta dos contos de fadas, com bastante neve em todas as árvores e arbustos. Neste ano não há absolutamente nenhuma neve. Mas não tem importância, pois tudo está bonito, especialmente na 12ª noite, quando passei umas duas horas patinando sobre o congelado Stångån [rio], com Karin, Gunvor, Barbro e Karin Karlsson.

Não passei muito tempo com Lars, mas ele teve a companhia de Göran e, de qualquer forma, não temos nos entendido bem ultimamente; Lasse também está muito sensível. Mas as coisas devem melhorar, assim espero.

A escritora finlandesa Hella Wuolijoki foi condenada à prisão perpétua por espionar para os russos.

14 DE JANEIRO

Eu ia colar algumas coisas sobre o assassinato de Kaj Munk, que ainda choca e perturba as pessoas, mas não me lembro de onde coloquei os recortes. Então, o melhor a fazer, enquanto ainda me lembro, é tentar reconstruir a versão do jornal sobre os eventos.

Kaj Munk, que vivia e trabalhava em uma insignificante e pequena paróquia chamada Vederso, mas cujas palavras iam além das fronteiras de sua paróquia e de seu país, tinha ido para uma pequena cabana de caça com sua esposa e filhos naquele dia infeliz. Quando chegaram à casa e estavam fazendo uma refeição, dois, ou talvez três, homens uniformizados apareceram, alegando ter um mandado de detenção para Munk. Ele pegou uma maleta, entrou no carro deles e foi levado. Mais tarde, ele foi encontrado deitado em uma valeta com um ferimento de bala na fronte. Os jornais de hoje dizem que as investigações revelaram que os homens que o executaram eram membros do partido de Frits Clausen.

Na Itália, os velhos fascistas que forçaram a demissão de Mussolini, em julho, estiveram em julgamento, e os vereditos acabaram de sair. A maioria foi condenada à morte, entre eles o velho Ciano, cuja execução já foi realizada. Ciano quis ser fuzilado de frente e sem venda nos olhos. De acordo com os jornais de ontem, Edda Ciano, a filha de Mussolini, forneceu informações sobre seu marido. Deus, parece estarmos na Roma antiga, é o que eu penso.

23 DE JANEIRO

Desde meu último registro, houve muito falatório entre a Rússia e a Polônia sobre suas futuras fronteiras; conforme era esperado, os russos não estavam dispostos a aceitar as exigências dos poloneses.

Enquanto isso, na Rússia, agora se luta por Leningrado; parece que, ali, os alemães estão cercados. Na Itália, a luta por Roma é esperada a qualquer momento.

Tenho certeza de que outras coisas aconteceram, mas, neste momento, não consigo me lembrar.

Ah, sim. Os Aliados estão chegando perto de Roma.

E a Argentina separou-se do Eixo. A mesma Argentina, que foi uma duradoura e leal fortaleza do Eixo, mas isso agora acabou. Uma carta aos "agentes" do Eixo na Argentina foi interceptada, mas os alemães alegam que a carta foi forjada.

6 DE FEVEREIRO

Nordahl Grieg, que lutava com os noruegueses livres, baseado na Inglaterra, foi assassinado.

Dez divisões de alemães estão cercadas perto do Rio Dnieper e estão em risco de ser aniquiladas. Suas únicas comunicações com seu próprio lado são feitas pelo ar. Seus comandantes foram ver Hitler, para que ele autorizasse a rendição, mas Hitler disse que não.

Os russos agora chegaram quase na fronteira com a Estônia, cuja população está fugindo em massa para a Finlândia e a Suécia. Muitos chegaram cruzando Gotland em pequenos barcos. Qualquer coisa é melhor do que cair nas mãos dos russos.

Até agora, temos cerca de 40 mil refugiados na Suécia. Não tenho certeza de ter escrito sobre o "treinamento da polícia" nos campos, para os noruegueses. É assim que o chamam, mas é mais um treino com armas de fogo e serviço militar.

Pelas cartas dos refugiados noruegueses, acho que eles estão vestindo uniformes do exército inglês. Também foi reportado que eles estiveram sendo treinados por oficiais ingleses. Uma das cartas que eu li era de Georg von Wendt, e dizia que os noruegueses estavam sendo deportados [da Noruega] em resposta direta ao treinamento que está sendo dado aos nossos refugiados noruegueses. A deportação continua e a Suécia não faz nada e, presumidamente, também não pode fazer nada a respeito. Mas fizemos protestos de voz a respeito, por antecipação. Os refugiados que estão aqui não gostam muito de nós, mas talvez isso seja natural. É triste ser um refugiado e é fácil voltar essa frustração contra quem o hospeda. Os noruegueses parecem particularmente ressentidos conosco. Acho que vou colar um recorte de Aksel Sandemose do jornal *Vecko-Journalen*.

"O povo da França está morrendo de fome e está congelando", Célie Brunius escreveu no *Svenska Dagbladet* hoje. Tudo é encaminhado para a Alemanha, sendo que o mesmo ocorre em todos os países ocupados. Não há nada para comprar, como roupas, sapatos, alimentos, nada. Na França livre, a situação é ainda pior.

8 DE FEVEREIRO

Anteontem, quando anotei meu último registro, o noticiário da noite informou que 200 aviões russos haviam bombardeado Helsinki, infligindo grandes danos. Acredita-se que este seja o início de uma campanha por parte dos russos para forçar os finlandeses à paz. Agora, há um alarme muito óbvio sobre os russos, nas cartas e em outros lugares.

Ontem, Elsa Gullander nos disse que a Associação de Ajuda Finlandesa a chamou para perguntar se ela podia pegar Taina de volta. "Seria melhor para você desse jeito, do que uma imposição compulsória", eles disseram e, além disso, informaram que a Suécia está pronta para receber 800 mil refugiados finlandeses, se as coisas se tornarem catastróficas na Finlândia.

Toda a Carélia está sendo evacuada novamente; que desgraça indescritível para os carelianos, que voltaram para a sua terra com tão grandes esperanças, quando os russos foram forçados a sair do país. É horrível contemplar o destino da Finlândia, bem como os pobres estados bálticos.

Os submarinos russos aventuraram-se novamente no Mar Báltico, de maneira que nossos navios mercantes estão novamente navegando em comboios. Todas as crianças e as pessoas de idade estão sendo evacuadas de Helsinki. Estou muito preocupada com o futuro – até mesmo aqui, na Suécia, também teremos desafios pesados a enfrentar, pois não podemos esperar que tudo, aqui, acontecerá na santa paz.

A paz, quando virer, poderá ser motivo de alegria, mas poderá também ser o contrário. Até lá, muitos desses pequenos países terão de desistir de sua liberdade para viver em eterna escravidão.

17 DE FEVEREIRO

As notícias informam que Helsinki está sob pesado bombardeio russo. E o primeiro-ministro Paasikivi está atualmente em Estocolmo, arrastado da santidade da vida privada, a fim de discutir a paz com os russos. É o que o mundo todo pensa, embora ele insista que desempenha esse papel de primeiro-ministro em base privada. Mas a ideia de uma paz Finlândia-Rússia está no ar; poderia até ser o dia 12 de março novamente [como em 1940], quem sabe!

Berlim ainda está sofrendo bombardeios pesados. Estou apenas lendo o livro *O Mundo de Ontem,* de Stefan Zweig; já faz alguns anos que ele, um refugiado, suicidou-se em algum lugar da América do Sul. Ele passou por duas guerras mundiais, bem como por um tempo feliz antes da Grande Guerra, quando as ilusões da humanidade ainda estavam intactas.

É um livro triste, principalmente porque sempre temos o destino amargo do autor em algum lugar de nossa mente e sabemos que ele é compartilhado por inúmeros outros indivíduos, talvez ele seja tão amável quanto parecia ter sido.

Nesta noite, tenho um bom tempinho para escrever. Sture está em Gotemburgo, Lars está fazendo o dever de casa em seu quarto e Karin acabou de sentir-se mal e foi para a cama.

Ela está passando por um tipo de crise nervosa, a qual se expressa com um forte apego a mim e a preocupação de que algo possa acontecer comigo. Essa preocupação somente se manifesta nela à noite. Na terça-feira, Sture e eu saímos para jantar no Viridéns para festejar o aniversário de 40 anos de Alli. Quando fui me despedir de Karin, ela me disse: "Você está se despedindo de mim como se não fosse mais voltar!". E, quando voltei para casa, ela estava envolta em meu roupão. Eu só espero que seja apenas uma fase.

O jantar de Alli foi um grande sucesso. Os outros convidados eram: os Gullanders, os Ingmans, os Abrahamssons, os Eveos e os Palmgrens, além dos Hultsrands e uma srta. Nyberg. Sigge me levou para a mesa. Eu devo escrever o que tivemos para comer, em parte porque gosto de escrever sobre alimentos e, por outra parte, porque nunca se sabe, em tempos como estes, por quanto tempo poderemos comer desse jeito na Suécia. Portanto: três tipos de sanduíches coquetel, crostada de cogumelos, sopa de aspargos com canudos de queijo, peru com vegetais, sorvete e chocolate quente. Xerez com a sopa e a sobremesa, vinho vermelho com o peru. E depois, mais à noite, uma pequena ceia: almôndegas, cogumelos, omelete, salada de arenque e arenque gratinado. Dançamos e cantamos até as duas horas da manhã; os vizinhos do andar de baixo nos chamaram, queixando-se do barulho, e com razão, pois naquele momento estávamos dançando uma polca que fez tremer o prédio até as fundações. Bem, chega! Eu vou para a cama.

23 DE FEVEREIRO

Ontem, à tardezinha, na hora de ir para o trabalho, Karin ficou com medo, como de costume, de que alguma coisa me acontecesse. Eu lhe disse para não se preocupar, porque nada iria acontecer em nosso país pacífico. "Se vivêssemos em um país em guerra, onde há bombardeios", eu disse, "então seria diferente." Então, aqui vou eu para o trabalho e, no noticiário das 10 horas, disseram que, pouco tempo antes, um avião voou sobre Estocolmo e deixou cair uma carga de bombas sobre Hammarbyhöjden, depois voou sobre Södertälje e Strängnäs, onde jogou mais bombas. Não houve nenhum alarme de ataque aéreo e nenhum disparo antiaéreo (porque os aviões haviam enviado sinais de SOS). Eu só posso agradecer aos céus pelo fato de nenhuma bomba ter caído aqui, em Vasastan, porque teria afetado o sistema nervoso de Karin. Eu não lhe mostrei o jornal da manhã, de maneira que ela nada soube a respeito. Os aviões eram russos.

Karin e Lars estão nas férias do meio do ano. Lars foi de viagem com a escola para ver as Quedas de Enafors. Karin ficou de cama com um resfriado, mas, assim mesmo, saímos para esquiar. Hoje, Elsa-Lena, Matte e suas mães vieram nos visitar. As crianças estavam fora esquiando. Um tempo maravilhoso.

3 DE MARÇO

Bem, conforme mostra o artigo a seguir, a paz entre a Rússia e a Finlândia está nas cartas. Mas a Finlândia tem dúvidas – e quem não as teria? – Os refugiados noruegueses e dinamarqueses expressam desprezo por nosso medo dos russos, mas nós sabemos que ele é justificado.

> *[Recorte do jornal* Dagens Nyheter, *1º de março de 1944:*
> *Moscou está disposta a receber a delegação finlandesa.*
> *A Rússia revela suas condições.]*

A tradução no verso da carta de uma esposa letã (contrabandeada) para o marido que está em Portugal descreve como as pessoas estão se sentindo na Letônia (onde, depois de tudo, eles agora têm de lidar com os alemães).

[Transcrição datilografada de uma carta do trabalho de Astrid, no escritório de censura].

E agora os russos estão chegando perto de suas fronteiras. Quando os alemães caírem, não haverá nenhuma esperança para os estados bálticos, até onde podemos julgar – e então, pobre povo.

Tage Bågstam disse que foi distribuído veneno à população para que se matem, se o pior vier a acontecer. E eu não posso deixar de sentir que o pior está chegando.

20 DE MARÇO

É possível que nada tenha acontecido na guerra, mas também é possível que eu tenha ficado preguiçosa demais para escrever. O que é digno de se mencionar, agora, diz respeito às negociações de paz entre a Finlândia e a Rússia. Eles já estiveram discutindo há muito tempo, mas sem qualquer resultado. Os finlandeses se recusam a ceder, apesar da pressão da Inglaterra e dos Estados Unidos. Tudo isso me parece muito misterioso. A Finlândia está, mais ou menos, com a faca no pescoço e, certamente, ela logo terá de concordar com as condições russas. Aparentemente, o rei Gustaf entrou em contato com Mannerheim e Ryti, a quem apelou para tentar um acordo de paz.

No front de casa, Karin teve um caso grave de sarampo e ainda não tem permissão de sair da cama. Atualmente, estou realmente me divertindo com *Píppi Meialonga*.

21 DE MARÇO

Acho que esqueci de verificar como andavam as negociações de paz Rússia-Finlândia como eu deveria, como também nada disse sobre as condições da Rússia. Elas se resumem (até onde é possível entender), em grande parte, à fronteira de 1940 e ao aprisionamento de todas as tropas alemãs na Finlândia, com ajuda russa, se for preciso. A resposta da Finlândia até agora tem sido "não". Eles querem primeiro condições mais precisamente definidas, mas os russos querem que eles se rendam antes, para depois argumentar os detalhes.

Em função da desconfiança que os finlandeses têm dos russos, não é surpresa o fato de quererem algumas garantias primeiro.

1º DE ABRIL

Neste momento, muitas pessoas estão recebendo suas convocações. Sture chegou em casa outro dia dizendo que os alemães planejam ocupar a Finlândia, da mesma forma que fizeram com a Hungria, mas espero que não seja verdade. Estou tão farta dessa guerra, que cheguei ao ponto de não querer escrever a seu respeito. Além disso, estou de cama com uma torção no pé.

4 DE ABRIL

Neste dia, completo 13 anos de casamento. A linda noiva está presa à cama, o que é bem tedioso. Eu gosto da cama de manhã, quando me trazem chá e pão branco com presunto defumado; então peço que me façam a cama e que coloquem o quarto em ordem ao meu redor, mas estou detestando a noite, quando tenho de aplicar uma compressa quente no meu pé, o que me dá muita coceira. Sture está dormindo, mas eu não consigo pegar no sono. Estou lendo o livro de Maugham, *Servidão Humana*, e trabalhando em meu *Píppi Meialonga*.

Não parece que haverá paz na Finlândia. Está na hora do programa das crianças no rádio, portanto sou obrigada a parar de escrever.

É possível que este diário contenha um número desproporcional de ataques dos alemães, porque o *Dagens Nyheter* é nosso jornal diário e ele é mais antialemão do que qualquer outro jornaleco, e aproveita sempre a oportunidade de destacar as atrocidades alemãs. Não há como duvidar que essas atrocidades realmente aconteçam. Mesmo assim, ao final deste recorte sobre a Polônia, o jornal informa que os poloneses preferem o regime alemão e não o russo, "se não houver outra escolha".

Esse provavelmente seja o caso dos estados bálticos e de outros países, mas o fato de essa notícia aparecer no jornal *Dagens Nyheter* deve ter sido um deslize.

[Recortes do jornal Dagens Nyheter, *de 5 de abril, 1944:*
Execuções nas ruas de Varsóvia; Crianças
de Varsóvia em grupos de gângsteres;
Crianças negligenciadas roubando armas;
Preços subindo como foguetes;
Cinemas segregados para alemães e para poloneses;
Eminentes húngaros em campos de concentração, outros são
levados para Viena como reféns].

16 DE ABRIL

A batalha por Sebastopol, o reduto final alemão na Crimeia, começou. O front sul parece precário. Devo dizer que os russos estão na Romênia e logo estarão ameaçando o fornecimento de combustível dos alemães. Eles também cruzaram a fronteira tcheca.

Os Aliados estão irados conosco, e com outros estados neutros, por fornecer materiais para a Alemanha, e nos enviam memorandos severos a esse respeito. Mas isso não nos preocupa.

Celebramos a Páscoa à nossa maneira habitual. Há muito alimento na terra da Suécia e anotarei o que tivemos como guia para as futuras Páscoas.

Na Sexta-feira Santa, totalmente fora da tradição, tivemos fígado de vitela e, no Sábado de Aleluia, como de costume, ovos e *smörgåsbord* (patê de fígado caseiro, salada de arenque, arenque marinado, carne de rena defumada, arenque báltico assado, presunto cozido com beterrabas e outras coisas mais) e sorvete para sobremesa. Sture e eu recebemos um xerez muito especial, porque estávamos comemorando nosso aniversário de casamento nesse dia, em vez de no dia 4. No dia da Páscoa, comemos frango assado, e na segunda-feira da Páscoa, costeletas de porco.

No Sábado de Aleluia, Lasse disse que havia sido convidado para um baile na casa de uma garota. Eu lhe disse para estar em casa à 1 hora, mas ele só voltou às 4 horas. Eu fiquei furiosa, e já tinha chamado e acordado várias pessoas, a fim de ter alguma notícia dele, e acabei descobrindo por Göran que ele estava no Palácio de Inverno com uma moça chamada Britta Kajsa Falk.

Karin está muito nervosa e me deu muito trabalho durante a Páscoa. Ela ainda não melhorou muito; eu acho que são os efeitos do sarampo, embora já apresentasse sinais de nervosismo até mesmo antes da doença, mas seu estado mental é terrivelmente instável, passando de um alto astral para um profundo desânimo; murmurando queixas contra a escola e também por ter de estudar piano. Eu mesma estou meio deprimida neste momento, provavelmente porque nem pude dar uma saída nessas três semanas. Sinceramente, espero que Karin melhore logo para que eu mesma possa melhorar. Sinto muita pena dela.

Lasse está aproveitando bem a vida, pois parece que é sempre convidado para algum lugar; ele não gosta mesmo de ficar em casa, o que me deixa muito triste.

23 DE ABRIL

No sábado à noite, a Rádio Moscou divulgou uma declaração sobre as negociações da Rússia com a Finlândia, alegando que a resposta finlandesa, de 8 de março, foi considerada insatisfatória, e que as condições da Rússia, que haviam sido entregues a Paasikivi, representavam suas mínimas exigências. Uma delegação finlandesa então se dirigiu para Moscou e conferenciou com Molotov, em 27-28 de março. Estas são as condições entregues à delegação.

> *[Recorte do jornal* Svenska Dagbladet, *de 23 de abril 1944:*
> *Lista de sete condições, mais um curto anexo,*
> *"A incisiva declaração sobre a questão finlandesa"].*

21 DE MAIO

E essa bendita invasão que está suspensa no ar há muitos anos, mas que nunca acontece. Fala-se do "Dia-D" e da "Hora-H", mas nada acontece. Várias datas diferentes foram identificadas, mas eu acho que qualquer invasão vai levar algum tempo para se materializar. Essa é uma guerra de nervos para manter os alemães ocupados no oeste.

> *(Recorte do jornal* Dagens Nyheter, *de 21 de maio 1944, legendado por Astrid: "A História de 'Lili Marlene', a canção de sucesso da Segunda Guerra Mundial").*

Apesar da febre da canção *Lili Marlene* ter se acalmado, incluí aqui este recorte porque esta música estará para sempre ligada à Segunda Guerra Mundial, assim como "Tipperary" e "Madelon" pertencem à Primeira Guerra.

Também incluí a revisão do livro *Der Letzte Jude aus Polen* [O último judeu da Polônia], publicado com o título *The Promise Hitler Kept*, porque ele dá alguma ideia de como os alemães devastaram esse pobre país. Eu não duvido que o relato seja autêntico. Também acabei de ler o livro de Norwid, *Landet utan Quisling* [A Terra sem Quisling] (Polônia) e os detalhes das consequências das atrocidades. Acredito que os alemães sintam-se incomodados em negar que os judeus foram exterminados.

> *[Recorte de jornal não identificado. Revisão de Ivar Harrie do livro de Stefan Szende].*

Hoje Karin faz 10 anos de idade e o quinto celebrado em tempo de guerra. Por outro lado, e isso talvez seja pedir demais, aqui em casa, temos paz, apesar das pequenas inconveniências que tivemos nesta primavera, mas pela qual agradecemos a Deus e pedimos que Ele a mantenha.

Os Aliados desaprovaram, e talvez ainda estejam desaprovando, nossas exportações de rolamentos para a Alemanha. Mas, afinal, o ataque (que talvez fosse temido) teria vindo da Alemanha; eu não entendo o que eles ganhariam se nos atacassem, mas também ninguém está me pedindo para entender.

Voltando para o aniversário de Karin, nós o comemoramos da maneira habitual. Seus presentes consistiram no *Folkskolans läsebok* [A leitura escolar elementar] em três partes, o livro *Peter no-tail* e o manuscrito de *Píppi Meialonga*, com uma bonita capa preta. Ganhou também um maiô, sapatos de tela brancos e solas de madeira, um tecido para blusas, outros livros dos Viridéns e dos Gullanders, além de dinheiro dos avós. Também uma pulseira para o seu relógio. Pelle [Viridén], Alli, Peter (Matte não estava bem) e Elsa-Lena apareceram para um café com bolo.

O dia foi frio e com vento, como quase todo o resto dessa primavera; geralmente, o verão se faz presente no aniversário de Karin. Amanhã, algumas meninas de sua classe virão em casa e ela está muito ansiosa com isso (entretanto, o termo aqui seria nervosa). Ela não quis convidar todas as meninas, mas está preocupada com o que as as que não fora convidadas pensarão ou vão dizer dela.

Lasse passou duas semanas com uma bela gripe e febre de até 40ºC. Agora ele parece estar bem, mas a tosse não passou ainda. Ele queria ir ao cinema ontem à noite, em seu primeiro dia fora da cama. Resultado, fortes batidas de portas quando não concordei, apesar de sua insistência. E foi curtir sua dor embaixo das cobertas.

6 DE JUNHO

INVASÃO! – Finalmente! As tropas Aliadas, com apoio aéreo, desembarcaram a noroeste da França. Milhares de lanchas de desembarque e milhares de aviões cruzaram o Canal logo de manhã cedo.

O general Eisenhower dirigiu-se aos países ocupados (nós também o ouvimos), bem como o rei Haakon. Aparentemente, Hitler se promoveu a comandante-chefe das forças alemãs. Esta é uma data histórica e, certamente, deverá ser o prelúdio de um avanço maior. Será emocionante, muito emocionante de ver como as coisas prosseguirão. Os Aliados têm uma grande vantagem tanto no mar quanto no ar.

Pessoalmente, eu estive com um humor péssimo neste Dia da Bandeira Sueca e, ao mesmo tempo, o dia da invasão. Ontem, Lasse voltou da escola com absolutamente péssimas notas finais, de maneira que terá de repetir o ano. E o apartamento está uma confusão justamente quando estou me aprontando para uma pequena viagem a Vimmerby depois de amanhã. Karin terá suas provas amanhã.

Os Aliados entraram em Roma! E assim, finalmente – a **INVASÃO!**

13 DE JUNHO

Durante os últimos dias, houve uma ofensiva russa no Istmo da Carélia. Agora, os russos pretendem claramente subjugar os finlandeses. O ataque parece ter sido inesperado e os russos já penetraram em vários lugares e cruzaram a fronteira estabelecida em 1939. Seguramente, muitas crianças virão para cá.

A cabeça de ponte na Normandia aprofundou-se e ampliou-se em todas as direções. A resistência alemã endureceu, mas ainda parece que os Aliados estejam em vantagem. Eu não consigo fazer um acompanhamento das operações detalhadamente. O noticiário estava falando de Bayeux, Caen, Carentan e outros. Churchill esteve lá e fez o sinal do "V" da Vitória.

Estamos em Näs, as crianças e eu, aproveitando o feriado, apesar do tempo horrível. Choveu, e choveu muito! Mas, nesta tarde, o tempo esquentou e ficou bonito. Então, eu e Stina demos um belo passeio por Copenhagen e fomos até a estação (passando por uma vala cheia de prímulas farinosas e na beirada até encontrarmos um ninho de passarinho), depois até Stångån [o rio], sobre a ponte ferroviária, dali para Nybble e para casa.

Realmente, a Natureza se excedeu e está maravilhosa como nunca. Nesta noite, permiti a Lasse que saísse, e ele foi até o Parque Folkets com Stina e, muito provavelmente, voltará tarde para casa. Karin, agora, está vivendo uma vida feliz e despreocupada e não se agarra mais em mim. Amanhã, sairemos para um giro de bicicleta até Malen. Karin conseguiu boas notas na escola, como sempre, inclusive três "*Abs*" [aprovada com louvor], acho que é isso.

Dia de Solstício

Eis o que, mais ou menos, aconteceu desde meu último registro. A ofensiva russa no Istmo da Carélia continuou sem parar. Os ganhos dos russos incluem Vyborg [Vipuri], que pena, que lástima! As coisas vão mal para os finlandeses. Houve uma crise pairando no governo há algum tempo. Tanner e Linkomies terão de sair antes que possa haver paz com a Rússia.

Na Normandia, cerca de 30 mil alemães estão ilhados na península de Cherbourg e, por enquanto, eles estão mantendo suas posições.

Os alemães inventaram outra diabrura, ou seja, aviões robôs que podem voar sobre a Inglaterra e causar explosões e grandes incêndios. Os ingleses ficaram muito indignados, porque os aviões voam sem pilotos e, portanto, não podem escolher alvos militares e causam danos indiscriminados.

Isso é o que de mais importante aconteceu nesse período.

E Lasse e eu saímos para um giro de bicicleta: Virserum – Skirö – Holsbybrunn – Fagerhult – Kråkshult – Vimmerby. O tempo estava bom e quente nos dois dias e passamos para visitar meus pais em Holsbybrunn. E Småland estava uma delícia, que lugar lindo!

Karin não para de cair da bicicleta e suas pernas estão todas machucadas.

19 de julho

Sangue foi derramado, as pessoas estão feridas, a miséria e o desespero estão em todo lugar. E eu simplesmente não me importo. Estou apenas interessada em meus próprios problemas. Eu sempre procuro escrever algumas palavras a respeito do que esteve acontecendo desde meu último registro.

Mas agora eu só posso escrever que um deslizamento de terra acabou com minha existência e deixou-me sozinha e tremendo. Procurarei "ficar calma e esperar pelo alvorecer", mas, e se não houver mais um alvorecer?

Bem, tentarei escrever alguma coisa sobre o que está acontecendo no mundo.

Os russos realizaram incríveis ganhos e já estão nos Estados bálticos que os alemães simplesmente se propõem a abandonar. Os russos agora estão extremamente próximos da fronteira Prussiana Oriental. Mas na Normandia as coisas não estão acontecendo tão rapidamente, embora os Aliados também estejam fazendo bons progressos.

Representantes do governo finlandês reuniram-se com Ribbentrop e selaram mais uma aliança com os alemães. Como resultado, os Estados Unidos quebraram suas relações diplomáticas com a Finlândia.

Isso é tudo do que me lembro. Estou em um estado de agonia, meu coração dói tanto – onde encontrarei força suficiente para ir novamente à cidade e pretender viver uma vida normal?

2 DE AGOSTO

Sozinha na Dalagatan, com um desespero amargo em meu coração, Karin em Solö, Lasse em Näs, Linnéa de férias, e Sture?

Aconteceram importantes acontecimentos, mas não tenho vontade de escrever. Até mesmo algo tão notável como um atentado à vida de Hitler não conseguiu me animar.

E hoje, o jornal diz que o gabinete de Ryti-Linkomies, na Finlândia, deixou de existir. Agora é Mannerheim quem manda. O novo governo tentará conseguir a paz com a Rússia, é claro.

"A Turquia corta as relações com a Alemanha", dizem as rádios nesta noite. Portanto, o castelo pode ruir a qualquer momento. Assim como as coisas ruíram para mim.

23 DE AGOSTO

Paris está finalmente livre dos alemães, depois de quatro anos de cativeiro. Lembro do dia em que lemos nos cartazes que a suástica estava tremulando sobre a Torre Eiffel. Isso parece ter sido há séculos.

27 DE AGOSTO

No dia 23 de agosto, eu acho, a Romênia rendeu-se, e até teve a coragem de declarar guerra à Alemanha.

Parece inconcebível que a Alemanha sobreviva por muito mais tempo.

Hoje encontrei uma boa reportagem sobre a guerra no suplemento do jornal *Dagens Nyheter* de domingo. Eu o colarei aqui, mas primeiro deixe-me atender o cavalheiro que já esteve na página dos "Nomes das Notícias" do *Dagens Nyheter*.

> *[Recorte de um artigo sem data e intitulado "Ônibus de Cultura", com a foto de Sture Lindgren, sobre o planejamento da associação sueca dos motoristas para o fim da guerra].*

O original havia sido perdido e eu fiquei muito chateada.

Hoje, um domingo quente, Ingvar, as crianças e eu fomos a Skanssen.

7 DE SETEMBRO

A guerra acaba de completar seu quinto aniversário e tudo está acontecendo de uma só vez. É uma pena eu não estar em condições de escrever a esse respeito.

A Finlândia cortou relações com a Alemanha e um cessar-fogo com a Rússia entrou em vigor (em 4 de setembro, acho).

A Bulgária também cortou relações com a Alemanha e, imediatamente, declarou guerra.

As primeiras cidades alemãs já foram tomadas pelos Aliados.

Os russos estão marchando pela Pomerânia Oriental. A rendição dos alemães está próxima.

15 DE SETEMBRO

Os jornais desta noite anunciavam que havia guerra entre a Finlândia e a Alemanha. As forças navais tentaram um desembarque em diversos pontos, ontem à noite. As negociações de paz entre Rússia e Finlândia estão sendo feitas a todo vapor.

> *[Um pequeno recorte de jornal, sem identificação e incompleto, sobre a Europa marchando contra a Alemanha].*

30 DE OUTUBRO

Meus registros são cada vez mais raros, e isso é pelo fato de eu ter tantas outras coisas para pensar a respeito e também por ter entrado em um estado de tensão nervosa durante todo o outono, a ponto de não conseguir escrever nada. Mas parece que agora estou bem, embora não possa ter certeza ainda se as coisas estejam indo na direção certa. E tenho algumas notícias incentivadoras para dar, coisas que estão acontecendo agora.

> [Recorte sem identificação: "Professora de escola secundária ganhou o 1º lugar no concurso de livro para meninas". Astrid Lindgren ficou em 2º lugar nesse mesmo concurso, oferecido pelo editor de livros para crianças, Rabén Sjögren, para um livro cujo artigo diz que, provavelmente, se chamará The Confidences of Britt].

Além disso, os russos estão lutando ao norte da Noruega e parece que podem até esquecer a independência finlandesa.

Carta de um oficial alemão para sua esposa sueca. Ele morreu logo depois.

> [Transcrição datilografada de uma carta do trabalho de Astrid, no escritório de censura. O autor está sob fogo intenso e, na carta, ele sugere um nome de menino e de menina para a criança que ela está esperando].
> (Fotografia da Revista Vi, do cunhado e da irmã de Astrid, com um homem de idade avançada. Lindgren copiou o texto].

Um residente de Vimmerby, conhecido em toda a região, é o jovem autor e jornalista Hans Håkansson, que ficou famoso por suas novelas a respeito dos cortadores de pedras em Småland, além de seus livros estilística e psicologicamente bem escritos. Neste ano, ele trocou de nome, e agora é conhecido como Hans Hergin. Aqui podemos ver Hans Hergin e sua esposa Stina a caminho do mercado de Vimmerby, de braço dado com o velho garoto da cidade, Johan Petter Svensson, de 92 anos de idade, raramente chamado por outro nome senão "Lucke".

Minha primeira revisão.

> *[Recorte do jornal* Stockholms-Tidningen,
> *de 23 de novembro 1944:*
> *"Livros ganhadores de prêmios" inclui uma revisão*
> *positiva de seu livro*
> provavelmente intitulado The Congidences of Britt.].

26 DE NOVEMBRO

Neste escuro domingo de novembro, estou escrevendo na frente da lareira na sala, enquanto Lasse se veste – são 3h30 – e Karin está em seu quarto, datilografando (não, ela acabou de chegar ao meu lado); Sture não está em casa. Karin e eu saímos nesta tarde para dar uma volta até o cemitério de Haga.

Além disso, podemos dizer que há muita tristeza ao norte da Noruega entre a população civil, que foi obrigada a evacuar diante do avanço russo. Há muita dificuldade também na Holanda, aliás, pergunto-me onde será que não há terríveis dificuldades atualmente? Não há o que pensar, as dificuldades e as encrencas estão generalizadas. Na Alemanha Oriental, a situação é dramática com os persistentes bombardeios. E os Aliados já estão em solo alemão.

Hitler está quieto e não se ouve absolutamente nada dele, para a surpresa do mundo. Parece que os nazistas celebraram recentemente algum tipo de jubileu, durante o qual Hitler não se fez presente, mas Himmler dirigiu-se ao povo, dizendo que ele estava tão ocupado no quartel-general que não teve tempo suficiente para fazer um discurso. E o povo, apavorado com o sexto inverno da guerra, certamente merecia uma palavra de seu Führer.

O navio a vapor de Gotland, *Hansa,* afundou há algumas noites a caminho de Nynäshamn para Visby. Dizem que foi torpedeado. Duas pessoas foram salvas, mas cerca de cem pessoas afundaram com ele. É o pior desastre que a Suécia sofreu em tempos modernos.

Os alemães anunciaram, há pouco, que todo o Báltico fora das águas territoriais devia ser considerado zona de guerra. A Suécia protestou e essa, provavelmente, seja nossa resposta.

17 DE DEZEMBRO

Que tal escrever alguma coisa neste livrinho? Estou sozinha e sentada de frente para a lareira neste Domingo do Advento. Lasse foi ao cinema, Karin está na Matte preparando cestinhas para a árvore de Natal. Sture está em Gotemburgo, a não ser que ele já esteja voltando. A véspera de Natal será em exatamente uma semana, e ontem chegou uma cesta de Vimmerby, contendo presunto, bife salgado, fígado de porco, ombro de porco e muitas outras coisas, para que não morramos de fome durante a greve dos trabalhadores dos abatedouros.

Não parece que estamos perto da paz. A resistência alemã no Ocidente foi intensificada e, apesar do terrível bombardeio, sua vontade de continuar lutando não pode ser esmagada facilmente. Os russos continuam indo para a frente. Budapeste está sendo praticamente arrasada. Na Grécia, as tropas revolucionárias estiveram lutando contra a força invasora britânica e contra o próprio governo fantoche; provavelmente, os russos estão por trás disso, no norte da Noruega. Somente uma invasão pode salvar centenas de milhares de pessoas da morte, por falta de alimentos, notícia que apareceu outro dia no jornal. Há tanta necessidade e um estado de desespero tal em toda a Europa, a ponto de não poder mais se sustentar essa situação. Com exceção da Suécia! O sexto Natal da guerra será celebrado como de costume. As comemorações da família Lindgren talvez sejam um pouco mais problemáticas. Mas espero que tudo ocorra da melhor forma possível. Enquanto isso, estou realmente contente a respeito de "Britt-Mari".

"Estou bem consciente de que esses devem ser os anos mais felizes de minha vida; seguramente, ninguém conseguirá superar, no longo prazo, o grau de minha felicidade. Também estou consciente dos desafios que surgirão à minha frente." Isso foi o que escrevi no último dia de Natal. Eu não sabia o quanto estava certa. Os desafios estavam realmente à minha frente – mas, mesmo assim, ainda não afirmaria estar infeliz. Eu passei por muitas dificuldades durante os seis meses deste segundo semestre de 1944, e o chão tremeu embaixo de meus pés até as fundações; estou desconsolada, deprimida, decepcionada e muitas vezes melancólica – mas, com certeza, não sou infeliz. Existe ainda tanta coisa para preencher minha existência. Sob qualquer ponto de vista, esse Natal deveria ter sido horrível – e é verdade, derramei algumas lágrimas em minha salada de arenque durante seu preparo, no dia 23, mas eu estava tão exausta naquele momento que isso não conta. E, além disso, se ser feliz é sinônimo de ser afortunado, então suponho que eu ainda seja "feliz". Mas ser feliz não é tão simples. Há uma coisa que aprendi – se você quiser ser feliz, a felicidade deve surgir de dentro de você e não de outra pessoa. Apesar de tudo, penso que tive êxito em encontrar motivos que me fazem ser feliz. Mas tenho a impressão de estar sofrendo até mais pressão, e então veremos até onde vai minha inteligência.

De qualquer forma, eu consegui fazer o Natal aqui, em casa, sem que as crianças ou a vovó percebessem qualquer coisa além de paz e felicidade. As crianças ficaram muito contentes com seus presentes e a Véspera de Natal.

Os presentes de Lasse foram: uma parca, botas de esqui, um suéter, um cachecol branco de lã, dois pares de ceroulas (isso acontece todo ano), abotoaduras, calças para bater, uma nova pulseira de relógio, o livro *All the Adventures in the World* [de Helen MacInnes], *While we Still Live* e um porquinho de marzipã; esses foram os presentes que eu comprei, e ele ganhou outros presentes de Karin e de Ingegerd, e cartões de visita dos Lagerblads, além de dinheiro dos avós. Karin ganhou uma saia plissada cinza, um suéter azul-escuro, meias, os livros *The Black Brothers* e *Shipwreck Island* [histórias da escritora suíça de naturalidade alemã Lisa Tetzner]; *Swedish Plants*; *Adventures in Dalarna* [livro de histórias para crianças, de Anna Maria Roos]; cópias do *The Fairytale Prince* e *The Fairytale Princess* [revistas de histórias], Famílias Felizes, um quebra-cabeça, um porquinho de marzipã, uma bolsa, além de *Mary Poppins Opens the Door*, de Matte, papel de escrever de Ingegerd, um quebra-cabeça de Linnéa e dinheiro dos avós. Eu ganhei um lindo despertador de

Sture, que me foi entregue alguns dias antes da Véspera. Karin ficou contente em me presentear com uma escova de banho.

Esquecemos de passar o pão no molho do presunto [um costume sazonal sueco] na Véspera do Natal, mas, afinal, tudo seguiu conforme os costumeiros regulamentos.

Nesta manhã, Lasse e eu saímos para um passeio até Haga. Sture não quis ir para Skansen no dia de Natal, ele não quis mesmo.

Nesta tarde, assei um ganso e cortei um pouco de couve roxa – e fiz um pouco de molho de maçã, uma estranha ocupação para o dia de Natal, mas as maçãs deviam ser usadas para não se estragarem. No dia 27, as crianças irão para Småland – e eu os seguirei no dia da véspera do Ano-Novo. Ah, como estou esperando por isso! Estarei de licença médica durante três semanas em razão de minha neurose e insônia.

Se tudo for conforme o planejado, será muito bom! E o que vai acontecer com Britt-Mari e todo o resto! Mas agora, nada está como deveria estar e talvez este seja todo o problema! Além disso, basta olhar um pouco para nós mesmos, neste mundo, um pouco só para verificar que nada é como deveria ser, e nunca será.

Bem, vamos em frente. Os alemães montaram uma ofensiva no Oeste. Esta guerra ainda está longe de acabar! E isso não é em vários sentidos.

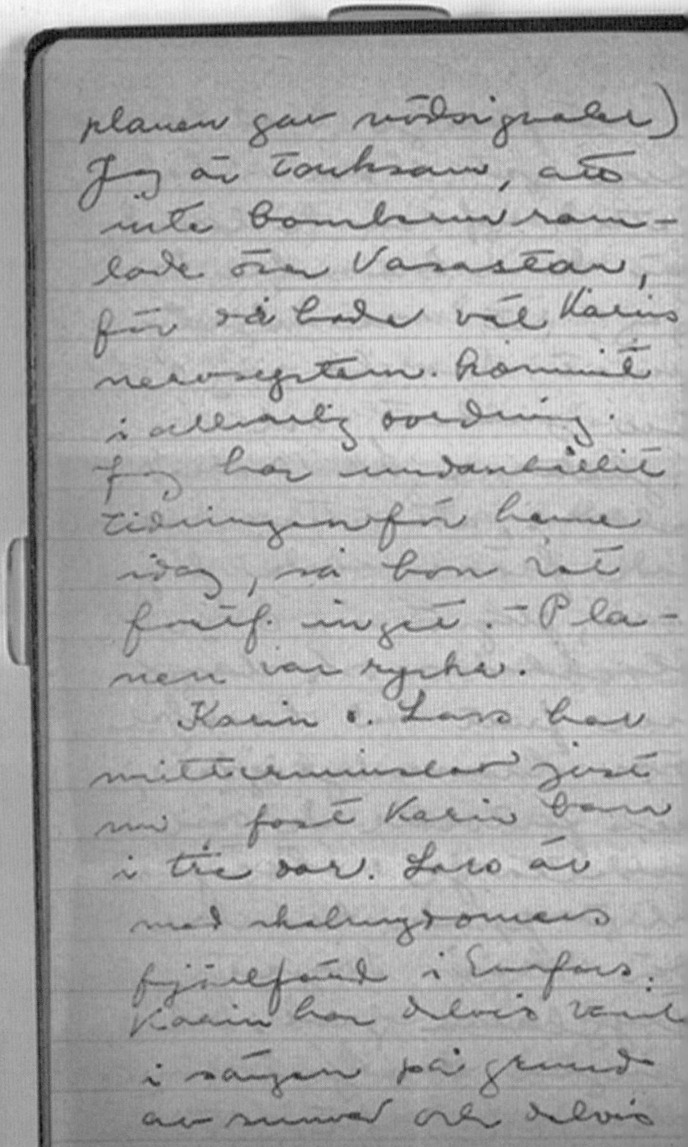

åkt skidor med mig
I rog har Elsa - Lena
o. Matte med mamma
varit här. Barnen åka
skidskor. Sol och
ljumligt.
D. N. 1. 3 -44

De ryska villkoren till Finland offentliggjordes på tisdagskvällen av Moskvaradion i form av en officiell rysk deklaration. Sovjetregeringen förklarar sig villig att i Moskva motta finska delegater för fredsunderhandlingar på huvudsak de sex villkor som Dagens Nyheter kunde meddela i sitt Londontelegram den 25 februari. Basen för underhandlingarna är 1940 års gräns och internering av de tyska trupperna i Nordfinland.

Den ryska deklarationen bekräftar att Paasikivi under sitt Stockholmsbesök varit i kontakt med minister Kollontay i fredsfrågan. Det första sammanträffandet förmedlades av en "framstående svensk industriman" och ägde rum den 16 februari, sedan minister Kollontay förklarat att "Sovjet i fredens intresse vore villig att förhandla med den nuvarande finska regeringen". Paasikivi underrättade då M:me Kollontay

"Moscou recebe voluntariamente delegação finlandesa.
Rússia revela suas condições para a Finlândia".
1º de março de 1944.
Os Diários da Guerra 8.

om att han av sin regering "bemyndigats att utröna Sovjets villkor för ett inställande av fientligheterna och Finlands utträde ur kriget". Vid ett möte mottog Paasikivi de ryska vapenstilleståndsvillkoren.

Moskvaradion dementerar bestämt att Ryssland krävt kapitulation utan villkor samt ryktena om att Sovjetunionen av Finland begärt att Helsingfors och andra stora finska städer skulle ockuperas av ryska trupper.

I Helsingfors vägrade man i natt att göra några som helst kommentarer till offentliggörandet av de ryska villkoren. Man ansåg sig emellertid med visshet kunna förutsäga att bombardemangens tid var förbi. Redan tidigare på kvällen efter riksdagssammanträdets avslutande förklarade man i politiska kretsar att man var beredd att fortsätta fredsförhandlingarna med Sovjet.

..trn (utsmugglat) till hennes man
Portugal, ger besked om hur
än känner det i Lettland (där
en ju nu i alla fall får vara
..l tyskarna.)

> Jag hade aldrig trott att livet
> kunde bli så tungt att leva, och
> allt detta vore ändå bara bagateller
> och förhållandevis lätt att uthärda,
> om man inte som ett Damoklessvärd hade
> den ständiga fruktan över sig, att
> "vännerna" från öster kunna återvända.
> Du kan inte förstå denna ångest, ty du
> har aldrig varit medborgare i deras
> paradis, du har aldrig sett, hur man
> griper oskyldiga människor som rovdjur
> och bortför dem till slaveri och under-
> gång. Det finns säkert ingenting värre
> i världen än det röda odjuret och dess
> regim. Av ångest kan jag ibland inte
> somna om kvällarna. Jag gråter av för-
> tvivlan och vet inte, vad jag skall ta
> mig till, om det värsta skulle hända
> och de åter skulle bryta in i vårt land.
> Vart skall man fly och vad skall man gö-
> ra? Om mig själv skulle jag inte vara så
> rädd, men de skonar ju inte ens barnen.
> Om de nu griper mig och Apsitis blir
> ensam i världen. Ack, måtte gud hjälpa
> vårt stackars fosterland! Måtte vi ald-
> rig mer få se den femuddiga stjärnan!
> Apsitis ber varje kväll till Gud att han
> måtte beskydda vårt fosterland för bol-
> sjevikerna. Hur avundas jag inte dig
> och alla övriga, som inte som vi äro
> innestängda som möss i fällan, utanför
> vilken den blodtörstiga katten väntar.
> Jag är rädd, hemskt rädd. Du kan inte
> göra något åt saken. Vi komma inte ut
> härifrån, och vad ödet har i beredskap
> åt oss, det kommer att ske."

T.V. Continuação do relato anterior.
" Moscou recebe voluntariamente ...".
T. H. Cópia de uma carta do tempo de Astrid Lindgren na censura das cartas pela Pka.
Os Diários da Guerra 8.

"Underjordisk" orkester.

Men tyskarna har räknat fel om de tror att de skall kunna knäcka oss med sådana metoder. Den polska be- folkningen gör heroiskt motstånd, och nationalmedvetandet har blivit starkare än någonsin förr. Den polska "underjordiska" partisanarmén, som får allt mer män i sina kadrer och allt bättre utrustning, utkämpar nu verkliga drabbningar med tyskarna, och gatustrider hör till ordningen för dagen. Förrädare och tyskar som gjort sig kända för särskild grymhet döms till döden och avrättas punktligt av patrioterna. Ett enda exempel: i november steg en hatad Gestapoofficer ut från ett militärsjukhus i Warszawa.

På motsatta trottoaren spelade en gatuorkester om fyra man. Plötsligt gick en polack fram till Gestapomannen och sköt ned honom och hans hustru. Skottlossningen observerades av en tysk patrull, som skyndade till platsen. Innan den hann ingripa hade en av gatumusikanterna öppnat sin fiollåda, tagit fram en kulsprutepistol och mejat ned patrullen. Därefter kastade sig polacken som skjutit Gestapoofficeren tillsammans med de fyra gatumusikanterna upp i en bil och försvann.

200 oskyldiga människor sköts som gisslan för denna händelse, men det räddar inte tyskarna. Vi polacker har sett döden så ofta under de senaste åren att den mist sin udd. Vår kamp fortsätter vad det än må kosta oss.

Goda informationer.

Polska folket är utomordentligt väl informerat. Kontakten med Londonregeringen är ytterst god. Nyheterna därifrån uppfångas i väl gömda radiomottagare, och rapporterna mångfaldigas sedan genom våra illegala tidningar. Ibland lyckas tyskarna avslöja våra tryckerier, men ofta hinner personalen tända eld på upplagan och sedan begå självmord. Till och med fångligger inom Tyskland är det ofta så att fångarna är bättre underrättade än sina vaktare om världsläget. Med gömda kortvågsmottagare man uträtta storverk. I allt om man har en smula kaffe e ra cigarretter att muta en ell tysk med.

Den underjordiska rörelsen arbetar allt djärvare. Ett den 12 oktober 1943 skulle rikamark transporteras från d riksbanken till Warszawa. Nä bilarna körde genom en denna plötsligt spärrad av någ kärror. När transportvagnarn nade öppnade polackerna eld håll, sköt ned personalen och rade bilarna. Tyskarna utsatte löning på flera miljoner zloty som kunde lämna sådana uppl att "rövarna" blev fast. De informationer.

Blommor på exeku platserna.

Vi kan alltså försäkra att inte har det lätt i Polen. På tor och platser där de nase våra landsmän brukar polska ligga ned blommor och kran Gestapos hot.

Och vet ni hur det gick n karna skulle föra bort det flygarmonumentet i Warszawa ka arbetare byggde med m möda ett stort träemballage det. Nästa morgon kom någ lacker förklädda till tyska s och tog bort den väldiga låda der dagen byggde tyskarna s ny, men den stal patrioterna jande natt. Nästa dag skickad karna dit folk i en militärbil började på nytt. En handgranat s de bilen, och såvitt vi vet stå numentet fortfarande kvar.

De underjordiska för också på andra sätt mot tyskarna. annat är det mycket populärt a jättelika inskriptioner på vägg broarna med texter som "Pol segra" eller "Tyskland har kriget"

T.V. "Execuções nas ruas de Varsóvia", da Red Top.
5 de abril de 1944.
T. H. "Crianças de Varsóvia em grupos de gângster".
5 de abril de 1944.
Os Diários da Guerra 8.

Polackerna hoppas givetvis få sin självständighet tillbaka, och det är hoppet på detta som kommer dem att hålla ut med en stolthet som man måste beundra. I Polen florerar ett mycket livligt partisankrig mot de tyska styrkorna, som ideligen störs, och den underjordiska verksamheten pågår utan att tyskarna förmår sätta stopp för den. Polackerna är mycket rädda för ryssarna och hyser formlig skräck för att återigen få pröva på de ryska metoderna och den ryska hänsynslösheten. De skulle föredra den tyska regimen, om det inte fanns något annat för dem att välja på.

Ungern.

Från Ungern kommer mycket sparsamma underrättelser till Schweiz, och dimslöjorna blir allt svårare att genomtränga.

BERN, tisdag.

Men ett ögonvittne som just anlänt hit från Budapest berättar intressanta detaljer från livet i det ockuperade landets huvudstad. Han betecknar stadsbilden i Budapest som präglad av fruktan.

Häktningarna började redan tidigt på morgonen söndagen den 19 mars och det bevisar gott att den tyska aktionen mot Ungern var förberedd sedan länge, då samtidigt som de första tyska soldaterna tågade in i Budapest även Gestapoagenterna anlände till staden och började sina razzior bland de mest framstående medlemmarna av Ungerns politiska liv och affärsvärld.

Bland de häktade var den berömde kirurgen och universitetsprofessorn Ludwig Adam, som sedan flera år tillbaka var familjen Horthys läkare och ofta tillsammans med sin maka var gäst vid riksföreståndarens bord, annan häktad var amiralen Kone Norwall, en av amiral Horthys marinkamrater och numera ci den ungerska marinen. Häktad också general Keresztes-Fischer till den ävenledes häktade förre kesministern. Han stod under m ett årtionde i spetsen för riksför darens militärstab, var daglige sammans med denne och åtfölj nom på alla hans resor.

De häktade politikerna förde till de i största hast uppförda centrationslägren, dels till Wie att hållas som gisslan. Man emellertid att Wien endast är e nomgångsstation och att de framstående personerna förs til nigstein, den fästning där C hölls fången.

I Budapest lär man se förhå vis få tyska uniformer på gato de tyska polisagenterna tjänstg klädda. Stadsdelen Ofner Festu kungliga slottet, utrikes- och ministerierna ligger, lär vara f ligt kringsvärmad av agente riksföreståndarens säkerhet sve den tyska polisen.

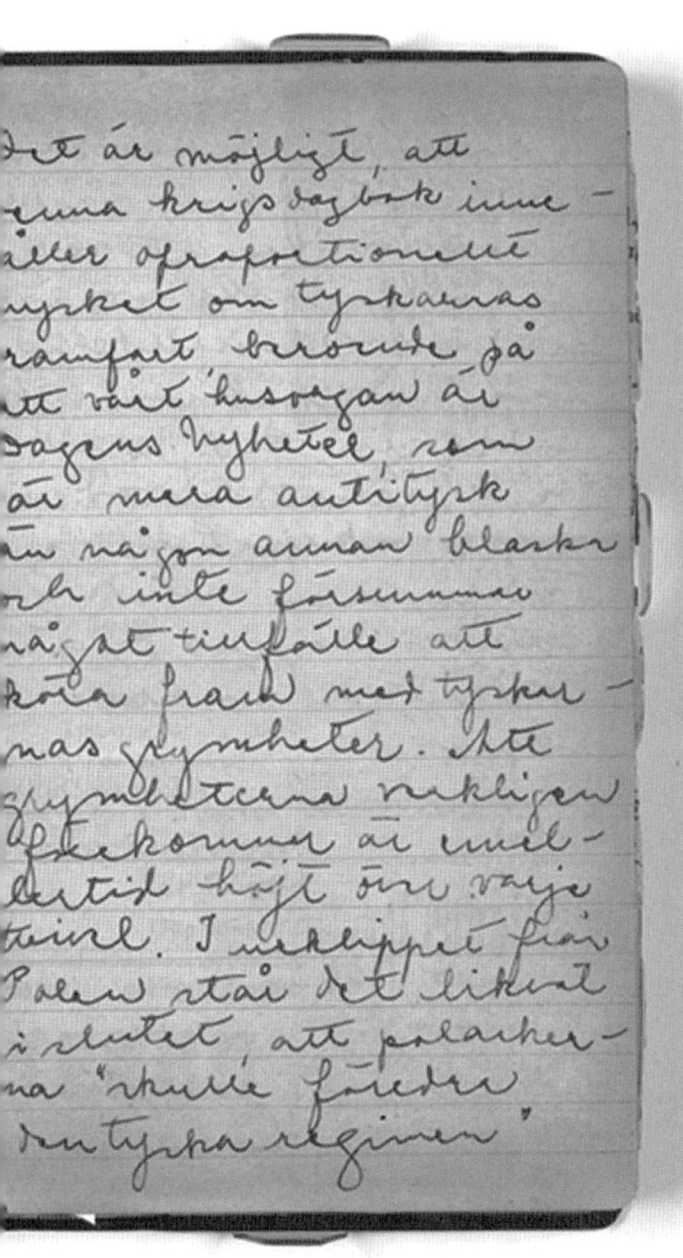

T.V. topo. Continuação do relato anterior.
"Crianças de Varsóvia em grupos de gângster".
T.V. inferior. "Eminentes úngaros em campo de concentração.
Outros são levados como reféns para Viena ", pelo correspondente
de Berna C.-A. Bolander.
5 de abril de 1944.
Os Diários da Guerra 8.

1) Brytning med Tyskland samt internering av de tyska armeerna och krigsfartygen eller deras fördrivning före slutet av april månad.

2) Ett återupprättande av det finsk-ryska fördraget av år 1940 och tillbakadragande av de finska trupperna till 1940 års gräns.

3) Omedelbar repatriering av ryska och allierade fångar och civila internerade,

vilken åtgärd skulle vara ömsesidig.

4) Demobilisering av den finska armén till 50 proc.

5) Betalning av ett skadestånd på 600 miljoner dollar, att erläggas under fem år.

6) Återlämnande av Petsamo till Ryssland.

7) Om dessa sex villkor godtagas, skall sovjetregeringen utan kompensation avstå från sitt krav på Hangö.

Den 19 april infor finska regeringen sovje ringen via Sverige, den, samtidigt som d skade få till stånd fre Ryssland, icke kunde tera dessa villkor. I si förklarade sovjetreger För närvarande har F ingen oavhängighet, o är nu fråga om att åt la Finlands oavhängig nom att fördriva tys Finska regeringen är herre i sitt eget hus.

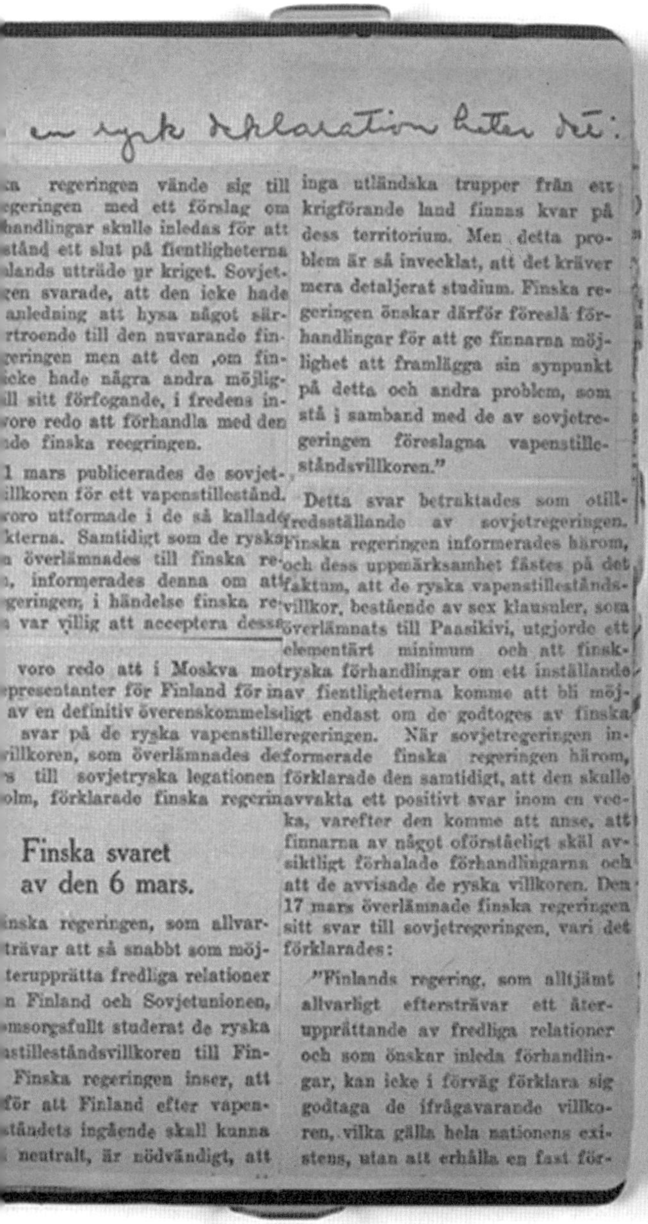

en kyrk deklaration lyder så:

:a regeringen vände sig till inga utländska trupper från ett
egeringen med ett förslag om krigförande land finnas kvar på
handlingar skulle inledas för att dess territorium. Men detta pro-
stånd ett slut på fientligheterna blem är så invecklat, att det kräver
lands utträde ur kriget. Sovjet- mera detaljerat studium. Finska re-
gen svarade, att den icke hade geringen önskar därför föreslå för-
anledning att hysa något sär- handlingar för att ge finnarna möj-
rtroende till den nuvarande fin- lighet att framlägga sin synpunkt
geringen men att den „om fin- på detta och andra problem, som
icke hade några andra möjlig- stå i samband med de av sovjetre-
ill sitt förfogande, i fredens in- geringen föreslagna vapenstille-
vore redo att förhandla med den ståndsvillkoren."
nde finska regeringen.
1 mars publicerades de sovjet- Detta svar betraktades som otill-
illkoren för ett vapenstillestånd. fredsställande av sovjetregeringen.
voro utformade i de så kallade Finska regeringen informerades härom,
kterna. Samtidigt som de ryska och dess uppmärksamhet fästes på det
n överlämnades till finska re- faktum, att de ryska vapenstilleständs-
, informerades denna om att villkor, bestående av sex klausuler, som
geringen, i händelse finska re- överlämnats till Paasikivi, utgjorde ett
a var villig att acceptera dess elementärt minimum och att finsk-
voro redo att i Moskva motryska förhandlingar om ett inställande
presentanter för Finland för in av fientligheterna komme att bli möj-
av en definitiv överenskommelse ligt endast om de godtoges av finska
svar på de ryska vapenstille regeringen. När sovjetregeringen in-
villkoren, som överlämnades de formerade finska regeringen härom,
s till sovjetryska legationen förklarade den samtidigt, att den skulle
olm, förklarade finska regerin avvakta ett positivt svar inom en vec-
ka, varefter den komme att anse, att
finnarna av något oförståeligt skäl av-
Finska svaret siktligt förhalade förhandlingarna och
av den 6 mars. att de avvisade de ryska villkoren. Den
17 mars överlämnade finska regeringen
inska regeringen, som allvar- sitt svar till sovjetregeringen, vari det
trävar att så snabbt som möj- förklarades:
terupprätta fredliga relationer "Finlands regering, som alltjämt
n Finland och Sovjetunionen, allvarligt eftersträvar ett åter-
msorgfullt studerat de ryska upprättande av fredliga relationer
astilleståndsvillkoren till Fin- och som önskar inleda förhandlin-
Finska regeringen inser, att gar, kan icke i förväg förklara sig
för att Finland efter vapen- godtaga de ifrågavarande villko-
ståndets ingående skall kunna ren, vilka gälla hela nationens exi-
neutralt, är nödvändigt, att stens, utan att erhålla en fast för-

T.V. "A incisiva declaração russa sobre a questão finlandesa.
O governo finlandês não é senhor na própria casa, diz Moscou".
SvD, *23 de abril de 1944.*
T. H. "As negociações do cessar-fogo terminaram, explicam os russos".
SvD, *23 de abril de 1944.*
Os Diários da Guerra 8.

denna ställningskrigsfront, utan denna måste förvärvas under fälttjänstövningar. Dylika lär också ha ägt rum. Det är dock många som skall övas, inte en, utan många gånger. Även det tar tid. Rätt utnyttjad arbetar tiden dock allt fortfarande för de allierade.

O.

Jo minsann, ovanstående är precis vad jag också tror om invasionen. Denna välsignade invasion, som har spökat nu i flera år och aldrig blir av! Det talas — i synnerhet denna vår — om "Dagen D" och "Timmen H" men den dröjer. Flera olika data har varit utpekade, men jag tror inte på någon invasion än på länge. Jag tror, ré är nerakrig för att hålla tyskarna bunt i väster.

storian om Lili Marlene,
[der världskrigets] schlager.

skrev en dussinpoet i Ham-, hette Hans Leip och även en liten diktcykel som han "Die kleine Hafen-Orgel". Det krigsvers av det vemodiga, slaget — billig poesi kan ej utan suggestion. Den [s]kade dikten handlade om [s]ne, flickan som evigt trogen [si]n soldat.

[D]et nya världskriget pågått en [tr]ivade den berlinska kabaret[s]an Lala Anderson (som en[el]smännen skall vara svenska, [or] tidigare hört danska) Lili med sin repertoar. Populär[k]ören Norbert Schultze, som [my]cket annat också gjort den [s]ka musiken till Harry Baur- "Slutackord", hade skrivit en [ti]ll dikten, och musiken ut[a]lldeles kongenialt versens [s]g. Tangon var lättfattlig, ba[n] inte alldeles billig, den hade [k], melodisk glamour och en [för]måga att bita sig fast hos en som hörde den.

[M]en slog ej igenom genast. [— d]et kan ej förklaras. Lala [s]jöng in den på en gram[mo]fon, men plattan såldes inte så

[Så] de det att den tyska krigsmak[ten] anföll Serbien och tog Bel[gra]d väld. Som seden är, eller [sk]ulle tysk radio — Deutscher [R]sender — snarast möjligt trä-

da i verksamhet i den erövrade huvudstaden. Första kvällen rådde ännu någon oreda på radiostationen. Man skulle sluta med en militärmarsch, men fann i hastigheten ingen och tog vad som låg närmast till hands. Det var Lili Marlene i Lala Andersons insjungning, varav ett exemplar hamnat i Belgrad.

Effekten var högst oväntad. Melodin blev en omedelbar "hit". Från de mot söder segerrikt framträngande tyska Balkantrupperna inströmmade till frontradion i Belgrad brev i hundratal med samma begäran — giv oss Lili Marlene. Budskapet härom nådde Berlin, och Goebbels tog hand om den väntande flickan i gatlyktans sken. 500 kvällar i sträck stod Lili Marlene på tyska riksprogrammet och avlyssnades extatiskt vid alla fronter. Hemma döptes mjölkbarer till Lili Marlene, fester för vinterhjälpen gick i hennes namn. Fru Göring, skådespelerskan Emmy Sonnemann, sjöng den i Krolloperan, Lala Anderson reste runt i de ockuperade länderna med den.

Lili Marlene följde tyska Afrikakåren på dess segermarscher. Lala Andersons mjuka röst bar den melankoliska tangon ut i ökennatten — den smekte engelsmännens öron och eröv-

T.V Fonte de jornal não identificada.
T. H. "O filme sobre Lili Marlene ", de A. N-r.
21 de maio de 1944.
Os Diários da Guerra 8.

rade åttonde armén. Varenda kväll ställdes varenda radio bakom de engelska linjerna in på tyska stationer. Lili Marlene blev de brittiska truppernas nya Tipperary, den blev — när vinden äntligen vände sig — åttonde arméns segersång, som klingade vid El Alamein och Bizerte och följde med till Sicilien och Italien. Den ljöd vid landstigningar och bergsmarscher. Ideligen fick tangon nya ord — komiska och patetiska om vartannat, tillfällighetsverser, kupletter.

Men plötsligt tystnade Lili Marlene — på tysk sida. När fältmarskalken von Paulus kapitulerat i Stalingrad förbjöd Goebbels all underhållningsmusik i radio under tre dagar. Och Lili Marlene kom aldrig tillbaka. Det sades att Lala Anderson förpassats till koncentrationsläger. Hon skulle ha skrivit till sitt hemland (Sverige, Danmark?), att "det enda jag vill är att komma bort från detta förskräckliga land". Det kom order om en ny schlager, sjungen av en pålitligare sopran, Maria von der Schmitzen — "Alles geht vorüber, alles geht vorbei". Den var inte dålig, men det var ingen ny Lili Marlene.

Den detroniserade melodin togs upp av engelsk radio, i B.B.C:s sändningar, avsedda för Tyskland och de ockuperande länderna. F. d. tyskan Lucie Mannheim sjöng den. Nu var orden beska, cyniska, hånfulla. Tyskarna lyssnade till dem i hemlighet, lärde sig dem, bättrade på dem.

På den punkten står det fortfarande,

T.V. Continuação do relato anterior.
"O filme sobre Lili Marlene".
T. H. "Stefan Szende: O último judeu da Polônia ", de Ivar Harrie.
Fonte do jornal não identificada.
Os Diários da Guerra 8, 1944.

23.8.-44

Paris är befriat från tyskarna. Efter fyra års fångenskap. Jag minns den dag, man läste på löpsedlarna, att hakkors flaggan vajade på Eiffeltornet. Det måste vara århundraden sedan.

27 aug. 1944.
Häromdan — den 23, tror jag, kapitulerade Rumänien och har t. o. förklarat krig mot Tyskland.

Det förefaller otroligt att Tyskland ska kunna hålla ut länge till. En överraskning från kriget hittar jag idag

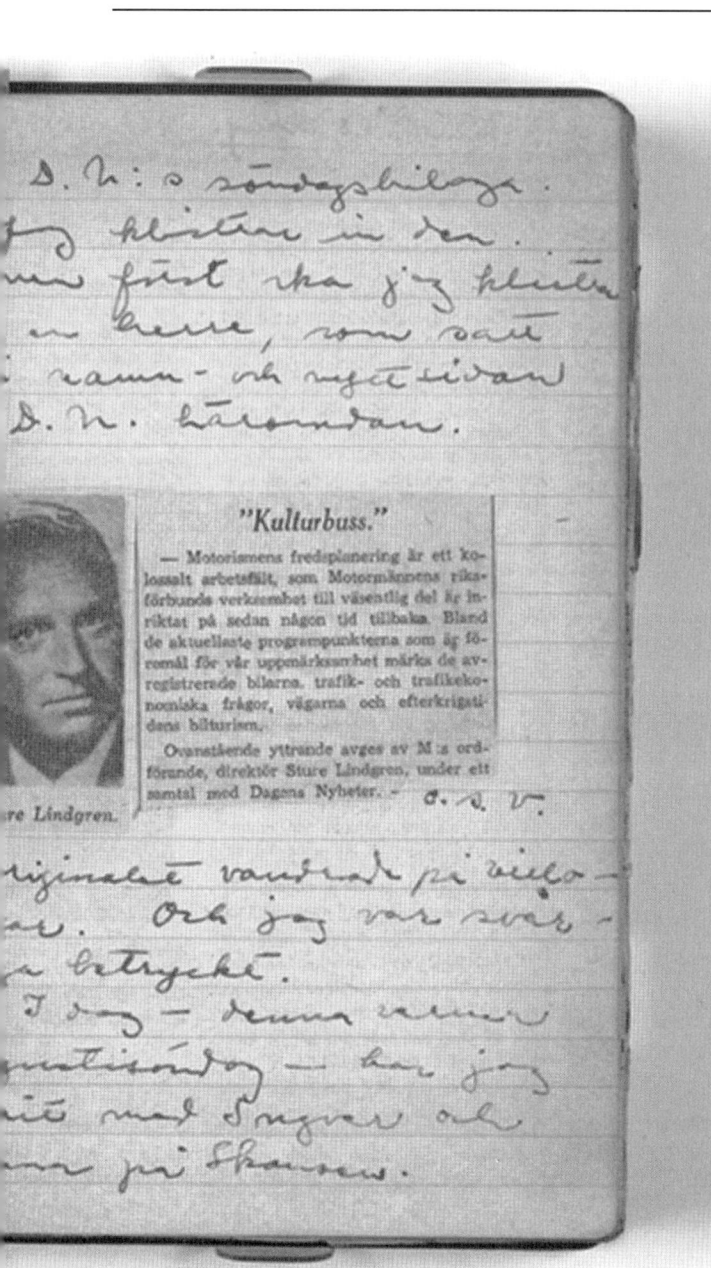

"Ônibus de Cultura".
Fonte do jornal não identificada.
Os Diários da Guerra 9, 1944.

lien med en "nyfascistisk" regering under Mussolini och i Rumänien med en regering Horia Sima.

Europa marscherar med Tyskland, sade Hitler med en stolt gest då han med sina satelliter drog ut för att krossa den plutokratisk-bolsjevikiska sammansvärjningen. Marschen fortsätter, men den går baklänges, och i de glesnande leden uppstår slagsmål väl ofta.

30.10.-44.

Jag skriver allt mera sällan i den här. Jag har så välsignat mycket annat att ta på och har gått i en så nervspänning hela hös att jag inte kunnat förmå mig att skriva. Just nu ser det ut s om den värsta krisen vore över, men ännu är det kanske inte riktigt säkert, att det vänder åt rätt håll. men det händer

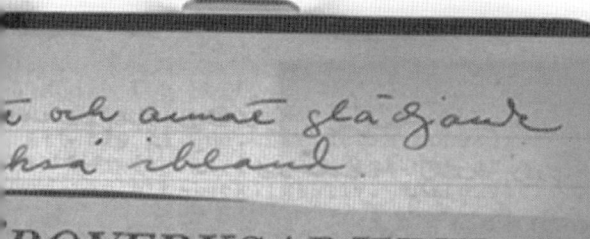

T.V. Fonte do jornal não identificada.
T. H. "Professora de escola secundária ganhou o 1º lugar no concurso de livro para meninas".
Fonte do jornal não identificada.
Os Diários da Guerra 9, 1944.

Jag befinner mig mitt inne i värsta
stridsvimlet. Dock vandra tankarna ofta
andra vägar. Min längtan för mig långt
bort från all kamp och strid in i dröm-
marnas och minnenas lyckliga land.
Under en skoningslös himmel i glödande
sol eller strömmande regn spelar döden
upp till dans. Vem räknar alla de stun-
der vi genomleva som evigheter? Smärtan
förlänger varje minut, när trumelden
spelar över oss.
Livet lockar och ropar som en fjärran
melodi. Kärleken leder tankarna åter
till livet och ger viljan övermänskliga
krafter. Jag har upplevat, att en sårad
som fått ettlårbensbrott, i sin döds-
ångest sprang upp från båren för att un
gå den förföljande fienden och sprang
tills han föll ihop.
Här får man lära sig att vara rädd om s
liv. Man frågar inte efter ställning el
pengar. Man hoppas bara på en smula ro
och på en anspråkslös fredlig lycka.
Dagarna komma och gå och vi lider av he
och sömnlöshet. Varje dag samma öronbe-
dövande stridslarm. Rolös och glädjelös
väntar man på det som skall avgöra ens
öde. Kommer jag någonsin att få se mitt
barn? Det är en lugnande känsla, att ja
åtminstone vet, att mitt barns framtid
vilar i dina händer. Om det blir en poj

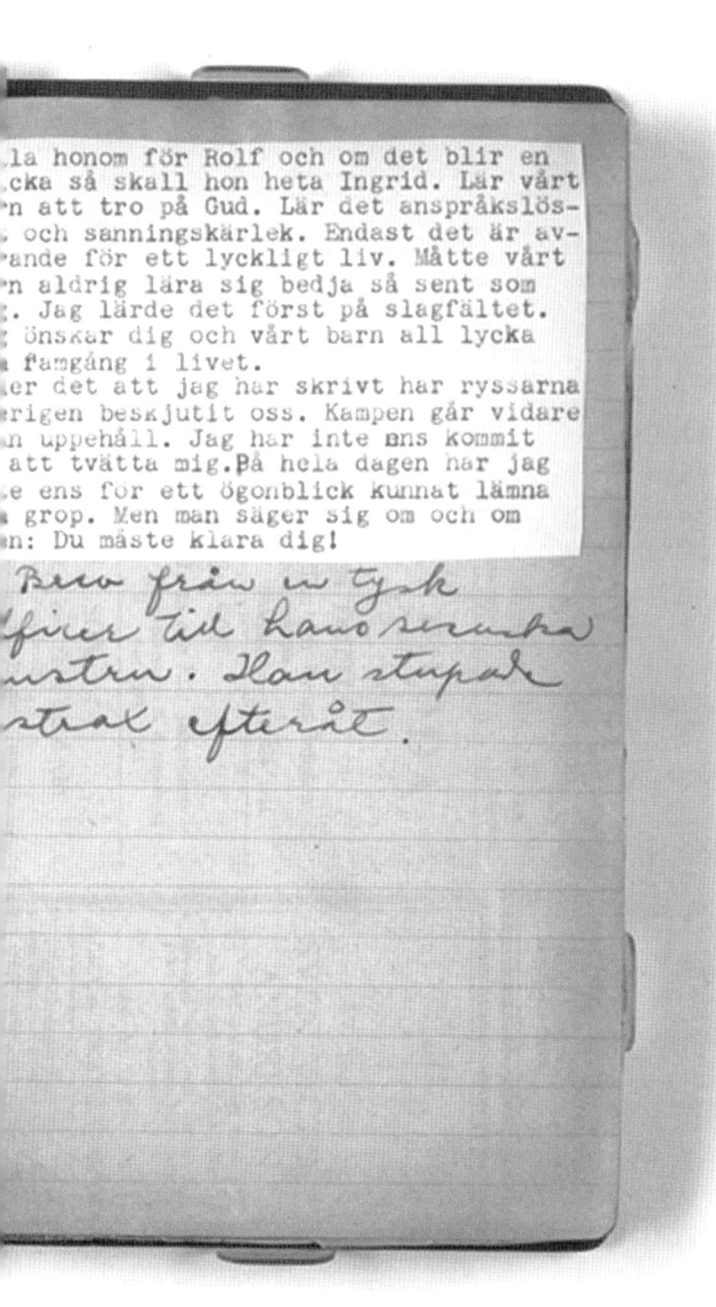

.la honom för Rolf och om det blir en
.cka så skall hon heta Ingrid. Lär vårt
.n att tro på Gud. Lär det anspråkslös-
. och sanningskärlek. Endast det är av-
.ande för ett lyckligt liv. Måtte vårt
.n aldrig lära sig bedja så sent som
.. Jag lärde det först på slagfältet.
. önskar dig och vårt barn all lycka
. fsmgång i livet.
.er det att jag har skrivet har ryssarna
.rigen beskjutit oss. Kampen går vidare
.n uppehåll. Jag har inte ens kommit
. att tvätta mig. På hela dagen har jag
.e ens för ett ögonblick kunnat lämna
. grop. Men man säger sig om och om
.n: Du måste klara dig!

Brev från en tysk
officer till hans senaste
hustru. Han stupade
strax efteråt.

Cópia de uma carta do tempo de Astrid Lindgren na censura das cartas pela Pka.
Os Diários da Guerra 9, 1944.

Vimmerbys just nu mest rikts bekante innevånare är den unge författaren och tidningsmannen Hans Håkanson, som skapat sig ett namn med sina romaner om småländska stenhuggare

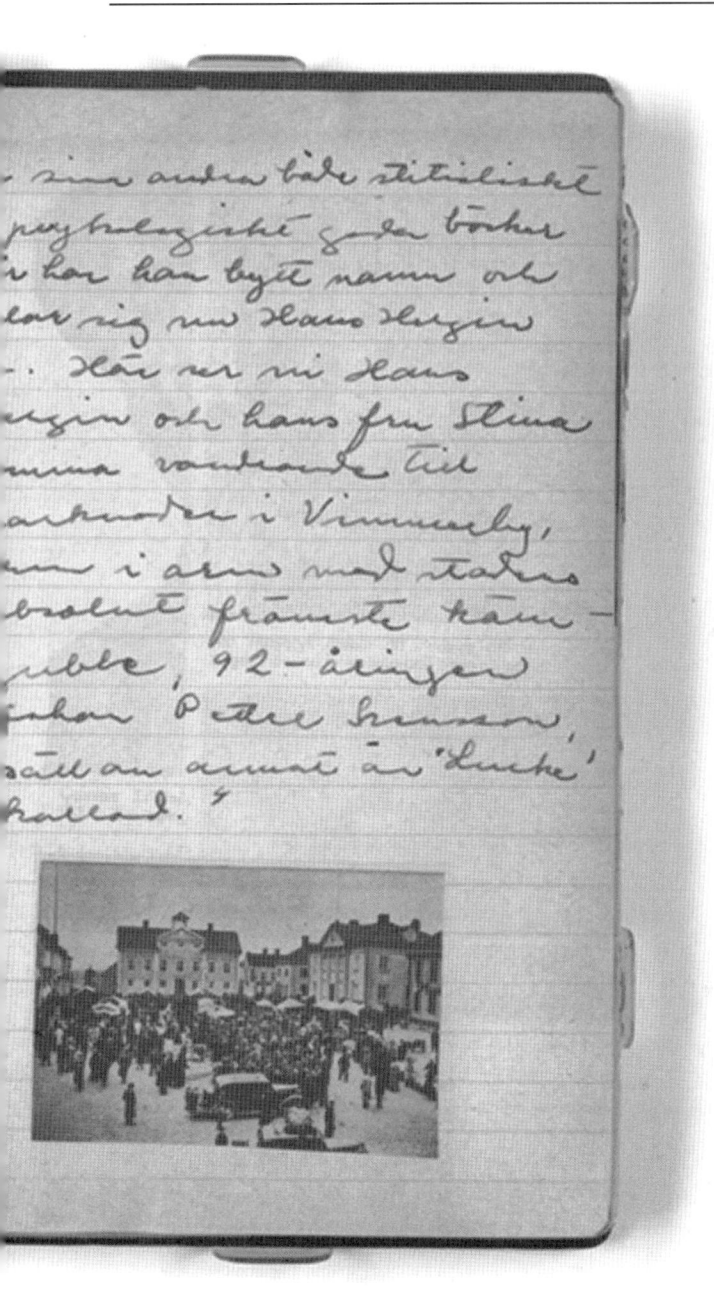

"No mercado Vimmerby", por JEFF.
Vi, nº 6, 1944.
Os Diários da Guerra 9.

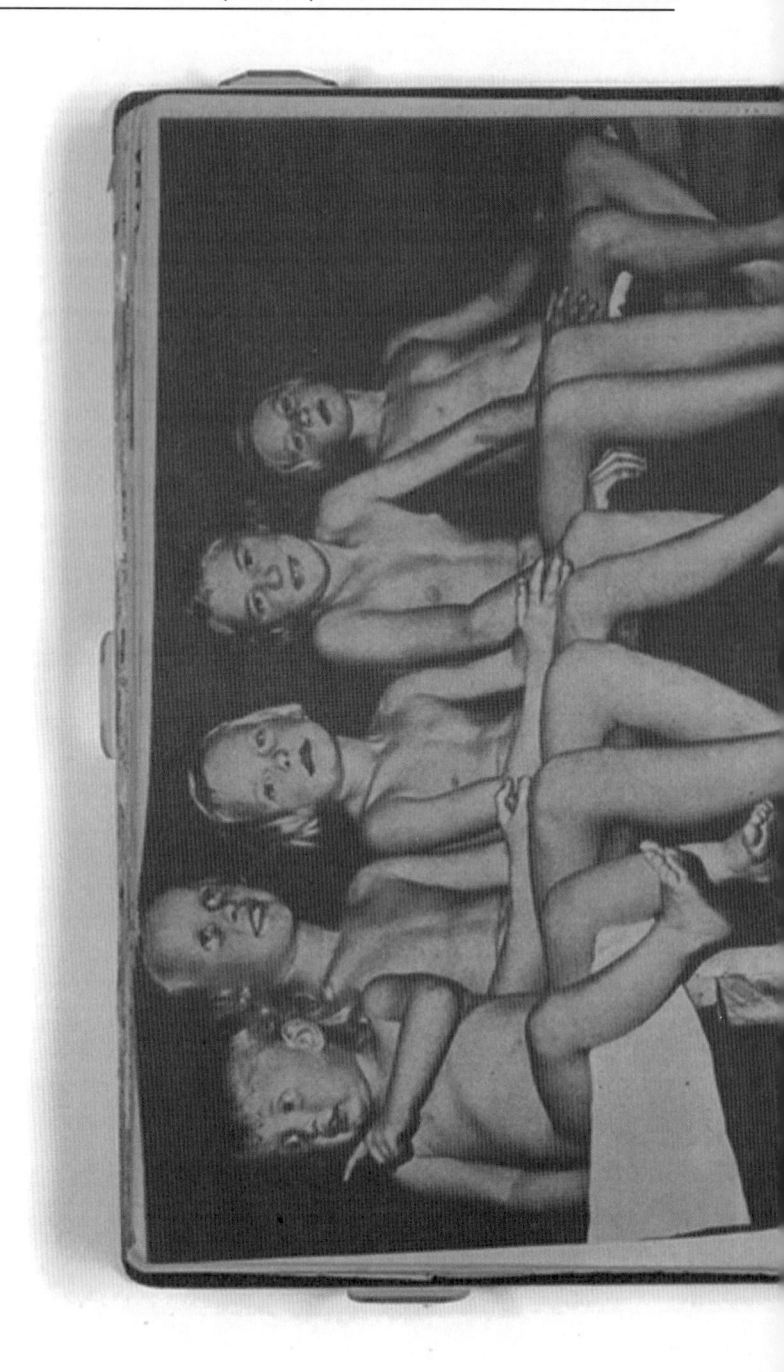

294 O Mundo que Enlouqueceu: Os Diários da Guerra – 1939-1945

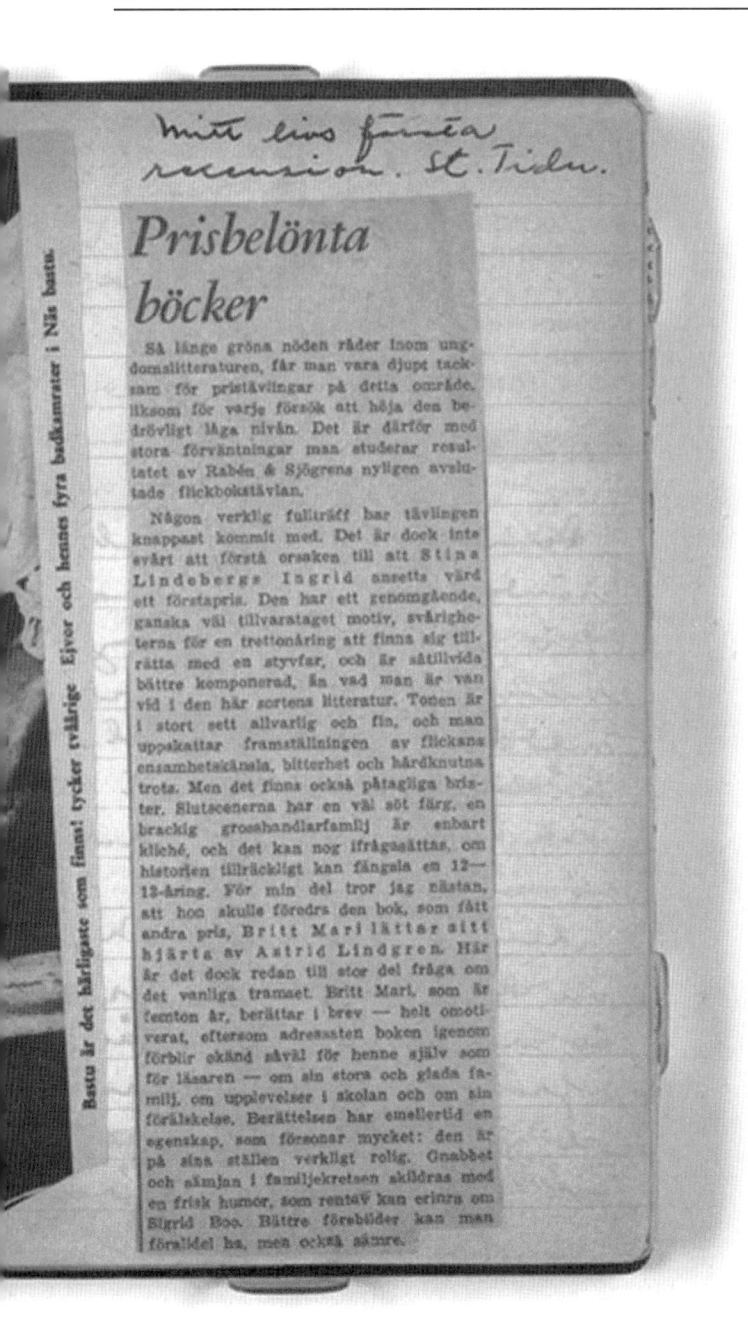

mitt livs första
recension. St. Tidn.

Prisbelönta böcker

Så länge gröna nöden råder inom ungdomslitteraturen, får man vara djupt tacksam för pristävlingar på detta område, liksom för varje försök att höja den bedrövligt låga nivån. Det är därför med stora förväntningar man studerar resultatet av Rabén & Sjögrens nyligen avslutade flickbokstävlan.

Någon verklig fullträff har tävlingen knappast kommit med. Det är dock inte svårt att förstå orsaken till att Stina Lindebergs Ingrid ansetts värd ett förstapris. Den har ett genomgående, ganska väl tillvarataget motiv, svårigheterna för en trettonåring att finna sig tillrätta med en styvfar, och är ståtligvida bättre komponerad, än vad man är van vid i den här sortens litteratur. Tonen är i stort sett allvarlig och fin, och man uppskattar framställningen av flickans ensamhetskänsla, bitterhet och hårdknutna trots. Men det finns också påtagliga brister. Slutscenerna har en väl söt färg, en bråkig grosshandlarfamilj är enbart kliché, och det kan nog ifrågasättas, om historien tillräckligt kan fängsla en 12—13-åring. För min del tror jag nästan, att hon skulle föredra den bok, som fått andra pris, Britt Mari lättar sitt hjärta av Astrid Lindgren. Här är det dock redan till stor del fråga om det vanliga tramset. Britt Mari, som är femton år, berättar i brev — helt omotiverat, eftersom adressaten boken igenom förblir okänd såväl för henne själv som för läsaren — om sin stora och glada familj, om upplevelser i skolan och om sin förälskelse. Berättelsen har emellertid en egenskap, som försonar mycket: den är på sina ställen verkligt rolig. Gnabbet och sämjan i familjekretsen skildras med en frisk humor, som rentav kan erinra om Sigrid Boo. Bättre förebilder kan man förstås ha, men också sämre.

Bastu är det härligaste som finns! tycker tvillinge Ejvor och hennes fyra badkamrater i Nås bastu.

T.V. Fonte do jornal não identificada.
T. H. "Livros ganhadores de prêmios", por Eva Wennerström-Hartmann.
Stockholms-Tidningen, *23 de novembro de 1944*.
Os Diários da Guerra 9.

General Patton har efter en blixtstöt mot
der gått över floden Saar. Efter fem kilo-
ters framryckning stod amerikanerna på f
dagskvällen knappt 27 km söder om Saarbr.
ken, där det tyska försvaret nu hotas av öv
flygning söder ifrån. Strasbourg uppges
vara helt befriat. Franska spaningsförba
rapporteras ha gått över Rhen öster om s
den. 40.000 tyskar har hittills tillfångatag.
under den allierade vinteroffensiven. Ber
medger att amerikanerna från Eschweiler ku
nat tränga fram ytterligare mot Ruhr.

Våldsamma strider har blossat upp framför Ostpreussen, där ryssarna enligt Berlin kastat fram över 50 infanteridivisioner och huvuddelen av sina pansarreserver. En dagorder från Stalin meddelar att tyskarnas sista motstånd på Ösel brutits och hela ön befriats.

Ryska radion förklarade på fredagen att den nya offensiven från alla håll snabbt kommer att leda till Tysklands totala sammanbrott.

Chefen för polska regeringen i London, Mikolajczyk, har trätt tillbaka, vilket torde innebära en allvarlig skärpning av den polsk-ryska krisen.

Amerikanska jättebombare från baser i Stilla havet anföll på fredagen i flera vågor Tokyo, Yokohama och Kobe.

T.V. "Patton cruzou Saar. 50 divisões russas atacam a Prússia Oriental. Crise polonesa afiada".
25 de novembro de 1944.
T. H. "Testemunho estranho dos sobreviventes sobre o desastre. Submarino desconhecido afundou o navio 'Hansa', com torpedos'".
26 de novembro de 1944.
Os Diários da Guerra 9.

1945

Anne-Marie Fries, Astrid e a colega no escritório de censura, Birgit Skogman. Lidingö, 1945.

17 DE JANEIRO DE **1945**

Vergonhosamente, eu negligenciei os registros e nada escrevi por algum tempo. Porém, muita coisa aconteceu. A ofensiva alemã nas Ardenas foi repelida. Várias ofensivas russas estão em progresso, inclusive na Polônia, onde Varsóvia, de acordo com os jornais da noite de hoje, foi liberada dos alemães. Houve prolongadas e violentas lutas ao redor de Budapeste. Pelo que imagino, não deve restar muito dessa cidade. O jornal *Dagens Nyheter* está publicando uma série de artigos com o título de "No Limiar da Paz". Então, eles evidentemente pensam que a guerra não pode ir mais longe. No escritório, as pessoas estão começando a se preocupar com seus empregos – eu ainda estou de licença médica e, da forma como vão indo as coisas, tudo parece muito sombrio. Por mais que perscrute o futuro, tudo parece escuro e, no entanto, Sture insiste que tudo isso ficou no passado. Quem viver, verá!

21 DE JANEIRO

Os russos estão derrubando tudo à sua frente. E o que dizer se eles chegarem a Berlim? Eu acho melhor continuar com os recortes dos jornais, pois esses enfrentamentos podem ser os mais importantes.

Enfrentamentos importantes estão em progresso entre Sture e mim, também, e há muito tempo que não me sinto tão desanimada como tenho estado nesses últimos dias.

2 DE MARÇO

Os Aliados estão avançando no front oriental. Colônia está sob forte fogo de artilharia. Os russos também estão avançando no front oriental, embora não tão rapidamente como estava sendo previsto pouco tempo atrás – e não parece que eles conseguirão estar em Berlim amanhã. Houve uma terrível série de bombardeios aéreos sobre Berlim recentemente, e é um mero milagre o fato de a Alemanha resistir ainda. A Turquia declarou guerra à Alemanha no último minuto, a fim de assegurar para si um lugar na reunião em São Francisco.

Minha própria guerra particular parece ter terminado também – com a vitória para mim.

Além disso, estou ocupada escrevendo *Barbro e Eu* [publicado como *Kerstin and I*]. – essa é a coisa mais prazerosa que tenho feito no momento.

23 DE MARÇO

Hoje é o aniversário da vovó, que faz 80 anos. Não estamos lá, mas lhe mandamos um bolo de chocolate, um livro e algumas louças. Estamos agora no equinócio vernal de 1945, e a primavera já estar no ar.

Tivemos um bom jantar [com carne de rena assada, camarões defumados, patê de fígado, bifes assados]! Sture está cochilando, Karin está traduzindo alguns trechos em dinamarquês, Lasse está tocando guitarra-banjo e eu estou escrevendo.

Não tenho nenhum recorte de jornal para apresentar, portanto, é melhor escrever um pouco pela memória.

Na Finlândia, as coisas estão chegando a um ponto crítico. No início de março, o ministro do trabalho, Wuori, dirigiu uma notável mensagem pelo rádio, dizendo basicamente que todos os traços do Nazismo teriam de ser erradicados da Finlândia, do contrário, o país viria a sofrer muito. As eleições parlamentares, com um escopo mais amplo do que qualquer escopo anterior, terminaram em vitória para os "democratas", ou seja, os comunistas, que haviam sido banidos da Finlândia desde 1930, agora têm o vento a favor em suas velas.

A Alemanha está sendo totalmente arrasada. Logo, logo, não haverá nenhum soldado alemão a oeste do Reno. Outro dia houve uma preocupante descrição no jornal *Stockholms-Tidningen* sobre o estado das coisas na Alemanha. Infelizmente, não tenho esse artigo. Hitler não quer se render; ele está preocupado com a História, que pode apresentar um veredito vergonhoso a seu respeito, essa é uma das coisas que o artigo mencionava.

Quanto à família Lindgren, posso dizer: "Em casa está o marinheiro, está em casa vindo do mar, e o caçador está em casa, está em casa vindo do bosque".

Aqui, tudo está um brinco, depois da limpeza da primavera, e algumas vezes estou feliz e outras vezes estou triste. Estou mais feliz quando estou escrevendo. Recebi uma oferta do editor Gebers há alguns dias.

Eu me esqueci de dizer que o edifício da Shell, com sede alemã em Copenhagen, veio ao chão, bombardeado que foi pelos Aliados. Uma escola católica pegou fogo e muitas crianças morreram.

A Noruega presenciou muitas execuções por um pelotão de fuzilamento.

26 DE MARÇO

Ontem, domingo à tarde, Churchill percorreu o Reno em uma lancha de desembarque, até a cabeça de ponte do 9º Exército Americano.

6 DE ABRIL

Bem, a Páscoa já passou – Sture e eu ficamos em casa sozinhos, pois as crianças estavam em Småland – e tudo esteve muito intenso. Dias históricos, à medida que a Alemanha desmorona e este é, seguramente, o último fim de semana antes de seu colapso.

> *[Recortes de jornal não identificado: últimas notícias dos fronts; uma coalizão do governo finlandês está formada; dois dinamarqueses executados pelos alemães; o funeral de Roosevelt].*

14 DE ABRIL

Por intermédio da Cruz Vermelha, a Suécia enviou alimentos para os holandeses, que realmente estão morrendo de fome. Aqui está uma carta de agradecimento ao rei e ao povo sueco.

[Recorte do jornal Dagens Nyheter, *de 14 de abril 1945: Carta de uma srta. Koens e de uma srta. Kardinaal, de Amsterdã, para "Sua Alteza e para o povo sueco"].*

25 DE ABRIL

Berlim é um monte de lixo fumacento e, de acordo com as notícias da noite, agora há pouco, foi completamente cercada pelos russos.

Eu levo várias horas para recortar tudo dos jornais. Os jornais da noite são excelentes em descrições horríveis dos campos de concentração na Alemanha, mas não quero colocar todos aqui.

Para mim, parece haver um cheiro de sangue novo emanando da Alemanha e uma terrível sensação de desgraça. Tudo isso aparenta ser "A Queda do Ocidente".

Mulheres alemãs foram levadas para ver os horrores de Buchenwald – bem como vários repórteres da imprensa neutra.

Eu li muitas cartas de judeus dinamarqueses que informam que a Cruz Vermelha trouxe de volta prisioneiros de Theresienstadt. Eles agora estão bem abrigados em um campo perto de Strängnäs. A Cruz Vermelha também acabou trazendo para casa estudantes suecos e noruegueses, mas isso é altamente secreto, por enquanto. As cartas dos judeus eram profundamente emocionantes, apesar de Theresienstadt ter sido considerado um lugar comparativamente decente, além do fato de que os dinamarqueses têm um *status* especial.

A conferência de São Francisco começou hoje (sem Roosevelt). Imaginem só todas as teorias que serão expostas.

[Com o título de Astrid, "Geschichten aus dem Buchenwald" [Histories from Buchenwald], um recorte do jornal Svenska Dagbladet, *de 26 de abril 1945:*

"Terríveis instrumentos de tortura e de destruição"; "Impressionante vontade de viver entre muitos dos prisioneiros"].

29 DE ABRIL

Nesta manhã de domingo, quando fomos acordados pelo som da chuva caindo nos bueiros, a imensa manchete no jornal dizia:

OS ALEMÃES SE RENDEM!

A Alemanha se rende – finalmente! Por que não antes, antes de toda a Alemanha ser reduzida a um monte de lixo, e de tantas crianças de 10-12 anos serem sacrificadas sem qualquer propósito?

A notícia, nós a ouvimos ontem à noite. Sture e eu estávamos comendo o costumeiro lanche de sábado à noite; mas tem havido tantos rumores ultimamente que chegamos a duvidar da veracidade dessa notícia.

Himmler, esse monstro, propôs a paz, e alega que Hitler está morrendo e que não sobreviverá à rendição por mais de 48 horas.

Todas as negociações foram feitas por um intermediário sueco – o conde Folke Bernadotte, chefe da Cruz Vermelha sueca. Rendição incondicional – não é à toa que Hitler esteja morrendo. Talvez tenha morrido há séculos, talvez Himmler mandasse matá-lo.

Pense! Apenas pense! A guerra está chegando ao fim! É inimaginável! Na realidade, a Alemanha perdeu a guerra depois de Stalingrado – por que esse conflito sem nexo teve de durar tantos anos?

No Parlamento, há uns dias, houve um plenário secreto para tomar uma decisão para uma possível intervenção armada na Noruega. Quase todos votaram contra. Certo! Eles estão certos! Por que interferir no conflito no último minuto? Felizmente, a questão agora é imaterial, porque tanto a Noruega como a Dinamarca serão entregues sem luta – condição dos Aliados. E eu não acredito que os alemães na Noruega serão loucos a ponto de manter a luta por conta própria.

Mas todos os jovens, os refugiados noruegueses e também os dinamarqueses que se encontram em nosso país preparando-se para voltar para casa e fazer sua parte ao final desse conflito, poderão ficar decepcionados.

O governo norueguês em Londres está (ou estava) decepcionado conosco, por não querermos nos envolver. Essa não é a primeira vez que eles ficaram decepcionados conosco, por uma coisa ou outra, mas eu acho que podemos absorver isso com equanimidade. Pense como ficaram decepcionadas a França e a Inglaterra, quando não quiseram juntar-se ao conflito da Finlândia e deixar passar as tropas aliadas para enfrentar a Rússia que, na época, era aliada da Alemanha. Como estaria o mundo, se tivéssemos sido levados pelo sentimentalismo dessa decepção? A Alemanha aliada à Rússia, meu Deus, nesse caso a Inglaterra estaria com um sério problema. E como acham que nós nos sentimos quando, sem qualquer opção, fomos forçados a deixar os trens, com alemães em licença, passarem com destino à Noruega, o que, certamente, foi um deplorável e penoso episódio? Mas, conforme nós mesmos comprovamos, esse foi realmente o mais sensato curso de ação. Porque era necessário que a Suécia se mantivesse fora da guerra. Olhando para trás, nós conseguimos muita coisa, nada de especialmente heroico, mas, assim mesmo, o que fizemos foi gratificante. Fornecemos ajuda material sem precedência à Finlândia, bem como à Noruega. Fomos o lugar de refúgio de quase 100 mil refugiados noruegueses e dinamarqueses, talvez seja um pouco superestimado, mas não tenho certeza. Em "campos policiados", proporcionamos a esses refugiados treinamento militar básico.

E agora, nesses últimos dias, foi possível organizar uma estratégia para que dinamarqueses e noruegueses localizados na Alemanha, além de judeus e outros, fossem trazidos para a Suécia. Eu li algumas das cartas que esses jovens enviaram às suas famílias em casa, quando aqui chegaram, e eles estão exultantes. "Pense! A vida pode ser tão gloriosa!" – "Estaríamos, por acaso, sonhando?", e assim por diante. É a alegria de ser capaz de dormir em uma cama verdadeira, comer alimentos apropriados, passear na floresta e colher anêmonas e viver uma vida normal, apesar de tudo. Alguém escreveu que se devia, primeiro e acima de tudo, agradecer a Deus e depois agradecer à Cruz Vermelha sueca.

Agora temos um sueco agindo como intermediário a fim de trazer o pedido de paz da Alemanha. *Alguém* precisa ficar neutro, do contrário, nunca poderia haver paz – por falta de intermediários.

Apenas pense que haverá paz! O mês de maio chegará em poucos dias – é primavera, e as árvores estão se tornando verdes e a chuva maravilhosa está caindo no solo, que agora terá de produzir enormes safras para manter a raça humana viva. Não haverá outro inverno de guerra, graças a Deus! Estou feliz que a guerra tenha acabado na primavera, para que os pobres e atormentados povos possam ter tempo para se aprontar, tempo para reconstruir e ter um pouco de alimento antes da chegada do novo inverno.

Primavera de 1945 – nunca pensamos que fosse durar tanto tempo!

À noite

Era uma mentira! A rendição. Mas ela, de qualquer forma, acontecerá nos próximos poucos dias. Alguém nos Estados Unidos deu com a língua nos dentes. A parte sobre Folke Bernadotte trazendo uma mensagem verbal de Himmler era verdade. Mas a expectativa é que eles estivessem dispostos a render-se aos ingleses e americanos, mas não aos russos. E Stalin não quer concordar com qualquer rendição, até que o exército alemão seja completamente exterminado. Já foram ouvidos tantos rumores, que é difícil saber em quais acreditar. Existem alegações confidenciais de que Hitler morreu de um ataque cardíaco no começo da semana, mas pode não ser verdade. De acordo com os jornais de hoje, Mussolini levou um tiro.

1º DE MAIO

Pouco tempo atrás, tivemos os estudantes de Lund cantando, no rádio, a serenada da primavera: "O, hur ärligt majsol ler" [Deixem o glorioso sol sorrir] e "Blommande sköna dalar" [Vales em magnífico desabrochar], e assim por diante. Antes disso, comemos um lanche com frango, xerez e queijo; o xerez era em homenagem às boas notícias – a Dinamarca está livre, os alemães estão indo embora. (Mas a verdade não era bem assim!)

Sture, Karin e eu fomos até Skansen nesta manhã, e ali a primavera mostrava todo o seu esplendor. Sentamo-nos ao sol fora do Älvrosgården e sentimos o cheiro da primavera. Ontem estava frio e chuvoso, mas hoje a primavera está presente. Uma primavera especial e não apenas qualquer velha primavera, mas a primavera que, afinal, nos trouxe a paz. Isso não é maravilhoso?

Esta tarde datilografei alguns capítulos de *Barbro e Eu*, ou qualquer que seja o título pelo qual ele eventualmente será publicado.

Certo, é hora do TT [das notícias]: o conde Bernadotte disse, em uma conferência de imprensa, que cerca de 15 mil internos foram levados para a Suécia de campos de concentração alemães.

Mas ele não tem nenhuma oferta de paz dessa vez. Ele disse estar convencido de que Hitler – vivo ou morto – está em Berlim.

1º DE MAIO, 21H40

Neste exato momento os sons estrondosos de "Deutschland, Deutschland über alles" [A Canção da Alemanha] ecoam do meu rádio. Um momento atrás, o costumeiro programa foi interrompido para dar uma extraordinariamente importante notícia. Às 21h26, uma mensagem para o povo alemão foi transmitida de Hamburgo. *Unser Führer,* Adolf Hitler, faleceu nesta tarde, lutando contra o Bolchevismo até o final. O grande almirante Dönitz foi nomeado seu sucessor. *A batalha continuará.* E então, Dönitz dirigiu-se ao povo alemão, seguido do hino alemão. E mesmo que Hitler e o Nazismo representem a quintessência do horror, a queda de um país importante inevitavelmente deixa em nós uma profunda impressão, à medida que ele irrompe pelo abismo afora. Agora estão repetindo a transmissão de Hamburgo. Posso ouvir Dönitz dizendo *Schenckt mir Euren Vertrauen* [Dê-me a tua confiança]!

Este é um momento histórico. Hitler está morto. Hitler está morto. Mussolini também está morto. Hitler morreu em sua capital, nas ruínas de sua capital, entre as ruínas e o lixo de seu país.

"O Líder caiu em seu posto de comando", disse Dönitz.
Sic transit gloria mundi! [E assim passa a glória do mundo!]

5 DE MAIO

Alegrem-se, alegrem-se! A Dinamarca está livre novamente, depois de cinco anos de servidão. A Holanda também. Rendição às 7 horas desta manhã. Quando estava indo a pé para o trabalho nesta manhã, eu vi de repente todas as bandeiras: dinamarquesas, suecas e norueguesas, tremulando, e não pude conter as lágrimas.

No escritório, ficamos ouvindo o discurso do rei Christian para os "homens e mulheres dinamarqueses", às 11 horas da manhã. Ele foi introduzido pelos sinos do relógio em Raadhustornet [a torre da Prefeitura], e depois Ude apresentou seu discurso, o povo cantou "Kong Christian Stod ved Hojen Mast" [o hino real dinamarquês], durante o qual todos ficaram em pé. O sol está brilhando neste dia, no dia da libertação da Dinamarca.

Os jornais estão cheios de notícias – eu não sei como farei para ter todos os recortes. Foi dedicado um grande espaço para todos os prisioneiros dinamarqueses e noruegueses (e outros) que foram trazidos para a Suécia pela Cruz Vermelha sueca.

Estou tomando nota disso rapidamente, durante meu horário de almoço.

5 DE MAIO, POUCO DEPOIS DAS 19 HORAS

Sven Jerring está em Copenhagen neste momento e, no rádio, posso ouvir os dinamarqueses de ambos os sexos gritando e cantando de alegria.

7 DE MAIO

É o Dia VE, Dia da Vitória. A guerra acabou! A GUERRA ACABOU!

Acredito que foi às 2h41 da tarde que a rendição foi assinada em uma pequena escola, pintada em vermelho, de Reims; para os Aliados, assinou Eisenhower (Bedell Smith), e para os alemães, Jodl, termos nos quais todas as forças alemãs, em toda a Europa, capitularam. A Noruega agora está livre também. Nesse mesmo momento, uma selvagem sensação de júbilo está se espalhando em Estocolmo. A Kungsgatan está afundada em papel e todas as pessoas parecem ter enlouquecido. No trabalho, cantamos "Ja, Vi Elsker" [o hino nacional norueguês], depois da transmissão das 15 horas.

Sture não veio para o jantar nesta noite, mas mandou uma garrafa de xerez para que pudéssemos celebrar a paz. Agora estão tocando *The Star-Spangled Banner*.* Eu fiquei bebendo xerez com Linnéa e Lars, e estou me sentindo um pouco tonta. É primavera, e o sol está brilhando neste dia abençoado, e a guerra acabou. Eu não gostaria de ser alemã. Apenas pense, a guerra acabou, Hitler morreu (agora há gritos e aplausos no rádio e Estocolmo perdeu o juízo). As ondas de alegria ainda não pararam na Kungsgatan. O anunciante está dizendo: "É um dia gloriosamente maravilhoso".

Eu dei a Lasse outras duas coroas e ele foi correndo juntar-se às multidões do mundo todo. Dei a Karin uma coroa e ela comemorou a paz comprando doces.

Uma senhora norueguesa acabou de chegar e está contando como se sentiu quando a paz foi declarada: ela está com saudade de seu filho, que está na Inglaterra.

Ah, que bom, agora acabou, toda a tortura, os campos de concentração, os bombardeios, a *Ausradierung* [erradicação] de cidades inteiras e, quem sabe, a combalida humanidade possa repousar um pouco.

A Alemanha e os alemães são odiados – mas não podemos, e nem devemos, odiar todos os alemães, só podemos ter compaixão por eles.

A guerra acabou! É a única coisa que conta no momento.

A guerra acabou! O anúncio oficial será transmitido pela Inglaterra, pelos Estados Unidos e pela Rússia simultaneamente.

Alli, Karin, Matte e eu pegamos um bonde para a cidade para ver com nossos próprios olhos como era Estocolmo com todas as suas luzes acesas neste dia histórico, e forçamos nosso caminho ao longo da Kungsgatan, no meio da multidão excitada. Depois, pegamos outro bonde de volta para casa – e acabei de ouvir nas notícias da noite quão radiantes estavam as pessoas na Noruega. A multidão concentrou-se fora da Møllergata, nº 19 [a sede nazista em Oslo], aquele famigerado endereço, e cantou o hino nacional para os prisioneiros, embora alguns já houvessem sido liberados.

---
*N.T.: O hino nacional dos Estados Unidos.

O rei Gustaf dirigiu-se ao povo sueco do Palácio de Drottningholm; ele já enviara um telegrama para Haakon. Com a rendição, aconteceram cortes de ligações diplomáticas com a Alemanha. Vimos três policiais fora do escritório de turismo alemão, na Kungsgatan, quando passamos por lá e vimos que as janelas estavam cobertas. Depois de toda a arrogância proclamada pelos alemães a partir desse lugar.

Eu perdi a conta de quantas vezes essas janelas foram quebradas durante a guerra! Não pode haver nada mais amargo do que ser alemão – quando outros países eram derrotados pela Alemanha, eles, pelo menos, podiam ter um pouco de conforto em face da empatia demonstrada por outras nações. Mas agora que a Alemanha foi derrotada, o mundo todo está exultante. Como é possível um país tornar-se tão odiado, por que os alemães cometeram esses atos tão bestiais e representaram tanta ameaça para toda a humanidade?

(Também tomei um pouco de xerez com Esse, que pretende voltar para a Dinamarca.)

Amanhã, Churchill apresentará um discurso, assim como Stalin, Truman e o rei da Inglaterra.

8 DE MAIO, 2H15

Trata-se de momentos históricos, um após outro: acabei de ouvir Winston Churchill informar o mundo da rendição incondicional de todas as forças alemãs na Europa e anunciar que podemos finalmente comemorar o Dia da Vitória na Europa (Dia VE). Ele transmitiu o anúncio por meio do microfone do mesmo rádio usado por Chamberlain para declarar a guerra contra a Alemanha, em setembro de 1939.

Nosso bom Winston. Foi ele que, na realidade, ganhou a guerra.

Churchill informou que as hostilidades terminarão no primeiro minuto depois da meia-noite da quinta-feira, 8 de maio. Como deve se sentir, esse vigoroso homem, de mais de 70 anos, ao dar essa notícia para o Império Britânico? Ele falou como um homem no auge de sua carreira, em tons ressonantes, e eu gostei dele mais do que nunca. Depois tocaram "God Save the King" e sua surpreendente majestade me fez chorar.

Minha licença médica terminou justamente hoje, favorecida pela sorte. Sture me ligou ontem à noite do Strand [hotel e restaurante], às 22 horas e, novamente, às 23 horas. Ele queria que eu fosse me encontrar com ele para comemorar a vitória, mas eu estava muito cansada e ele disse que estaria em casa dentro de uma hora. Ele voltou às 3 da manhã, em um estado eufórico, enquanto eu estava louca de preocupação. Fiquei impossibilitada de dormir, por conta de nervoso, que resultou em uma dor de cabeça. Portanto, estou em casa e posso ouvir o discurso de Churchill. As coisas deviam estar bastante animadas nos restaurantes de Estocolmo ontem à noite. No restaurante do Strand todos cantaram, declamaram e cada um fez sua parte. Não há como não apreciar a delícia da paz!

9 HORAS DA NOITE

Acabei de ouvir o rei da Inglaterra dirigir-se ao seu império. Ele falou melhor do que eu esperava, lentamente e quase sem gaguejar. Colarei seu discurso aqui, no devido tempo.

Hoje, também ouvi o príncipe Olav, o rei Haakon e o primeiro ministro Nygaardsvold. E agora, o Dia da Vitória está chegando ao fim e eu não consigo ficar acordada depois da meia-noite, quando os canhões ficarão em silêncio. De qualquer forma, eles já estão em silêncio; para salvar vidas humanas, acredito que o cessar-fogo foi dado ontem.

SEGUNDA-FEIRA DE PENTECOSTES

Texto escrito com o brilho do sol batendo na janela, no dia do aniversário de Karin. Lindo clima para uma segunda-feira de Pentecostes, mas a família letárgica recusou-se a sair de casa nesta manhã. Eu me sentei sozinha no Parque Vasa, com saudade do campo. A primeira coisa que fizemos nesta manhã foi presentear Karin com um bolo, uma maleta, uma caneta-tinteiro, livros e material para uma saia. Estamos sentados para jantar frango e bolo. O marinheiro está em casa, mas ele esteve navegando muito ultimamente.

Eu termino meu "sórdido trabalho" [no escritório de censura] em 1º de julho. Sentirei falta da companhia de meus colegas, bem como do salário.

Mas agora a guerra acabou e não há necessidade mais de segurança do Estado. Apesar de tudo, em minha opinião, as coisas não parecem estar tão tranquilas. A conferência de São Francisco não chega a qualquer conclusão e os russos fizeram novas exigências. A questão da Polônia está causando problemas e os russos ocuparam Bornholm, da qual duvido que eles abram mão, pois dessa forma eles terão o domínio de todo o Mar Báltico.

Eu tenho medo dos russos.

> *[Transcrição datilografada de cartas norueguesas do trabalho de Astrid, no escritório de censura: um testemunho masculino e um feminino do tempo em que ficaram presos na Møllergata e em campos de concentração].*
> *[Recorte do jornal* Dagens Nyheter, *de 19 de maio 1945: Berlim agonizante aterrorizada pela SS e por outros criminosos].*

2 DE JUNHO

Eu não tenho acompanhado de perto os eventos diários durante a última semana, mas há problemas no Levante e De Gaulle está furioso, e o marechal Tedder, da Real Força Aérea, esteve aqui e na Noruega, e os refugiados estão indo de volta para casa. Quanto a nós, em nosso emprego "secreto", fomos notificados de seu término em 1º de julho. Portanto, a paz parece que realmente entrou em vigor, embora seja difícil de acreditar, com os vencedores ainda discutindo, sem chegar a uma conclusão. A Rússia está segurando Bornholm.

Finalmente vendi *Barbro e Eu* (não sei se manterão o título) por 800 coroas, e o que faltava de *Britt-Mari* rendeu 300 coroas, e a tradução finlandesa, um pouco mais de 300 coroas. Também recebi 58 coroas para uma leitura de *Britt-Mari* pelo rádio. Eu gosto muito de ser uma "autora". No momento, estou retrabalhando *Píppi Meialonga*, para ver se posso fazer alguma coisa para essa criança maldosa.

É um frio começo para o verão e, às vezes, eu me sinto nervosa e noutras vezes, em alto astral. Será muito triste despedir-me de meus colegas de trabalho. Tenho dormido mal ultimamente. Na quinta-feira, Karin enfrentará a prova de admissão para a escola de gramática. Lars está frequentemente fora em festas de estudantes e ele tem essa ideia estranha de ir para a Inglaterra como marinheiro de um navio. Sture tem reuniões quase todas as noites.

17 DE JUNHO

As políticas mundiais tiveram de tomar conta de si mesmas por um tempo, pois não houve tempo para eu prestar atenção nelas. Karin já fez sua prova de admissão e conseguiu um lugar na escola de gramática em Sveaplan, graças a Deus, bem como também Matte.

Lars assinou um contrato, como marinheiro, no navio *Ardennia*, que está a caminho de Roterdã via Sundsvall, e penso muito nele e de como se sairá. Karin conseguiu ótimas notas e Lasse foi reprovado em três matérias, coitadinho. Eu me pergunto o que acontecerá com ele.

Sture fez outro reaparecimento, ou assim parece.

E o rei Haakon e a princesa Martha estão de volta à Noruega. O rei Leopoldo gostaria de ir para casa, para a Bélgica, mas parece que o povo belga não o quer de volta. Tenho certeza de que várias outras coisas aconteceram, mas não consigo me lembrar no momento.

Aqui nos sentamos, Sture e eu, com nossas crianças espalhadas pelo mundo, e sinto muita falta delas à noite.

Na maior parte do tempo faz muito frio, com vento e chuva, brrrrrr! Ontem, Sture e eu fomos ao cinema para ver *Dodsworth*, um velho filme a que Sture ainda não havia assistido.

DIA DO SOLSTÍCIO DE VERÃO

Eu acho que nunca tivemos um solstício de verão com esse tempo maravilhoso, depois de um terrível e frio início de verão, e o clima quente chegou bem a tempo para o feriado; mas ele pode desaparecer da mesma forma.

Sture e eu estamos passando o dia do solstício sozinhos na Dalagatan, um solstício muito sensível e um pouco úmido. Vamos fazer um lanche de frango e depois vamos até a varanda do Strand para um café e um licor e, em seguida, assistir à revista *Kar de Mumma*, no Teatro Blanche. Nesta manhã, depois de limpar o apartamento, fui sozinha até Haga de bicicleta, enquanto Sture ficou em casa para ler o jornal. Sentei-me ao sol em Mor pa Höjden [café] e quase derreti.

Espero que Karin aproveite bem o dia do solstício em Solö. Lasse está em Sundsvall; ele me telefonou anteontem. Ele irá primeiro para Gotemburgo e depois para a Inglaterra e Holanda. Foi muito bom falar um pouco com ele.

Ontem, Sture e eu fomos assistir a uma reprise de *You can't take it with you*, um velho filme de Capra.

Eu terminei de revisar *Píppi* e agora eu deveria começar um livro mais comum para crianças. Mas Per-Martin sugeriu tentar escrever uma nova série de família para o rádio. Seria muito divertido se eu conseguisse. Tenho medo de que isso se torne um montão de besteiras.

Meu emprego no escritório de censura termina em uma semana e, depois, vamos para o campo.

18 DE JULHO

Está muito quente para escrever. Churchill e Truman estão em Berlim em uma visita turística à Chancelaria do Reich de Hitler e de outros proeminentes lugares, aqueles que sobreviveram. Stalin também está a caminho. Além disso, eu não sei o que se passa no mundo. No Japão, a luta continua acirrada.

Estamos lutando também em Furusund, mas com a vovó, sobre o presunto, entre outras coisas. Essa onda de calor é de matar, e estamos ofegantes como peixes jogados na praia seca. Sture, Karin e eu estamos aqui. Viemos juntos em 7 de julho do ano passado, também.

Lars está sendo embalado pelas ondas do mar, mas eu não sei onde. Penso nele todas as noites e me arrependo de tê-lo deixado ir. Ele já deveria estar de volta.

O emprego no escritório de censura terminou em 30 de junho. Na noite anterior, tivemos uma festinha de despedida no Bellmansro [restaurante]. A atmosfera era maravilhosa e aproveitamos nosso último encontro. No dia seguinte, o último dia no trabalho, estávamos todos muito tristes e havia lágrimas nos olhos de alguns. Almoçamos no Victoria, Anne-Marie e Rut Nilsson e eu, a srta. Nygren e Rydick, Dubois, Skyllerstedt e Wikberg. Nick veio também, mas foi logo embora. Depois, nos despedimos com um carinhoso adeus no Kungsträdgården [parque]. Este foi o final de uma era.

Estou mantendo o leve rascunho de um diário aqui em Furusund entre os períodos de aguaceiros. Esta noite, Linnéa e eu iremos de bicicleta buscar Matte.

Ah, se eu tivesse Lars de volta à casa novamente!

15 DE AGOSTO

Hoje, a Segunda Guerra Mundial terminou definitivamente. O cessar das hostilidades entre o Japão e os Aliados foi anunciado no noticiário desta manhã. Ouvimos Attlee falar e então tocaram os hinos nacionais inglês, americano, russo e chinês. Antes de tudo isso, os ouvintes suecos ouviram Eyvind Johnson falando da paz.

Imaginem. Finalmente terminou. Seis anos, com mais ou menos duas semanas. Lembro-me bem de estar sentada no Parque Vasa, quando Alli aproximou-se e disse que os alemães haviam entrado na Polônia. O dia estava lindo e quente, e assim também terminou, em um dia lindo e quente. Eu comemorei a paz ajudando com a aveia em Slätö. Estava quente e o sol brilhava. Karin e Gunvor pegaram as varetas do carrinho e nos ajudaram a juntar os feixes em paveias. Stina também veio ajudar.

Sture teve de operar o apêndice e eu fiquei em Estocolmo com ele durante duas semanas, em vez de Småland. Agora tenho apenas uma semana antes de a escola abrir suas portas novamente. Lars voltou para casa depois de sua viagem e está hospedado na pensão de veraneio Norra Latin, revendo algumas matérias. O verão está para acabar.

Ah, sim, eu me esqueci – o marechal Pétain foi condenado à morte ontem à noite. Mas agora, em vista de sua idade, a sentença não será realizada.

Será que as coisas estão realmente calmas ao redor do globo, neste momento, estão havendo ou não bombardeios, canhões disparando, navios afundando, e como o mundo estaria quieto e estranho se isso fosse verdade?

> *[Recorte de jornal: "Os ingleses dirigem mais devagar do que nós".*
> *Um artigo curto, não identificado, sobre a recente visita de Sture Lindgren a Londres, em sua função de chefe da Associação Sueca de Motoristas.*
> *Comentários sobre a baixa velocidade ao dirigir e o pesado trânsito de Londres].*

20 DE NOVEMBRO

Os ingleses dirigem mais lentamente do que nós, e *Píppi Meialonga* está engraçado – com essas observações idílicas, conseguirei terminar a coleta dos recortes de hoje, uma mudança em relação aos horrores tratados normalmente.

Fiquei aqui sentada toda a noite colando recortes dos jornais do mês passado, e mais; faz muito tempo desde meu último registro. Muita coisa aconteceu, como espero que possa ser visto nos recortes. Infelizmente, eu nada guardei sobre a execução de Quisling,* que aconteceu um dia, ou melhor, uma noite de outubro, quando ele foi levado em um carro da polícia para e Akershus [fortaleza], onde enfrentou um pelotão de fuzilamento. Ele nos deu a impressão de que acreditava fazer o melhor para a Noruega. De qualquer forma, agora ele está alimentando os vermes. Precisamente como Laval. E logo será a vez dos grandes vilões alemães, que estão hoje sendo julgados. Todos os países estão fazendo uma boa faxina neste momento e escolhendo seus bodes expiatórios.

(*) Eu o encontrei durante a costumeira faxina antes do Natal. Encontra-se no final deste caderno de anotações.

[Dois recortes de jornal sobre a execução de Quisling, um deles sem identificação, e o outro é do Expressen, *de 24 de outubro de 1945].*

Meus recortes não relatam o suficiente a respeito das barbáries ocorridas na Alemanha. Em Viena e Berlim, todos os bebês podem morrer neste inverno.

O café foi retirado do racionamento em 1º de novembro, para o deleite de todos os amantes do produto, assim como o chá e o cacau. Agora podemos ocasionalmente ver bananas no mercado. O racionamento de tabaco também foi removido, assim como o das especiarias.

E eu ganhei o primeiro prêmio para meu *Píppi Meialonga*, que será publicado algum dia desses. Enquanto isso, Sture teve de ir a Londres, mas não gostou nem um pouco. Londres estava em um estado lastimável depois da guerra, sem muito alimento, e assim por diante, além de estar suja e sombria.

Karin está em seu primeiro ano na escola de Sveaplan e desempenha por lá um bom trabalho, pequena ambiciosa. Lasse está em seu último ano do estudo secundário superior (depois das provas de três matérias em segunda época). Vamos ver como ele se comporta!

Trabalho em tempo parcial para a Comissão Estadual de Trabalho por Tempo Parcial de 1944 e, às vezes, sinto falta do escritório de censura. Preparamos aqui uma festinha no dia 13 para os meus antigos colegas de trabalho das seções 11 e 12 – e eu não sei se nos encontraremos dessa forma novamente.

Acabei de ouvir uma transmissão ao vivo de Nuremberg. Ouvi muito bem suas declarações de *nicht schuldig* [não culpado]. Frank, o açougueiro da Polônia; Streicher, o perseguidor dos judeus; Göring, Hess, todos eles eram cordeirinhos inocentes e asseguraram ao tribunal sobre o fato, sem titubear.

25 DE NOVEMBRO

Neste exato momento, todos estão falando, opondo-se e desesperando-se com respeito à decisão do governo em concordar com as exigências russas, no sentido de entregar-lhes um grande número de refugiados bálticos que os russos querem que voltem para casa, a fim de poder matá-los. Isso parece ser tão desonrado quanto a autorização de deixar que os trens alemães passassem por solo sueco. Existem muitos protestos de vários lugares – suponho que os próximos dias provarão se concordaremos com esse despropósito. Que tamanha estupidez por parte dos russos fazerem essa proposta! Isso apenas fará aparecer claramente o fato de que todos que têm um pouco de conhecimento sobre a Rússia sabem de sua culpa nas atrocidades que se comparam com aquelas cometidas pelos alemães – embora não seja considerado oportuno mencionar isso hoje. Eles já têm em casa pessoas suficientes para matar, sem precisar trazer outras da Suécia.

Sapatos e tecidos serão retirados do racionamento na segunda-feira, e o racionamento dos combustíveis termina hoje.

E ontem fui a uma livraria e comprei uma cópia de *Píppi Meialonga,* esse livro engraçado e alegre que nunca teria sido escrito se não fosse o entorse de meu pé, no final do inverno de 1944. Na realidade, se não tivesse sido escrito, não faria diferença alguma.

DIA DE NATAL

A neve cai lá fora de nossa janela, mas aqui dentro prevalece a calma e a quietude, salvo quando a vovó começa com um seu detalhado relato dos acontecimentos da vida de pessoas que eu nem conheço.

Tivemos realmente uma boa Véspera de Natal, em paz e alegria. Parece ser um pouco diferente da Véspera do ano passado. Posso dizer que não houve lágrimas na salada de arenque e nem tampouco precisei me cansar; meu emprego de meio período me proporciona bastante tempo, portanto, eu tinha tudo pronto bem antes da Véspera.

Karin estava no sétimo céu na Véspera de Natal e hoje seu humor continua o mesmo. Ontem, Sture e eu pensamos em ir até Djurgården, mas ficamos esperando tanto tempo pelo bonde de número 14 que acabamos dando uma volta em Karlbergsvägen e Sankt Eriksplan.

Nevou o dia inteiro, clima próprio do Natal. Ontem à noite, a rádio transmitia canções de Natal e, ouvindo-as durante certo tempo, tive a sensação de extrema alegria. Sinto-me tão desmerecidamente rica, as coisas estão indo otimamente bem. Tenho tantos amigos, tenho minha casa, meus filhos, meu Sture, tenho literalmente tudo.

Este é o primeiro Natal sem guerra – embora, aqui na Suécia, o contraste não tenha ficado tão marcado, ao perceber que vivemos esse período, se assim podemos dizer, luxuosamente, com base em nossas condições do momento. Infelizmente, não posso dizer o mesmo para outros países, onde há tanta e tão terrível e aguda necessidade. Fico olhando ao meu redor, para o nosso lar aquecido e confortável, tão lindo (a meu ver), com seus jacintos brancos e velas, e a árvore de Natal e o bolo em forma de pirâmide na mesa. Penso então em todos os pobres miseráveis ao redor do mundo, e em todas as pobres crianças que nem sequer notarão o Natal passar.

Nossas crianças receberam os seguintes presentes: para Lasse, uma jaqueta de esqui, a promessa de um boné de esqui, uma coleção de histórias intitulada *From the Seven Seas,* luvas, [meus dois livros], uma navalha com segurança; marzipã, uma escova de barbear de Karin, sabonete dos primos Lindström, dinheiro dos avós e da tia Anna e mais algum dinheiro que eu lhe dei para uma semana em Storlien [para esquiar], Camel [cigarros] de Linnéa. Para Karin, uma ração de livros: *The Wind on the Moon* [de Eric Linklater]; *Noses Like Question Marks* [de Eroc Lundegård]; *The Dutch Twins,* [de Lucy Fitch Perkins]; uma lapiseira com porta-minas, uma caixa de costura, uma escova de dentes, um conjunto de roupa íntima, marzipã, um lindo bracelete de Anne-Marie, o alto ponto da noite, dinheiro dos avós e da tia Anna; *Mary Poppins e Trekanten [O Triângulo,* de Inger Bentzon], de Alli e Matte; um cavalo Dala, em madeira pintada, de Britt-Marie Lomm, material de costura de Linnéa, acho que é só, mas é muito!

Amanhã, os Lindströms vêm para jantar. Teremos carne assada de rena e salada de frutas. Hoje, teremos, a qualquer momento, galo silvestre preto.

Devo também apresentar uma lista de meus presentes. Sture esteve fora fazendo compras com os Hedners e o resultado foi um esplêndido par de luvas, um conjunto igual que espero levar de volta e trocá-lo, galochas, que pretendo trocar também. Dois pares de meias de seda; uma caneta-tinteiro de Lasse, ele a comprou de segunda mão, pó de arroz e água de colônia de Karin.

Os presentes de Sture foram: o *Álbum de Caricaturas de ÖÄ* uma coleção de desenhos clássicos de Oskar Andersson]; *Funny Company,* de Hasse Z [etterströn]; *The Long Ships* [de Frans G. Bengtsson]; uma pilha de cabides para casacos; meio litro de conhaque e várias lembrancinhas das crianças. *The Long Ships* foi o presente de Lasse; e Lasse e Karin também lhe deram uma assinatura do *Reader's Digest* [sueco] – e é tudo de que posso me lembrar.

Píppi é uma boa menina que parece tornar-se um sucesso. O livro foi vendido para a Noruega também, assim como *Britt-Mari* e *Kerstin e eu.*

VÉSPERA DO ANO-NOVO

E assim, outro ano novo está se aproximando. Eles chegam tão rapidamente.

O ano de 1945 nos deu duas coisas notáveis. A paz depois da Segunda Guerra Mundial e da bomba atômica. Eu gostaria de saber o que o futuro nos reserva com a bomba atômica, ou se isso simplesmente marcará uma era totalmente nova na existência humana ou não. A paz não é uma coisa na qual é possível colocar nossa fé, principalmente agora, com a sombra existente da bomba atômica.

Houve uma conferência em Moscou e os jornais alegam que, como resultado, as perspectivas para a paz mundial são bem mais possíveis e reais, mas eu considerarei isso com um pé atrás.

Há dificuldades desesperadoras na Alemanha e há falta de alimentos em todos os lugares, com exceção da Suécia.

Depois de amanhã irei para Småland para encontrar-me com Karin, que já está lá. Lasse já iniciou sua viagem para Storlien ontem à noite. Sture e eu passaremos o Ano-Novo juntos, acompanhados da Vovó, que volta para a sua solitária existência em Furusund na sexta-feira. Amanhã, Sture e eu iremos no Strand para jantar e depois vamos assistir ao lançamento da revista no Söder [teatro] – no ano passado foi bem diferente. Enquanto eu ficar calma, tudo estará bem.

Minha estrela literária brilhou neste ano e, sem dúvida, deverá cair um pouco nos próximos meses. *Píppi* teve uma recepção entusiástica pelos críticos, e pelo público também. O veredito para *Kerstin e Eu* foi mais heterogêneo, mas, assim mesmo, estou bem contente com ele e com o que Jeanna Oterdahl escreveu, dizendo que os adolescentes o apreciariam muito. De fato, eu concordo com ela, porque esse tipo de linguagem é típico dessa juventude. Quanto à minha peça *If You Have Your Health and Strength*, atraiu um pouco de atenção, mas não vale a pena perder tempo com outra revisão.

Estou olhando para a frente, para 1946, com ansiedade e preocupação – por vários motivos. O ano de 1945 foi um ano muito difícil, em termos, especialmente a primeira metade, mas o outono também. Meu emprego no escritório de censura terminou neste ano, quando sobreveio a paz. Desde 10 de setembro, tenho sido taquígrafa/datilógrafa na Comissão Estadual de Trabalho por Tempo Parcial de 1944.

Karin completou seu primeiro período na Escola de Gramática Norrmalm para meninas [em Sveaplan], e suas notas são boas. Lars foi reprovado em Inglês, mas conseguiu um *Ba* [uma aprovação satisfatória] em Química, outra matéria na qual ele vai bem. Ele tem muitos amigos e conhecidos – de ambos os sexos – e sai muito. Sture, por outro lado, passa muito tempo em casa.

Desejo o melhor para mim neste ano novo! Para mim e para os meus! E, idealisticamente, para o mundo todo também, embora isso seja pedir demais. Mas, mesmo que este não seja o melhor ano novo, talvez, no mínimo, ele possa ser um ano melhor.

[Recorte do jornal Dagens Nyheter, *de 21 de agosto 1945: longo artigo de Barbro Alving sobre o início do julgamento de Quisling, em Oslo].*

Stockholm den 27 april 1944.

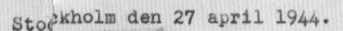

Albert Bonniers Förlags A/B,
Sveavägen 54-58,
Stockholm.

Inneliggande tillåter jag mig översända ett barnboksmanuskript, som jag med full förtröstan emotser i retur snarast möjligt.

Pippi Långstrump är, som Ni kommer att finna, om Ni gör Er besvär att läsa manuset, en liten Uebermensch i ett barns gestalt, inflyttad i en helt vanlig miljö. Tack vare sina övernaturliga kroppskrafter och andra omständigheter är hon helt oberoende av alla vuxna och lever sitt liv ackurat som det roar henne. I sina sammandrabbningar med stora människor behåller hon alltid sista ordet.

Hos Bertrand Russell (Uppfostran för livet, sid.85) läser jag, att det förnämsta instinktiva draget i barndomen är begäret att bli vuxen eller kanske rättare viljan till makt, och att det normala barnet i fantasien hänger sig åt föreställningar, som innebära vilja till makt.

Jag vet inte, om Bertrand Russell har rätt, men jag är böjd för att tro det, att döma av den rent sjukliga popularitet, som Pippi Långstrump under en följd av år åtnjutit hos mina egna barn och deras jämnåriga vänner. Nu är jag naturligtvis inte så förmäten, att jag inbillar mig, att därför att ett antal barn älskat att höra berättas om Pippis bedrifter, det nödvändigtvis behöver bli en tryck- och läsbar bok, när jag skriver ned det på papperet.

För att övertyga mig om hur det förhåller sig med den saken, överlämnar jag härmed manuskriptet i Edra sakkunniga händer och kan bara hoppas, att Ni inte alarmerar barnavårdsnämnden. För säkerhets skull kanske jag bör påpeka, att mina egna otroligt väluppfostrade små gussänglar till barn inte rönt något skadligt inflytande av Pippis uppförande. De ha utan vidare förstått, att Pippi är en särling, som ingalunda kan utgöra något mönster för vanliga barn.

Högaktningsfullt

Fru Astrid Lindgren,
Dalagatan 46, I
Stockholm.

A carta que Astrid enviou para Bonniers com seu manuscrito de Píppi Meialonga, *em 27 de abril de 1944.*

Bonniers
BOK- och TIDSKRIFTSFÖRLAG
FIRMAN GRUNDADES I
KÖPENHAMN   GÖTEBORG   STOCKHOLM
   1804   1827   1837
Gerhard Bonnier Adolf B. Albert Bonnier

STOCKHOLM den 20 september 1944.

K.P.

Fru Astrid Lindgren,
Dalagatan 46, I,
STOCKHOLM

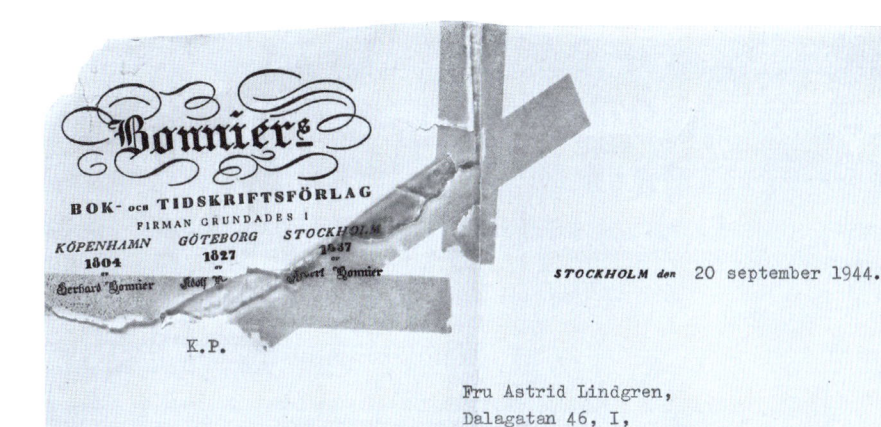

Vi ber om ursäkt för det osedvanligt långa dröjsmålet med vårt svar. Det har berott på att vi gärna skulle ha velat ge ut Er bok och manuskriptet har därför fått vandra runt inom förlaget för läsning, vi har försökt ändra på våra planer så att Ert manuskript skulle kunna passas in, men tyvärr förgäves. När vi i förra veckan gick igenom vårt barnboksprogram, visade det sig att det för Bonniers Barnbiblioteks del finns manuskript inköpta för hela 1945 och 1946 års produktion och att redan nu binda oss för 1947, det vill vi inte.

Manuskriptet är mycket orginellt och underhållande i all sin otrolighet och vi beklagar verkligen att vi inte skall kunna åtaga oss utgivandet. Vi återsänder det samtidigt med detta brev som assurerat postpaket.

Med utmärkt högaktning

ALBERT BONNIERS FÖRLAG A.B.
Karin Pallsson

A famosa carta de Bonniers, de 20 de setembro, rejeitando o manuscrito de Píppi Meialonga.

Stalins länge väntade dagorder om Wiens erövring offentliggjordes på fredagskvällen, sedan de sista tyska motståndsnästena i staden kapitulerat. Under striderna om staden tog ryssarna 130.000 fångar och krossade elva tyska pansardivisioner, däribland sjätte SS-pansararmén.

Slaget i Italien beskrivs i Berlin som en jättedrabbning, i vilken de allierade satt in alla resurser för att nå en avgörande seger. Både tyska och allierade rapporter talar om fortsatt allierad frammarsch i flera avsnitt.

En i finsk inrikespolitik epokgörande händelse har inträffat i det riksdagens tre största grupper, yttersta vänstern, socialdemokraterna och agrarerna — det från krigsåren kanske mest komprometterade partiet! — enats om ett samarbetsprogram. Detta går bland annat ut på "planmässig ekonomisk politik, som syftar till att höja levnadsstandarden för det arbetande och mindre bemedlade folket".

Ytterligare två danska fångar har utan dom och rannsakning skjutits av tyskarna. Danska frihetskämpar har i Köpenhamn sänkt det stora passagerarfartyget "Kjöbenhavn".

I England har man nu avslöjat att det under krisen efter Frankrikes nederlag fanns en engelsk "maquisrörelse" organiserad in i minsta detalj.

Amerikas nye presi-
Truman som utrikesmi-
Stettinius förklarar offi-
tt regering och folk inte
vika då det gäller att nå
ål för vilka Franklin
velt gav sitt liv. Konfe-
i San Francisco börjar
5 april enligt planen.
urchill ville gärna fara
gravningen på lördagen,
rigsläget tvingar honom
nda Eden i sitt ställe.
nd inser hur stor förlus-
r, ty man betraktade
velt såsom ett säkrare
e än Churchill i efter-
dens stormar. Stalin har
fredsorganisatören Roo-
men det ryska folket
fruktan för att isolatio-
n åter skall få vind i seg-
Amerika.

s Roosevelt följer extra-
med makens stoft. Det
sakta mot Washington.
de scener utspelades vid
len från Warm Springs,
ger spelade "Närmare
ill Dig" på sitt dragspel.
Gud bevara honom",
olket längs processionens

Tyskland väntar man po-
återverkningar på lång
v Roosevelts död. Den
tidningskommentaren hit-
r hållen i en sällsport rå

Sverige har genom Röda Korset skickat livsmedel till de nödlidande Jeveland. Här ett tacklbrev till kungen och svenska folket.

"Som en av de lyckligaste bland tusenden hänvänder jag mig till Eder för att betyga min uppriktiga tacksamhet för den gåva vilken vi fått motta från Eder och Edert folk. Vi bor med två damer, därför tog vi emot två härliga bröd och 1/4 kg smör; det var härligt.
Sire och svenska folket. Må den gode Guden välsigna eder alla för det ni gjort, ty svälten och kylan var fruktansvärd, och därför var Eder gåva dubbelt välkommen. Tack, tusen gånger tack. Också tack till Svenska Röda korset för deras förmedling. Gud välsigne denna förmedling i denna vanskliga tid. Högaktningsfullt och mycket tacksamt
Mej L. Koens och Mej Kardinaal, Bernissestraat 58, Amsterdam, Holland."

T.V. Fonte do jornal não identificada.
Últimas notícias do front; dois dinamarqueses são executados pelos alemães; a morte de Roosevelt.
Os Diários da Guerra 10, 1945.

Geschichten

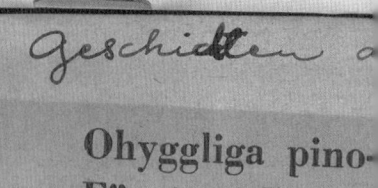

Ohyggliga pino-
Förvånande livs

BUCHENWALD, Tyskland, 25 april. (S
av denna rapport att icke söka uppta
Buchenwald. Rekorden i detta avseend
träffas genom hopandet av nya skräck
wald vore att kompromettera det speci
ska journalister satts i tillfälle att se m

Från denna utgångspunkt har jag beslutat utesluta många nogsamt upptecknade, oberoende men samstämmiga nya rapporter om vad som tilldragit sig här, som givits mig av fångar och lägrets nya ledare, även där hela situationen och intrycket av sagesmännens egen personlighet gjort dem trovärdiga. Jag skall i stället koncentrera mig på att först i korthet registrera de scener, som jag sett med egna ögon, därefter söka framställa det allmänna händelseförloppet, förklara hur det kunde hända och slutligen något diskutera Buchenwalds betydelse för förståelsen av dagens, gårdagens och kanske även morgondagens Tyskland.

Mitt ögonvittnesmål är jag beredd att beediga. Resten kan endast bli ansatser och uppslag, vilka borde följas av en ingående historisk och vetenskaplig undersökning. Det viktigast jag sett är följande: 1) de sex krematorieugnarna, 2) undersökningslaboratoriet för experiment och studium me levande och döende fångar, 3) likhögarna, 4) anordningarna för hängning 5) "de levande liken", d. v. s. Buchenwalds ohjälpligt dödsdömda. Det öv riga av vad jag sett i skräckväg ska

jag bespara läsaren som sekur riationer på ett grundtema.

Klara vittnesbörd

Krematoriugnarna äro sex talet, ursprungligen konstruera elektrisk drift. I en av ugna jag ett svartbränt bäcken av niska, i en annan en bröstko extremiteter, samtliga alltjäm dant skick att varje tvivel o zoologiska identitet är uteslute

I institutet för experiment dium med fångmaterial såg ja ordentligt fint gjorda dissektio rat av mänskliga inälvor med olika stadier.

Likhögarna lågo ute i det f krematoriet. De bestodo av två mestadels hela lik. Det över antalet lik jag såg hade ansik fötter med oförtydbart judis drag. De flesta voro stämpla nummer och namn präntat i b ett ben läste jag "1942, 6 — Lichtenstein".

Av hängningsanordningar h ett en galge av trä med sex samt i vad lägrets invånare tortyrkällaren en rad krokar i na nära taket.

Buchenwald.

**...störelseredskap.
...många fångar.**

...) Det finnes goda skäl för författaren
...kildringar från koncentrationslägret
...gna på ett sätt som knappast kan över-
...lla för den frestelsen inför Buchen-
...annars kan ligga däri att några sven-
...h bilda sig ett omdöme på ort och ställe.

"De levande liken."

...vande liken" fann jag i en
...om ännu icke hunnit utren-
...mötte jag hundratals skinnbe-
...kelett, som ännu andades, av
...onaliteter och åldrar. Jag
...med flera av dem. De flesta
...oro judar. Somliga voro gub-
...a medelålders, andra ynglin-
...a bara barn. En del låg var
...madrasser på golvet, andra
...två och två på samma mad-
...ga hade endera benet ampu-
...omkring fjorton års judisk
...mig hjälpa honom stiga upp
...nom en cigarrett. När jag tog
...om, sjönk mina fingrar in-
...ns ryggrad, men det tycktes
...honom illa, och med den ena
...repp praktiskt taget runtom
...för att stödja honom fum-
...med den andra fram cigar-
...n han lyckligt rökte.
...sökt komma över ovanstå-
...abbt och kortfattat som möj-
...märker hur förfärligt det lik-
...Jag kan endast be läsaren
...ring i förhållandet att han
...ver läsa, icke se det och än
...lv vara ett av offren. Till
...visso måste erinras, att vad
...fasor var vad som var kvar
...en veckas frenetiskt sam-

arbete av fångarna, de amerikanska mi-
litärmyndigheterna, läkarna och sjuk-
vårdspersonalen för att sanera lägret.
Ett mått på snabbheten i denna process
fick jag i den påfallande skillnaden
mellan vad som ännu kunde ses första
och andra dagen av mitt besök i lägret.
Den sista likhögen har just försvunnit
på ett lastflak.
 Men ännu hänger i varje vrå av och
runtom det väldiga området, som är Buchenwalds koncentrationsläger, en tung
atmosfär blandad av liklukt, ruttnande
exkrementer och desinfektionsmedel.

Maskineriet gick sönder.

 Till tolkningen av de ovan registre-
rade scener och deras inbördes betydelse vill jag lämna följande bidrag:
Tillvaron av de sex krematorieugnarna
ger en antydan om dödsfrekvensen i
lägret vare sig av ena eller andra döds-
orsaken. Närvaron av ofullständigt
brända skelettdelar i ugnarna anger
att i varje fall den senaste tidens kre-
meringar icke kunde utföras ordentligt, vare sig orsaken härtill var bråd-
ska eller bränslebrist eller kanske bå-
dadera. Fångarna berättade för mig,
att man efter hand övergick till att elda
med kol och därefter med ved. Denna
tolkning och dessa uppgifter stämma

*"Terríveis instrumentos de tortura e de destruição.
Impressionante vontade de viver entre muitos dos prisioneiros", por A.A.
SvD, 26 de abril de 1945.
Os Diários da Guerra 10.*

Kungafamiljen snart åter i Haag

NÅGONSTANS I HOLLAND,
lördag.

Prinsessan Juliana har anlänt till södra Holland och planerar att resa till Haag och Amsterdam tillsammans med prins Bernhard, så snart vägarna rensats från minor och ordning inträtt efter kapitulationen.

Drottning Wilhelmina anlä~~ södra Holland i torsdags.

Förtvivlan är den tyska ungdomens öde i dag. Den sextonårige ty soldaten gråter bittert efter att ha blivit tillfångatagen under amer nernas framträngande på andra sidan Rhen. Ännu barn och föga ve krigets blodiga hantverk är han uppfostrad till tro på Hitler — men den var för hemsk och fångenskapen smärtsam.

7 Maj 1945,

-etta är V-dagen!
-iget är slut! Kriget
- slut! KRIGET ÄR
LUT!

Kl. 14.41 (tror jag)
undertecknades kapi-
tulationen i ett litet
-tt skolhus i Reims,
-v de allierade av ~~Jodl~~,
BEDELL-SMITH
-senhower, från
-karna av Jodl, vari-
-om alla tyska styrkor
hela Europa gett tappt.
-ge är alltså också
-tt nu. Ett vansin-
-igt jubel ligger i
-ta nu över Stockholm.
-sgatan är täckt av ett
-a cm. Gjort pappers-

"A família real em breve novamente em Haia".
Aftonbladet, *5 de maio de 1945.*
Os Diários da Guerra 11.

lager, alla mänmisk
för mig åt som om d
var lördga. Vi sjöng
"Ja, vi elsker" på jobb
efter radioutsändnin
klockan 3. Sture är in
hemma till middag, m
han skickade hem e
flaska sherry för a
vi skulle kunna f
freden. Just nu spel
dom Stjärnbannere
på radion. Jag ha
druckit sherry med
Linnea och med Lar
och är något yr. De
är vår och solen sk
denna signade dag oc
kriget är slut. Ja
skulle inte vilja va
tysk. Tänk, kriget

Continuação do relato anterior.
Os Diários da Guerra 11, 1945.

i England.

Ack, ack, nu är [det] slut, med tortyr och koncentrationsläger och bombraider och "Ausradierung" av städer, och den plågade mänskligheten kan kanske få lite ro.

Tyskland och tyskar hatas — men inte [kan] man hata alla tyskar man kan bara bekla[ga] dom.

Kriget är slut — det är det enda juss nu.

Kriget är slut! Det skall tillkännages så tidigt från Storbritannien, Amerika och Ryssland

Continuação do relato anterior.
Os Diários da Guerra 11, 1945.

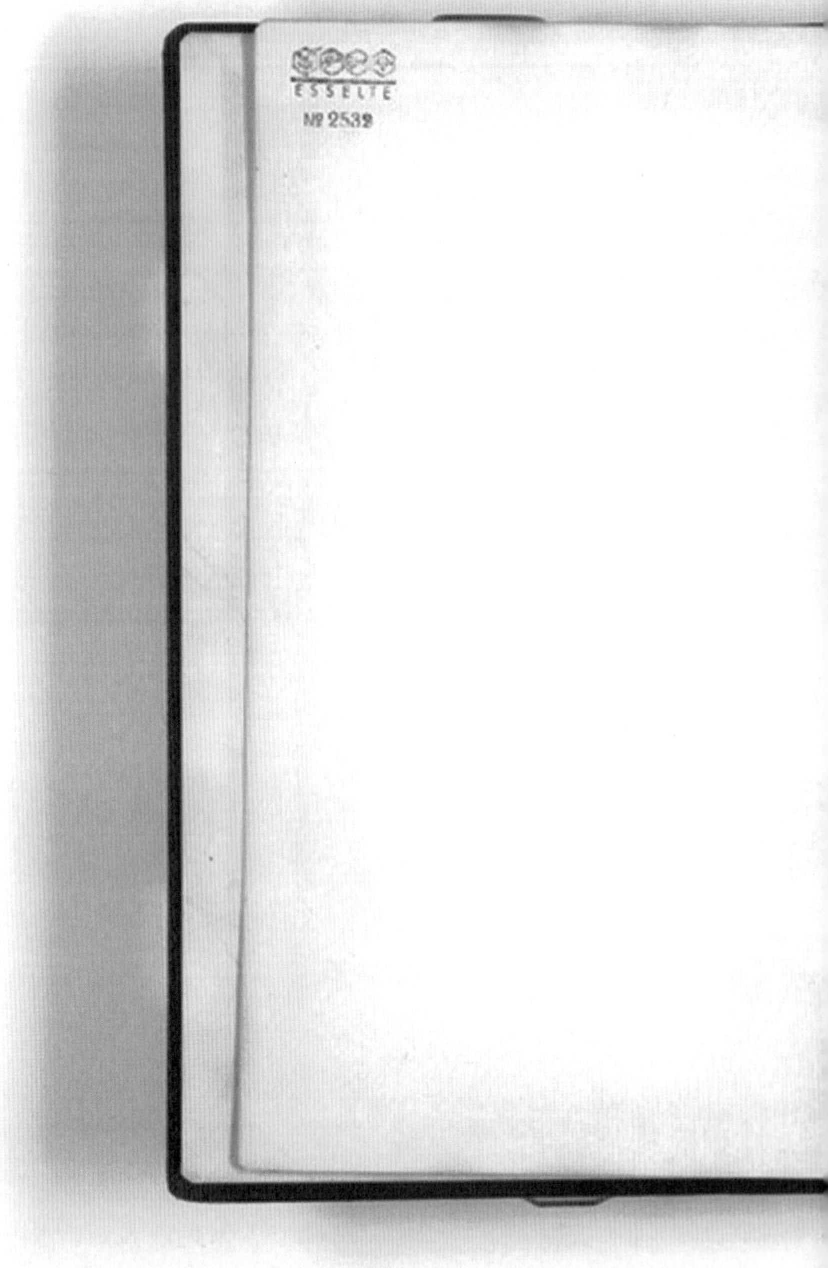
ESSELTE
Nº 2532

tiden har vært så vond, at hvis jeg
hade fået hjelp av Vårherre vilde jeg
g kommet gennem det uten å bli van-
g. Ikke på grunn av egne lidelser
nt de var såpass hårde på Grini och
rgaten at det var ikke mer en såvidt
bar, satt på nr 19 fra 10 dec. till
e sendt nedover i april, hele tiden
n med en sinnsyk kvinne. Dr Henning
var vel det eneste menneske der som
od vilkenkjempepåkjenning det var.
ntes jeg enecelle var himmerike).
ver å se hvordan tusener andre måtte
 Å Alvilde, de slag en selv får er
ting mot det å høre pisken suse inn
res kropper, som jeg ustanselig hörte
m natten på Grini eller å se det som
orde i Rawensbrück. Å höre voksne
ule som dyr var for meg verre tortur
lv å bli torturert. Det er kanskje
lt å fortelle deg sånt men jeg må
 det litt av meg. Om du viste hvor
lig jeg var efter å ha klart de
ne på Terrassen uten å si ett navn,
en å si noe. Men jeg var dum, jeg
n skrek eller besvimte (det siste
eg bare gjort en gang i mit liv, på
l i Rawensbrück) Jeg skulde være
, vet du, å vise att norske jenter
 alt, men av den grunn slo de hodet
 for meget den første natten och skruet
 for hårt den andre natten. På den
 xxxx siden var det kanskje årsaken
 att jeg hade gläden av å höre dem si,
m spurte sjefen på Terrassen:Skal vi
t andre benet med det samme. Han
e: Nej, det nytter ingenting med

"Testemunho Feminino".
Cópia de uma carta do tempo de Astrid Lindgren na censura das cartas pela Pka.
Os Diários da Guerra 13, 1945.

Da var jeg blek som ett lik å svette å
tårer silte men det kom ikke en lyd fra
På forhånd hade jeg sagt, at de kunde gj
vad pokker de vilde med mig, skyde eller
knekke vert ben i kroppen (som sjefen på
Grini lovet meg) jeg hade ingenting å fo
telle å jeg tror de forstod att det var
fulle alvor. Jeg stolte på Vårherres kra
och mente att hver man ute i arbejde var
viktigere enn meg, så de vilde aldrig få
no utav meg. Men da det var som verst de
andre natten foldet jeg henderne och sa
och tydelig: Kjäre Gud, hjelp meg! Det v
unödvændig for meg å si det höjt men jeg
vilde se hvordan de reagerte, tenkte de
gott av å vite att jeg ikke fölte meg al
Til tyskernes äre och vor skam må jeg fo
telle, att det var en nordmann, som lo,
rått och sa, att nej, når de ikke vil sn
kan nok inte Vårherre hjelpe dem her. Je
svarte: Det er ihvertfall tydelig, att c
ikke kan tro på Vårherre, siden dere ork
göre slikt som dette. Vad sen foregikk e
husker jeg ikke tydelig, bare att jeg me
hvordan munnen min skalv og tårene som l
silte under forklädet, de hade bunnet ru
hodet. De likte ikke å se meg i öinene.
för hade jeg bare sett och sett på ham s
slo. Han blev vildere og vildere i öinen
ju lenger han holdt på - till han tills
hylte: Tar de ikke de forbannede öinene
dem, så dreper jeg dem. Med den följe at
neste natt bandt ett törkläd rundt hodet
sjefen dernede måtte apsolutt ha noe som
samvittighet, for efterpå undgikk han om
lig å se på meg. Under hvert forhör var
menn tillstede, og fire av dem kryssforh
oavbrutt i timesvis. Jeg bet riktig kjev

og tidde så svetten silte. Det var
slitsomt men efter min förste i farten
ede forklaring, som de bet på og trodde
ill de hade tatt noen av karene i forhör
jeg at den eneste måten å unngå å röbe
å tie helt. Så efterpå sa jeg bare flott
r dere ikke tror min förste forklaring
g apsolutt ingenting å si. Du Alvilde,
g er jeg spent på, kom pengene i de rette
? Jeg syntes det var så fortärende å
på att de skulde få kloene i dem. Jeg
jo hvor meget nyttigt arbejde der kunde
for denne summen. Så jeg tok risken, sa
t var levert till en selvfölgelig for
kjent mann. Guttene hade sagt, jag hade
em, så det kunde jeg ikke komme fra men
k ikke utav meg hvor de var hentet eller
a vem. Så en av mine största sorger på
fik jeg den dagen jeg så vedkommende
sere i fangklär nede på appellplatsen.
de jeg villet git livet mitt for hans
og så kom han in alikevel. Av og till
jeg i mitt stille sinn over guttene.
t förste ble jeg arrestert på den måten
av dem skulle levere noe till kom
teplassen med tre Gestapo i helene, og
an får tre revolvere rettet mot seg
r ikke flukt, men hade det vart meg,
jeg ju sagt Sjömansskolen på Ekebjerg
Vestbanenxx isteden for Östbanen hvor
kete. Men han såg så grönn å vettskremt
t jag tillgav mesamma å han skal aldrig
e ett vondt ord av meg efter det, hvis
ever.

Continuação do relato anterior. "Testemunho Feminino".
Os Diários da Guerra 13, 1945.

Och muligt...

Ja, nu er da endelig infernoet i de ty
koncentrationsleire slutt. Jeg har dog
heldigvis greiet meg ganske bra om det
dog likevel har satt sine merker. Håre
er blitt nokså grått men livsviljen ha
hele tiden varit i orden-.--.-.Vil nu
fortelle litt om når lysningen begynnt
22 mars drog jeg ut av porten i Sachse
hausen (Oranienburg) for siste gang og
satte meg i en svensk rödekorsbuss og
ble så fört till Neuengamme nær Hambur
Det var en forfærdelig leir hvor vi fr
deles var under tysk kommando. Det var
tidligere en 5-6000 fanger, vesentlig
polacker, russere, holländere, mange
dansker og nogen få nordmänd. Det döde
mindst 140 i dögnet da vi kom av det
tidligere belägg, vesentlig sult, tube
kulose, scheisserei, tyfus, flegmone,
sygdom som visst bare kendtes i koncen
tionsleire. En stor stenbarakke måtte
rydde. Her var forlagt bare ikke arbei
dygtige. S.S. gav ordre kl. 1 om natten
till att alle skulde ut for å gi plass
till oss. De lå 2 och 3 i hver seng.
Levende og döde om hinanden. Vi bar ut
9 döde og flere döde under flytningen.
Tyskerne kommanderte alle i badet, för
de blev båret inn i andre blocker og
placeret i senger sammen med andre
syke. Det var bare kold dusj og mange
döde i badet. Ja, det var hjertskjerend
scener. De fleste av de syke gik vel i
krematoriet, inden de allierte kom. I
mange leire syntes S.S. ikke att de syk
döde fort nok, så hjalp de til med gaskammer. Da het det så smukt at de skuld

es på transport till sykeleir, så blev
are sent om hjörnet till gaskammer og
atorium. Slik drev de det ogsaa i
sennausen, dog ikke med nordmänd og
ker. Endelig gik det da i orden, så
 kors fick tillatelse å sende oss nord-
 og dansker som efterhvert var samlet
n leir till Danmark. De syke gik först
senare alfabetisk. Jag var siste sending.
var på höj tid. Vi hade frontlinjen
 borte och patruljer like innpå oss.
 efter att svenske bussene som vi blev
et av kjörte ut, sprengte tyskerne
e dele av leiren i luften, vel for at
llierte ikke skulde få anledning till
 og fotografere denne makabre Vernich-
slager. En av bussene i min transport
 om natten beskudt av engelske fly,
tok fejl, og en kar från Gjövik blev
t såret. Rejsen fra danske grensen
 en oplevelse som jeg aldrig kommer å
me. Folk strömte til gaterne och kas-
 blomster og sigaretter m.m. Vi fik
 på natten i Aabenraa, herlig middag,
 beste måltid mange hadde spist på
e år. I Kolding fik vi herlig fro-
 med 2 ägg. Ja, det blir en nokså
erialisk beskrivelse men de må huske
 vi kom fra lagerkosten, och da var det
oplevelse. Ble så fört till en stor
rgård, Magelkier, cirka 2 mil fra
sens. Her var jeg i vel 8 dage. Her var
 fremdeles tysk vakt, men oplösningen
 da begynt og de tok det ikke så
e. Jeg stakk ut 2 kvelder og var
 hos en dansk bonde og hörte radio fra
don. Den 2 maj drog jeg derifra og kom
st till Korsör, hvor vi satt i jernbane-
nerne om natten. Gav også her pokker i
ten og var ute i byen og hörte radio.
 så kjört direkte till fergen i Köpen-
n. Det var en gripende stund, da vi fra

"Testemunho Masculino".
Cópia de uma carta do tempo de Astrid Lindgren na censura das cartas pela Pka.
Os Diários da Guerra 13, 1945.

ovre däkk på den svenske färge sa farvel till det tyske Gestapo og soldater, som fulgt os og stod på bryggen, med å synge "Ja vi elsker" mens färgen langsomt gled ut fra kajen. Det var dagen för kapitulationen i Danmark-.-.-.-.-.-.-.-.-.-.-.-.-
For meg har det väret en stor tröst at ikke flere blev tatt på grunn av min arrestasjon. Det var nogen fele dager på Viktoria Terasse, Möllergaten og Grini, förde fik nogen forklaring av meg Da visste jeg at de karene jag hade vars hade kommet unda. Erling Staver bukket dessverre unner i Tyskland. Han kom fra fejl till en forferdelig leir og döde av sult og misshandling.

19.5.1945

Under Berlins "sista dagar" förekom ständigt pöbeluppute på gatorna, uppträden vari ofta civilklädda polismän Poliser i uniform blev lynchade eller nedskjutna på öppe utan att någon tog notis om det. Inom poliskåren rådde fu dig upplösning, polismännen kastade sina uniformer, kvällen den 22 april flydde så gott som hela polispres smärre grupper från Alexanderplatz.

Den som berättar detta är en ung estnisk dam, fröken Antonie Karu, som nu befinner sig i Stockholm. Hon har de tre senaste åren varit receptionschef på det exklusiva Hôtel Esplanade i Berlin och kan ta åt sig äran att ha varit den sista kvinnan som fem minuter före klockan 12 lyckades slå sig ut ur den dödsdömda tyska huvudstaden. Hennes skildring av de sista dagarna i Berlin innan järnringen drogs åt om den brinnande och sönderslagna staden och av livet på det en gång förnäma representationshotellet, som de sista veckorna och dagarna före stadens fall inrättades till stabskvarter för SS och folkstormen, är lika dramatisk s rättelsen om hennes strapatsri till Danmark och Sverige.

Esplanade var fram till den då fröken Karu lämnade Berl mera än Hôtel Adlon ett till de högre nazistkoryféerna. E tidigare hade Goebbels anor stor middag för samtliga g som befann sig i Berlin, men n fick ett brått slut. Det kom et angrepp på kvällen, hotellet fullträffar — förut hade nio lagt större delen av det stor plexet i ruiner — och Goebb hans generaler fick flytta ne laren.

ättade SS-generalen Schliess- ra när han kom och gick, om han drack
sitt högkvarter, och en dag mycket och vem han umgicks med.
flyttades även folkstormens Fröken Karu varnade den danske
ter dit. Det var en ovanlig journalisten, som sedan tog sig bättre
se de guldgalonerade gene- akt, och hon ansåg det också befo-
kliva ned i källaren över gat att varna Dagens Nyheters kor-
arna och all bråten som bo- respondent, Ivar Vesterlund, som ti-
amför ingången och som in- digare en längre tid bott på hotellet.
de tid att röja undan, säger
Karu. På hotellet infann sig också en dag
ellet var också Seyss-Inquar Kristina Söderbaum, som, upprivet
t gäst. Han infann sig punkt och gråtande, förklarade att hon haft
supén och försvann lika ett uppträde med Goebbels. Denne
t till rikskansliet, där han ha- hade lovat henne utresevisum, men
ärskilt rum reserverat för sig meddelade nästa dag att dylikt ej
rn, tio minuter före larm, s kunde beviljas. Fru Söderbaum op-
onalen alltid visste när det va ponerade sig i upprörd ton mot
uppsöka skyddsrummet. Ha Goebbels, som hotade med represa-
eljest i en villa i Dahlem, mer lier, varför skådespelerskan blev
ita konferenser varje dag på rädd för följderna av sitt tempera-
där flera rum ständigt var re- mentsutbrott och ansåg det säkrast
de för detta ändamål. På ho- att fly från Berlin. Det uppgavs i
bodde även Alfred Rosenberg skådespelarkretsar att hon senare i
i det sista höll på sin titel. E bil flydde till Hamburg, där hon äm-
duktör råkade en dag säg nade gömma sig hos en god vän.
"Rosenberg" i stället för "her
rn", och redan samma dag ko På Esplanade såg man också dagli-
s från östministeriet med ord gen skådespelerskan Marianne Hoppe
induktören omedelbart skul och hennes make, Gustav Gründgens.
as. Personalen, som var edsv Han hade varit inkallad till militär-
h hotades med dödsstraff, o tjänst i Holland, men deserterat, och
om de militära anordningarna de senaste dagarna gick han ogenerat
e eller konferenserna yppade omkring civil i Berlin och intog sina
öljande dag sammankallad till måltider på hotellet, ofta vid bordet
ens, där en sträng förmani invid höga Gestapofunktionärer.
des att iakttaga "mera hövligh
ysklands ledande män". **Speer beslagtog all sprit.**

Gestapo på jakt efter Förhållandena hade nu hunnit bli
utlandskorrespon- fullständigt kaotiska i staden. Espla-
denter. nade hade ett jätteförråd av akvavit,
säkerhets skull hade man på konjak, äkta engelsk visky samt tu-
en av Gestapos hejdukar på h sentals flaskor champagne och vin, och
men han var svag för sprit o nazistpamparna anordnade in i det sis-
de berätta för fröken Karu ve ta vilda backanaler om nätterna mel-
po var på jakt efter. Han blan larmen. En vacker dag kom emel-
e i ett svagt ögonblick bl. a. lertid en personlig rekvisition från mi-
agske Tidendes Berlinkorrespor nister Speer på hela härligheten, och
von Stemann den senaste mån Speer lade också beslag på den sista
an bodde på hotellet var för brukbara radioapparat som hotellet
r särskilt noggrann övervakni hade kvar.
nalen hade order att rapporte-

T.V. topo. Continuação do relato anterior. "Testemunho Masculino".
T.V. inferior. "Morte em Berlim sob o terror da SS e outros criminosos",
por Tanja Binaco Pravitz.
19 de maio de 1945.
Os Diários da Guerra 13.

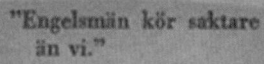

> **"Engelsmän kör saktare än vi."**
>
> Direktör Sture Lindgren i Motormännens riksförbund återkom på lördagen från London, där han representerat förbundet vid en stor internationell bilistkongress med syfte att förbereda återgången till fredsförhållanden för den internationella biltrafiken.
>
> De viktigaste frågorna var nya tull- och valutabestämmelser för bilturismen, sammanslagning av de båda internationella bilistorganisationerna till en, kort sagt hur man skall kunna göra det så enkelt som möjligt för bilturisterna att komma utomlands.
>
> Den kolossala biltrafiken i London, som imponerar mycket på en svensk, är ett föredöme för oss, säger direktör Lindgren. Engelsmännen kör mycket saktare och hänsynsfullare än vi, och besinning ligger i deras natur.

20. 11. 1945.

Engelsmän kör saktare än vi och Pippi Långstrump(a) är skojig — med dessa idylliska konstateranden slutar jag dagens räcka av tidningsurklipp, som annars bara behandlat rysk-heter. Jag har suttit hela kvällen och klistrat in den sista månadens tidningar och nu till: de

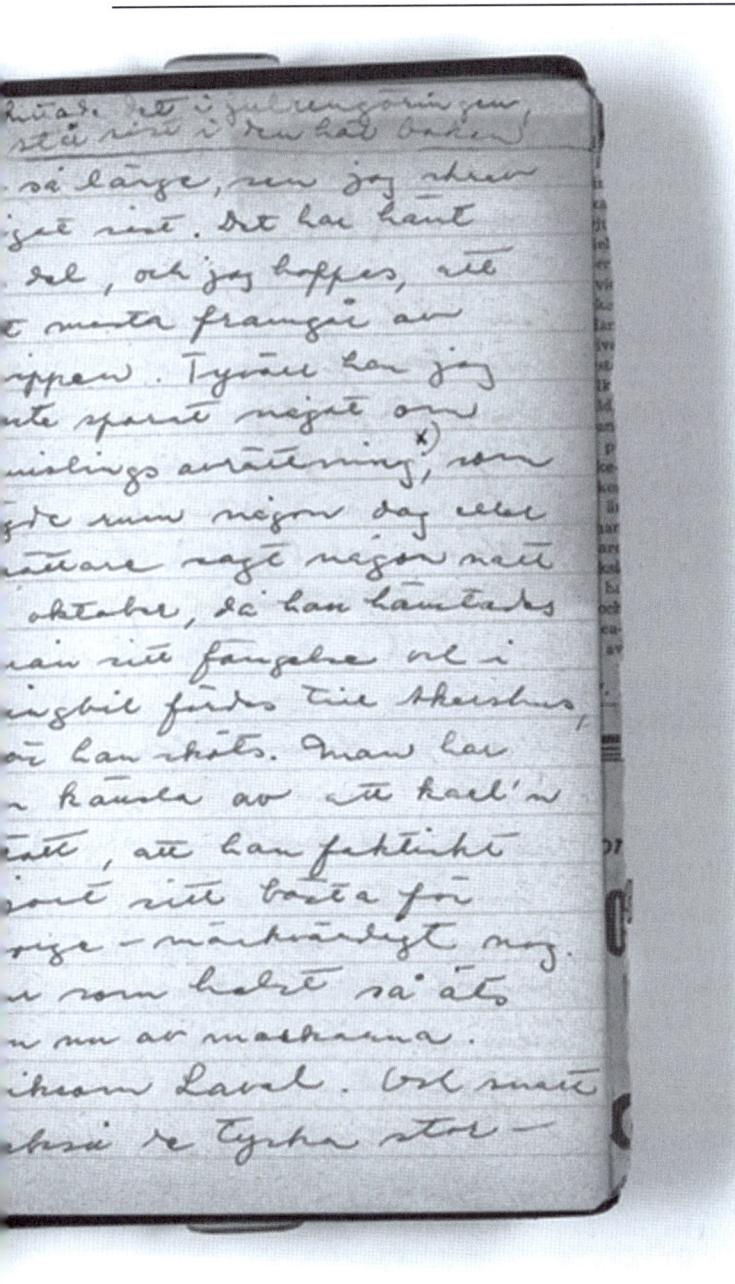

"Os ingleses dirigem mais devagar do que nós".
Fonte do jornal não identificada.
Os Diários da Guerra 16, 1945.

24 okt. 1995

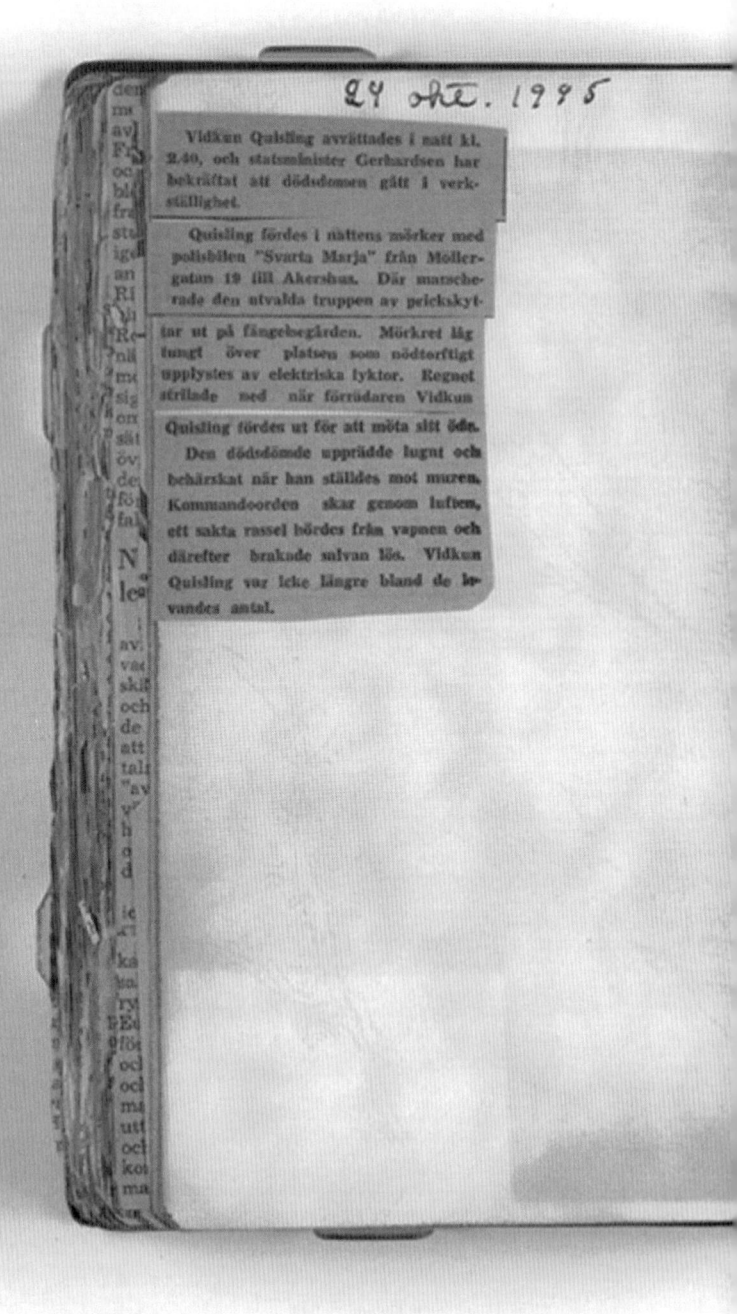

Vidkun Quisling avrättades i natt kl. 2.40, och statsminister Gerhardsen har bekräftat att dödsdomen gått i verkställighet.

Quisling fördes i nattens mörker med polisbilen "Svarta Marja" från Möllergatan 19 till Akershus. Där marscherade den utvalda truppen av pickskyttar ut på fängelsegården. Mörkret låg tungt över platsen som nödtorftigt upplystes av elektriska lyktor. Regnet strilade ned när förrädaren Vidkun Quisling fördes ut för att möta sitt öde.

Den dödsdömde uppträdde lugnt och behärskat när han ställdes mot muren. Kommandoorden skar genom luften, ett sakta rassel hördes från vapnen och därefter brakade salvan lös. Vidkun Quisling var icke längre bland de levandes antal.

T.V. Fonte do jornal não identificada.
T. H. "10 balas terminaram o caminho do traidor, Quisling é executado em Akershus esta noite", pelo correspondente do Expressen em Oslo.
Expressen, 24 de outubro de 1945.
Os Diários da Guerra 16.

Processens första d[ag]
kväljande sensation[ell]

Från Dagens Nyheters utsända medarbetare
BARBRO ALVING.

OSLO, måndag.

Mannen som lade Norge under fem års träldom, som drev [tu]sentals norska medborgare i döden, som sålde norska liv för [...] och tvang Norges hela folk ut i bittersta nöd — det var inte H[itler]. Det var norrmannen Vidkun Quisling.

Quislingprocessens första dag blev kväljande sensationell. F[ör] Oslo har i dag blottlagts ett historiskt skeende mer fullt av svek[full] besatthet än någon trots förebud kunnat vänta: det var Quisling [som] i Tyskland genom påverkan, lögn och förvridet tänkande utl[öste] Norges 9 april. Och som medelpunkt för dessa oerhörda avslö[jan]den i rättegångens första timmar sitter en tjurig herre som fla[ckar] med underliga ögon, slingrar sig bakom medbrottslingar inför [frå]gor vilkas rätta svar sätter signaturen under hans dödsdom och [ena] minuten kallar Tysklands diktator för Chefen, andra minuter [sig] själv för Norges och Nordens räddare.

[Det] kan fastslås med en gång efter [den] första dags mayn i Vidkun [Quis]lings skadade psyke: han kommer [inte] själv att inse vad han gjort. [Hän] inför arkebuseringsplutonen [kom]mer han att stå som en missför[stå]dd äreställd, en man av ära i en [värl]d av blinda. Medvetandet om att [han] själv varit blind och blivit ett [verk]tyg för allt ärelöst kan aldrig [slip]pa igenom den dimridå av för[vrid]a politiska föreställningar och [oc]k personlig hävdelselust som han [om]gärdar sig. Kunde det det, så

"O primeiro dia do julgamento é surpreendentemente sensacional", por Barbro Alving
21 de agosto de 1945.
Os Diários da Guerra 16.

Han är inte nedbruten

Krigsförbrytare fö… råder krigsförbryt…

Continuação do relato anterior.
"Primeiro dia do julgamento ...".
Os Diários da Guerra 16, 1945.

kunde: Redan fore kriget inledde
Quisling förbindelser med det tyska
nazistpartiets utrikesavdelning under
Rosenbergs ledning. Under första
halvåret 1939 underrättade Quisling
Tyskland att England ämnade besätta
Norge. Han blev mottagen av Rosenberg och påpekade då Norges geopoli-
tiska betydelse och att det gällde för
tyskarna att komma först. Rosenberg
såg till att Quisling och Hagelin kom
i kontakt med Göring, och det blev
tal om att finansiera en administra-
tion i Norge under Quislings ledning
som kunde undersöka och förbereda
alla möjligheter. Quisling hävdade att
det rysk-finska kriget stärkte tysk-
fientligheten i Norge och kom återigen
in på att man kunde vänta engelsk
landstigning, bl. a. för att engelsmännen ville säkra sig kuststödjepunkter.

NS-folk på "sällskaps-resa"

Quisling utbad sig också tyskt understöd för sig och sitt parti, och som-
maren 1939 bad han att få sända en
del pålitligt partifolk för utbildning i
Tyskland. 25 sändes dit på "sällskaps-
resa". Under hösten 1939 höll han
Tyskland à jour med den politiska
utvecklingen i Norge genom Hagelin.
Under senare delen av 1939 var han
flera gånger i Tyskland och underströk
ivrigt sin uppfattning för Rosenberg
att en norsk neutralitet inte gick att
upprätthålla och sin tro på tysk seger.
Han påstod sig kunna ställa en liten
men beslutsam minoritet till Tysklands
förfogande och framhöll att det förelåg
ett militärt avtal mellan England och
Norge. Grunden för allt detta var
hans uppfattning att det norska stortinget var olagligt efter det att fristen
med nyval varit uppskjuten ett år.

Quisling skröt hela tiden med
sina goda förbindelser i Norge, bl. a.
i järnväg, post och telegraf. Hans
plan var att göra en statskupp och
sedan kalla Tyskland till hjälp. Han
förklarade sig villig att gå till ak-

tion tillsammans med tysk n...
Den 11 december deltog han
möte i Berlin med Hagelin och
amiral Raeder och meddelad...
vid att han hade säkrat sig fo...
norska kustdistrik en, vid ...
post och telegraf.

Detta stämmer väl med en ...
från Amtleiter Scheidt — en m...
kommer att spela en mycket v...
i Quislingmålet — om att Q
hade säkrat sig folk på viktiga
Quisling framlade på mötet e...
att norska nazister skulle ski...
Tyskland för militär utbildn...
sedan föras i tyska kolbåtar ti...
när anfallsplanen var mogen. ...
blev starkt påverkad av Quisl...
gumentering. Han tog Quisl...
sig till Hitler, och planerna de...
videre, troligen den 14 och 15 ...
ber. Hitlers önskan var att N...
vegien skulle hålla sig neutral...
han förklarade att om Quislin...
rätt i fråga om Englands pla...
måste Tyskland säkra sig mo...
eventualitet. Quislings upply...
verkade övertygande på Hitle...
mötten på december gav han o...
att förbereda anfallet på ...
Scheidt skulle upprätthålla ko...
med Quisling. Quisling mot...
understöd på 200,000 gulden
åklagaren anser sig ha bevis ...
han också fick ut pengarna, ...
med hjälp av dem som Quisli...
ning Frit Folk plötsligt — den ...

— kunde svälla ut till daglig ...
fick nya, flotta lokaler.

"Ang'bf lt sällsk-op

Hela hösten gav Q sling
som Hagelin hellsom ått ...
för ähnevas om den norsk
ringens illa itet. Dessa fö...
gar stimde inte med den S...
gatiónens rapporter från O...
gick ut på a t den norska re...
ärligt strävade efter att uppr...
neutraliteten. Med andra o...

Prov på slingertaktiken

— Handelsminister, rättar Quisling småviktigt.
— Hur kunde det komma sig, när ni kände så litet till honom? Och en man som mest vistats i Tyskland?
— Just därför. Norge hade ju främst affärer med Tyskland, och Hagelin var synnerligen insatt i Tysklands förhållanden.
— Men var han lika väl insatt i norska förhållanden?
— Kan inte säga.
— Men han blev ju inrikesminister hos er 1942?
— Ja, då hade han ju varit handelsminister och hade hunnit sätta sig in i norska förhållanden.

Som ett litet prov på Quislings slingerteknik är detta ganska belysande. Att Hagelin var tysk agent förnekar Quisling blankt.

Förhören går vidare till frågan om ett sammanträffande som Quisling enligt dokumenten på tysk order haft under den kritiska tiden före 9 april i Köpenhamn med en tysk generalstabsöverste. Där sviker Quislinges minne totalt. Han minns med nöd och näppe att han var i Köpenhamn alls, men om han träffade någon tysk, så var det ingen överste, eller om det var en överste, så var det en camouflerad överste. Om det hade talats om militära förhållanden i Norge kunde han inte erinra sig.

"Helt oskyldigt"

Kapitlet om de tyska pengarna följer sedan. Då är Quisling definitivt inne på linjen att neka: att effekterna blir kornisk märker han inte själv. De 200.000 guldmarken förnekar han bestämt, han har aldrig hört talas om dem förrän i dag. Några förhandli[...]

Continuação do relato anterior.
"Primeiro dia do julgamento ...".
Os Diários da Guerra 16, 1945.

var med tyskarna före 9 april om un
derstöd åt NS har han inte haft. Ha
erkänner att han känner amtsledare
Scheidt sedan ett sammanträffand
våren 1939 i Oslo, men är övertyga
om att dennes verksamhet i Norge va
helt oskyldig. Aklagarens undra
över att Fritt Folk den 11 mars plöts
ligt kom ut som daglig tidning me
uppenbarligen god ekonomi efter et
knapert förflutet får en serie nästa
burleska svar. Dels hade Quislin
planlagt att göra den till daglig för
stortingsvalet, dels hade tidninger
med sin skrala finansiella ställnin
sparat ihop 50.000 kronor, vilka av nå
gon anledning inte hade hamnat i bank
utan låg i kontanter, dels hade man
fått pengar "från olika håll", dels ha
de Quisling ingen aning om hur fi
nanserna skötts tidigare.

Lånat före 9 april

Den lätta skugga av skämtsamhet
som vilar över detta avsnitt mörknar
omedelbart. Domaren läser upp hela
det aktstycke som nyligen hittats i
nazistpartiets arkiv i Berlin och där
Quislings stämplingar mot Norge
kommer fram i gräll belysning: däri
fastslås att Quisling långt före 9 april
orienterat tyskarna om norska förhållanden, vidare att han avtalat om
ett intimt samarbete i den krigsupp-
görelse som började den 15 mars och
därefter skulle motta 10.000 pund
månatligen av Scheidt. Att metoderna för den tyska ockupationen var
avtalade ledes också häri i klart
bevis.

Korsförhöret blir fullt av Quisling-
ska utvikningar och bortförklaringar.
Att han figurerat så mycket i dessa
tyska dokument berodde bara på att
Rosenberg var missnöjd med utvecklingen i Norge efter 15 april och därför angelägen att framhäva Quisling
"på ett sätt som då var mig till ära,
men nu är mig till skada". Motsat
skäl gäller för Scheidts skildring av
Quislings förrädiska verksamhet: De
var inte alls så, det var bara som
Scheidt lade ut texten för att försvara

sig själv mot all kritik för d
tysk synpunkt ogynnsamma u
lingen i Norge sedan Quislin
ringen måst avgå.

Domaren: Skulle alltså Schei
att rädda sig själv ha hittat på
"rene tull" med en historia o
ni skulle ta makten med en
bemäktiga er kungen och allt de
trupptransporter i kolbåtar osv.

— Nej, jag menar ikke på de
ten — den frasen får man ty
ställa in sig på att höra ofta
Quislingrättegången. Men Schei
vände sig på ett lömskt sä
Quislings namn — det är inte
gången det missbrukats, tillägge

Sina förbindelser med Rosenbe
han mycket svårt att redogör
Varje tillfälle de träffats har va
utomordentligt oskyldigt. Först
gen var det vid NS:s stämma i T
heim 1930, dit Rosenberg kom
ren slump, en annan gång var d
en nordisk stämma i Lybeck, dä
gick på konserter och museer.
när Quisling kommer in på sina
tal med Rosenberg upphör det
och talföra mumlet. Då höjer h
första gången rösten, halskrävar
upp och ned, upprörda fläckar
på halsen och han blir storpoliti
føreren.

— Mina samtal med Rose
sträckte sig aldrig längre än t
jag redogjorde för samma åsikte
jag ofta framlagt offentligt i I

"Norge riskerade Polens öde"

Framför allt framhöll jag att d
svårt för små nationer att beva
neutralitet och att Tyskland va
ligare som fiende till Norge än
land. Jag var fullkomligt på det
med att det skulle vara den s
olycka om England och Fran
satte sig fast i Norge, som dera
var, vilket alla vet. Det skulle
till att Norge fick dela Polens öd
insåg att det var detta som hotac
Folk inser det inte nu, men en
skall de förstå att jag var inte

utan hela Nordens räddare. Än var hela tiden att arbeta på mellan Tyskland och England; gjorde jag mina hänvändelser [Ch]amberlain och Hitler. Hitlers [i]ntresse gentemot oss var ett [i] Norge. Raeders intresse var [rund]e av defensiv karaktär, att [h]a att England tog Norge och [S]verige.

[D]ären med samma tålmodiga ky[la s]om han visat hela tiden: Hans [gån]ing blev ju rätt offensiv se-

[---]ling: Ja, men då hade de — [sjö]männen och fransmännen — re[da]tt i gång. Det var deras avsikt [ock]upera Norge som gjorde att jag [fick] be Tyskland om hjälp, men det [va]r tiden min avsikt att om möj[lig]t landet utanför krig. Jag är [de]n som räddat Norge och Nor[ge f]rån att dela Polens öde. Aktio[nen m]ot Norge kom som en fullkom[lig öv]erraskning för mig.

[Ett par] minuter senare: Jag har un[der] hela ockupationen kämpat en [hår]vlad kamp mot det tyska her[raväl]det (vart tog storgermanismen [av?]). Jag räddade Sverige från [att b]li ockuperat 9 april, och ingen [tar] ifrån mig min fasta tro att [ja]r Norges och hela Nordens räd-

[Dom]aren övergår så till att läsa [bla]den ur Rosenbergs dagbok, där [Q]ngs direkta samspel med Hitler [lä]ggs — de blad som mer än några [an]dra dokument dömer Quisling till en [säker] död. Referatet återfinns på an[nan pl]ats i tidningen.

[Vid] ett tillfälle under detta förhör [hål]ler domaren en harang från [anklagelser?] med orden:

[—J]a, allt det där om England och [vårt] rike är utmärkt, men var det [väl] nödvändigt med de tyska vålds[gärn]erna?

[Hade] man stirrat på Quisling förut, så [stirr]ade man än ihärdigare på honom ef-

ter hans svar på den frågan. Det ha[de] han inte någon makt över — han må[ste] te överlåta att bestämma det [åt] "Chefen". I Berlin alltså. Och d[å] gjorde han, men att på förhand gö[ra] upp planer på en ockupation av Norg[e,] det skulle inte fallit honom in som go[d] norrman.

Och hur skall han slutligen unde[r] kommande dagar förklara inlednings[o]raderna i sitt brev till Hitler av den 1[0] juli 1940:

"Ers excellens. När jag hade ära[n] att vid skilda tillfällen informera er[s] excellens om den politiska situatio[-] nen i Norge och fästa eder uppmärk[-] samhet på de hotande farorna, hand[-] lade jag under den förutsättningen att målet för den strid som jag har fört i många år var ett Storgermani[-] en med Norges frivilliga anslutning till ett stortyskt rike. Jag hade hop[-] pats att detta kunde ha genomförts utan blodsutgjutelse genom en para[-] lysering av motståndet i det rätta ögonblicket, och det var i detta sam[-] manhang som jag för ers excellens ut[-] vecklade en handlingsplan gentemot Oslo."

Continuação do relato anterior.
"Primeiro dia do julgamento ...".
Os Diários da Guerra 16, 1945.

Glossário de Nomes

Abrahamsson (sr. e sra.), amigos de Alice e Per Viridén, por meio dos quais eles conheciam Astrid e Sture Lindgren

Adin (sra.), professora de Karin, filha de Astrid Lindgren

Agapit, Jean-Jacques, escritor francês

Alli, ver Viridén, Alice

Alvtegen, Barbro (1937–), sobrinha de Astrid Lindgren, filha de seu irmão

Anders, ver Bené, Anders

Anna, ver Eriksson, Anna

Anne-Marie, ver Fries, Anne-Marie

Astrid (1905–1935), princesa sueca casada com o príncipe Leopoldo, da Bélgica, em 1926, rainha dos belgas 1934–35

Attlee, Clement (1883–1967), primeiro-ministro inglês 1945–51

Badoglio, Pietro (1871–1956), político italiano e general, primeiro-ministro 1943–1944

Bågstam, Tage (1917–2004), ilustrador, presumidamente um dos colegas de Astrid Lindgren no escritório de censura

Barbro, ver Alvtegen, Barbro

Beckman, presumidamente um jornalista na agência sueca de notícias TT (Tidningarnas Telegrambyrå)

Bedell Smith, Walter (1895–1961), oficial do Exército americano e diplomata, chefe do Estado-maior de Eisenhower, embaixador americano na União Soviética 1946-1948

Bené, Anders, filho de Karin Bené

Bené, Karin, uma das jovens mães que costumavam encontrar-se no Parque Vasa

Berggrav, Eivind (1884–1959), bispo norueguês e teólogo, oponente de Quisling, mantido em prisão domiciliar 1942-1945

Bernadotte, Folke (1895–1948), oficial sueco e diplomata

Böök, Fredrik (1883–1961), historiador literário e crítico sueco

Boris III, da Bulgária (1894–1943), czar da Bulgária 1918–1943

Brauchitsch, Walther von (1881–1948), comandante supremo do Exército alemão 1938-1941

Brunius, Célie (1882–1980), jornalista sueca

Capra, Frank (1897–1991), diretor de cinema ítalo-americano

Carol II, da Romênia (1893–1953), rei da Romênia 1930–1940

Chamberlain, Neville (1869–1940), primeiro-ministro da Inglaterra 1937–1940

Christian X, da Dinamarca (1870–1947), rei da Dinamarca 1912–1947

Churchill, Winston (1874–1965), primeiro-ministro da Inglaterra 1940–1945 e 1951–1955, ganhador do Prêmio Nobel de Literatura em 1953

Ciano, Edda (1910–1995), filha de Benito Mussolini, casada com Galeazzo Ciano 1930

Ciano, Galeazzo (1903–1944), político italiano e diplomata, 1936–1943

Clausen, Frits (1893–1947), líder do Partido Socialista Nacional dos Trabalhadores da Dinamarca 1933–1944

Dad, ver Ericsson, Samuel August

Darlan, François (1881–1942), almirante e político francês, ministro da Marinha e da frota mercante durante o regime Vichy 1940–1941, vice-primeiro-ministro, ministro das Relações Exteriores e ministro do Interior 1941–1942

De Gaulle, Charles (1890–1970), brigadeiro-general e líder das Forças Livres Francesas 1940–1944, chefe do governo provisional da República Francesa 1940–1946 e presidente 1959–1969

De la Gardie, Pontus (1884–1970), conde suíço de Mumma,

Kar, ver Kar de Mumma

Dieden, Elsebeth ("Pelle") (1906–1995), amiga da família Lindgren

Diktonius, Elmer (1896-1961), escritor, compositor e crítico finlandês-sueco

Dönitz, Karl (1891-1980), comandante naval alemão

Dubois, Nils (1900-1971), colega de Astrid Lindgren no escritório de censura

Eden, Anthony (1897-1977), ministro das relações exteriores da Inglaterra 1935-1938, 1940-1945 e 1951-1955, primeiro-ministro 1955-57

Eisenhower, Dwight D. (1890-1969), comandante supremo aliado, comandante na Europa Ocidental durante a Segunda Guerra Mundial, presidente dos Estados Unidos 1953-1961

Elsa, ver Gullander, Elsa

Elsa-Lena, ver Oliv, Elsa-Lena

Emil, nenhuma informação disponível

Engberg, Arthur (1888-1944), político social-democrata sueco, ministro dos negócios eclesiásticos 1932-1936 e 1936-1939

Engström, Albert (1869-1940), escritor e artista sueco

Ericsson, Gunnar (1906-1974), irmão de Astrid Lindgren, representante nacional da Liga da Juventude Rural sueca 1936-1942 e membro do Partido de Centro do Parlamento, na Segunda Câmara 1946-1956

Ericsson, Hanna (também referida como vovó, mãe) (1879-1961), nascida Jonsson, mãe de Astrid Lindgren

Ericsson, Samuel August (também referido como vovô, pai) (1875-1969), pai de Astrid Lindgren

Eriksson, Anna (1889-1986), tia de Astrid Lindgren, a irmã de seu pai Ericsson

Eriksson, Tekla ("Lecka"), cunhada de Gun Eriksson, com quem Astrid Lindgren viveu quando se mudou para Estocolmo pela primeira vez

Esse, ver Stevens, John

Eveo, ver Olson, Erik Vilhelm

Fåhreus, nenhuma informação disponível

Falk, Britta-Kajsa, amiga de Lars Lindgren

Fangen, Ronald (1895-1946), escritor norueguês, jornalista e crítico

Father, ver Lindgren, Nils
Flory, ver Shanke, Florence
Franco, Francisco (1892-1975), chefe de Estado da Espanha e ditador 1939-1975
Frank, Hans (1900-1946), político nazista alemão, executado em Nuremberg
Fries, Anne-Marie (1907-1991), a melhor amiga de Astrid Lindgren desde a infância e que trabalhou com Astrid no escritório de censura
Fries, Stellan (1902-1993), marido de Anne-Marie Fries

Gandhi, Mohandas Karamchand, conhecido como Mahatma (1869-1948), líder do Congresso Nacional indiano, que advogou a não cooperação sem violência, a fim de conseguir a independência
Gerhard, Karl (1891-1964), diretor de teatro sueco, ator e escritor de revista que se opôs ao Nazismo. Durante a Segunda Guerra Mundial, ele montou revistas no palco criticando a Alemanha
Gierow, Karl Ragnar (1904-1982), diretor e escritor sueco, secretário permanente da Academia Sueca 1964-1977
Goebbels, Joseph (1897-1945), ministro da Propaganda Alemã 1933-1945
Göran, ver Stäckig, Göran
Göring, Hermann (1893-1946), representante do Parlamento alemão, fundador da Gestapo, comandante da Luftwaffe 1935-45
Grieg, Nordahl (1902-1943), escritor norueguês, jornalista e defensor da liberdade
Grimberg, Carl (1875-1941), historiador e editor sueco
Gullander, Elsa (1900-1997), uma das jovens mães que costumavam encontrar-se no Parque Vasa
Gullander, Nils Emil Sigurd ("Sigge") (1884-1971), marido de Elsa Gullander
Gunnar, ver Ericsson, Gunnar
Günther, Christian (1886-1966), ministro das Relações Exteriores sueco 1939-1945
Gunvor, ver Runström, Gunvor
Gustaf V (1858-1950), rei da Suécia 1907-1950

Haakon VII, da Noruega (1872-1957), rei da Noruega 1905-1957

Hägg, Gunder (1918-2004), corredor sueco de meia-distância

Håkansson, Hans, ver Hergin, Hans

Hamberg, Per-Martin (1912-1974), colega de Astrid Lindgren no escritório de censura e uma grande amiga

Hanna, ver Ericsson, Hanna

Hans, ver Hergin, Hans

Hansson, Per Albin (1885-1946), diretor do Partido Social Democrático sueco 1925-1946 e primeiro-ministro sueco 1932-1946, com exceção de três meses em 1936

Hansteen, Viggo (1900-1941), advogado norueguês e político comunista, executado pelo regime Quisling

Harrie, Ivar (1899-1973), jornalista sueco, editor chefe do *Expressen* 1944-1960

Hedner, Brita, esposa de Carl-Erik Hedner

Hedner, Carl-Erik, advogado da Associação Sueca dos Motoristas (Motor-männens Riksförbund) e um colega próximo de Sture Lindgren. Os Hedners e os Lindgrens encontravam-se socialmente.

Hedner, Gunnel, segunda esposa de Carl-Erik Hedner

Heidenstam, Verner von (1859-1940), escritor e poeta sueco, ganhador do Prêmio Nobel de Literatura em 1916

Helbig, Inger (1940-), nascida Lindström, sobrinha de Astrid Lindgren, fillha de sua irmã Ingegerd

Helena da Grécia (1896-1982), primeira esposa de Carol II, da Romênia, e mãe de Michael I, da Romênia

Hemmer, Jarl (1893-1944), escritor finlandês-sueco

Hergin, Hans (1910-1988), nascido Håkansson, escritor proletário sueco, casado com a irmã de Astrid Lindgren, Stina

Hergin, Stina (1911-2002), nascida Ericsson, irmã de Astrid Lindgren

Hess, Rudolf (1894-1987), político nazista alemão, suplente do Führer 1933-41, capturado na Escócia durante uma tentativa fracassada de mediar a paz com a Inglaterra.

Heydrich, Reinhard (1904-1942), chefe da segurança da sede do Reich, delegado protetor da Boêmia e da Morávia, um dos arquitetos do Holocausto, assassinado em Praga.

Himmler, Heinrich (1900-1945), chefe da SS 1929-1945

Hitler, Adolf (1889-1945), presidente do Partido Nazista, chanceler da Alemanha 1933-45 e ditador 1939-1945

Hull, Cordell (1871-1955), político democrata americano, secretário de Estado dos Estados Unidos 1933-1944

Hultstrand (sr. e sra.), provavelmente amigos de Alice e de Per Viridén, nenhuma outra informação disponível

Ingegerd, ver Lindström, Ingegerd

Ingman, Brita, casada com Nils Ingman, os dois faziam parte do círculo social de Astrid e Sture por meio da amizade com os Viridéns

Ingman, Nils, casado com Brita Ingman

Ingrid de Brofall, casada com o primo de Astrid Lindgren, Erik de Åbro

Ingvar, ver Lindström, Ingvar

Ingvarsdotter, Inger, ver Helbig, Inger

Jerring, Sven (1895-1979), nascido Jonsson, apresentador de rádio sueco

Jodl, Alfred (1890-1946), general alemão, assinou a rendição incondicional alemã em todos os fronts, em 1945

Johansson, Gerd (1929-1939), jovem garota sueca que foi assassinada

Johnson, Eyvind (1900-1976), escritor sueco, ganhador do Prêmio Nobel de Literatura, em 1974

Juliana, princesa da Holanda (1909-2004), rainha 1948-1980, princesa da coroa em toda a Segunda Guerra Mundial

Kallio, Kyösti (1873-1940), presidente da Finlândia 1937-1940

Kar de Mumma (1904-1997), pseudônimo de Erik Zetterström, escritor sueco de revista e colunista

Karin, ver Nyman, Karin

Karlsson, Gustav Adolf (1884-1960), vidente sueco

Karlsson, Karin, filha de Johan Karlsson, vaqueiro em Näs, onde Astrid Lindgren cresceu e da mesma idade da filha de Astrid, Karin

Kivimäki, Toivo Mikael (1886-1968), primeiro-ministro finlandês, embaixador na Alemanha (1940-1944)

Kjellberg, Lennart (1913-2004), colega de Astrid Lindgren no escritório de censura

Kock, oficial, nenhuma outra informação disponível

Kurusu, Saburō (1886–1954), embaixador do Japão na Alemanha 1939–41, mais tarde enviado para os Estados Unidos para tratar das negociações de paz e internado depois do ataque a Pearl Harbor, em 1941

Kuusinen, Otto Wille (1881–1964), chefe do governo fantoche da União Soviética na Finlândia 1939-1940

Lagerblad, Ragnar e Ingerborg, conhecidos dos Lindgrens. Ragnar estava no negócio de impressão.

Lagerkvist, Pär (1891–1974), escritor sueco, ganhador do Prêmio Nobel de Literatura, em 1951

Lagerlöf, Selma (1858–1940), escritora sueca. Ganhadora do Prêmio Nobel de Literatura, em 1909

Lasse, ver Lindgren, Lars

Laval, Pierre (1883–1945), político francês, membro do regime Vichy e seu primeiro-ministro 1942-1944

Leander, Zarah (1907–81), Cantora e atriz sueca, uma das maiores estrelas do cinema na Alemanha, durante a Segunda Guerra Mundial

Lecka, ver Eriksson, Tekla

Leopoldo III (1901-1983), rei da Bélgica (1934–1951)

Lindgren, Karolina (também referida como mãe e vovó) (1865–1947), mãe de Sture Lindgren

Lindgren, Lars ("Lasse") (1926–1986), filho de Astrid Lindgren

Lindgren, Nils (também referido como pai) (1868–1940), pai de Sture Lindgren

Lindgren, Sture (1898–1952), marido de Astrid Lindgren, diretor administrativo da Associação Sueca dos Motoristas Motormännens Riksförbund (1941–1952)

Lindner, Karl Gunnar (1901–1943), piloto de avião, sueco

Lindström, Åke (1944-1968), sobrinho de Astrid Lindgren, filho de Ingegerd Lindström

Lindström, Ingegerd (1916–1997), nascida Ericsson, irmã de Astrid Lindgren

Lindström, Ingvar (1911–1987), casado com a irmã de Astrid Lindgren, Ingegerd

Linkomies, Edwin (1894–1963), primeiro-ministro da Finlândia 1943–1944

Linnéa, ver Molander, Linnéa

Litiäinen, Karin, uma das jovens mães que costumavam encontar-se no Parque Vasa

Litvinov, Maxim (1876–1951), político e diplomata, embaixador nos Estados Unidos, 1941–1943

Lomm, Britt-Marie (1932–), neta dos vizinhos de Astrid Lindgren na casa de veraneio, em Furusund

Lövenskiöld Lövenborg, Carl Oscar Herman Leopold, conde norueguês

Lupescu, Magda (1895–1977), casou-se com Carol II, da Romênia, em 1947

Mãe, ver Lindgren, Karolina

Mannerheim, Carl Gustaf (1867–1951), comandante supremo do Exército finlandês 1939–1946 e presidente da Finlândia 1944–1946

Marie José da Bélgica (1906–2001), casada com Umberto II, da Itália, rainha da Itália por pouco tempo em 1946

Märtha da Noruega (1901–54), princesa da coroa da Noruega e princesa sueca, casou com Olav V, da Noruega, em 1929.

Matte, ver Viridén, Margareta

Maugham, W. Somerset (1874–1965), escitor britânico

Maurois, André (1885–1967), escritor francês

Medin, Elisabeth, mãe de Florence Shanke, uma colega de Astrid Lindgren no escritório de censura

Michael I, da Romênia (1921–), rei da Romênia, 1927–1930 e 1940-1947

Mistral, Gabriela (1889–1957), pseudônimo de Lucila Godoy y Alcayaga, poeta chilena e educadora, ganhador do Prêmio Nobel Literatura, em 1945

Molander, Linnéa, empregada da casa da família Lindgren 1939–50

Molin, Aina, nenhuma informação disponível

Möller, Olle (1906-1983), desportista sueco e vendedor de batatas que foi condenado por dois assassinatos, apesar de negar as acusações

Molotov, Vyacheslav (1890-1986), ministro das Relações Estrangeiras da União Soviética 1939-1949 e 1953-1956

Mörne, Håkan (1900-1961), escritor finlandês-sueco

Mum, ver Ericsson, Hanna

Munk, Kaj (1898-1944), dramaturgo dinamarquês e sacerdote, assassinado pela Gestapo

Mussolini, Benito (1883-1945), ditador fascista da Itália 1922-1943

Nilsson, Rut, provavelmente um colega de Astrid Lindgren no escritório de censura

Nirsch, presumidamente um/uma colega de Astrid Lindgren no escritório de censura, nenhuma outra informação disponível

Norwid, Stefan Tadeusz (1902-1976), pseudônimo do escritor polonês Tadeusz Nowacki

Nyberg (srta.), presumidamente amiga de Alice e Per Viridén, nenhuma outra informação disponível

Nygaardsvold, Johan (1879-1952), político social-democrata norueguês, primeiro-ministro, 1935-1945, liderou o governo em exílio de Londres, 1940-1945

Nygren (srta.), nenhuma informação disponível

Nyman, Karin (1934-), nascida Lindgren, filha de Astrid Lindgren

Olav V, da Noruega (1903-1991), rei da Noruega 1957~1991, príncipe da coroa durante a Segunda Guerra Mundial

Oliv, Elsa-Lena (1934-), nascida Gullander, amiga de infância da filha de Astrid Karin, filha de Elsa Gullander

Olson, Erik Vilhelm ("Eveo") (1891-1970), escritor sueco, jornalista e diretor

Oterdahl, Jeanna (1879-1965), escritora e professora sueca

Ottander, médico que tratou de Karin, a fillha de Astrid Lindgren, nenhuma outra informação disponível

Øverland, Arnulf (1889-1968), escritor e poeta lírico norueguês

Paasikivi, Juho Kusti (1870–1956), político e diplomata finlandês, embaixador na Suécia 1936-1940, em Moscou 1940-1941, primeiro-ministro 1944–1946, presidente 1946–1956

Palmgren (sr. e sra.), presumidamente amigos de Alice e Per Viridén, e conhecidos dos Lindgrens por meio deles, nenhuma outra informação disponível

Paul da Iugoslávia (1893–1976), primo de Peter II, governou como regente 1934–1941, até Peter ser declarado com idade para governar

Per-Martin, ver Hamberg, Per-Martin

Pétain, Philippe (1856–1951), chefe de Estado francês 1940-1944 durante o regime Vichy

Peter, ver Viridén, Peter

Peter II, da Iugoslávia (1923–1970), rei da Iugoslávia 1934–1945

Quisling, Vidkun (1887–1945), político norueguês, fundador do fascista *Nasjonal Samling* (Partido da Unidade Nacional), ministro e presidente norueguês 1942–1945, durante a ocupação alemã

Remarque, Erich Maria (1898–1970), escritor alemão

Reynaud, Paul (1878–1966), político francês, presidente do Conselho de Ministros durante três meses, em 1940

Ribbentrop, Joachim von (1893–1946), ministro das relações exteriores da Alemanha 1938–1945

Rommel, Erwin (1891–1944), general de exército, comandante do Afrika Korps da Alemanha

Roosevelt, Franklin D. (1882–1945), presidente dos Estados Unidos 1933–1945

Rosén, nenhuma informação disponível

Rudling, Arvid (1899-1984), advogado em cujo escritório Astrid Lindgren trabalhou como estenógrafa/datilógrafa

Runström, Gunvor (1934-), nascida Ericsson, sobrinha de Astrid, filha de seu irmão

Rut, ver Nilsson, Rut

Rydick, presumidamente uma colega de Astrid Lindgren no escritório de censura, nenhuma outra informação disponível.

Ryti, Risto (1889–1956), presidente da Finlândia 1940–1944

Samuel August, ver Ericsson, Samuel August

Sandemose, Aksel (1899-1965), escritor dinamarquês-norueguês

Sandler, Rickard (1884-1964), político social-democrata sueco, primeiro-ministro 1925-1926, e ministro das Relações Exteriores, 1932-1936 e 1936-1939

Segerfelt, amigo de infância de Lars, filho de Astrid Lindgren, nenhuma outra informação disponível

Selassie I, Haile (1892-1975), imperador da Etiópia 1930-1974

Shanke, Florence ("Flory") (1918-), nascida Medin, colega de Astrid Lindgren no escritório de censura

Sibylla de Saxe-Coburgo-Gotha (1908-1972), princesa sueca. Esposa do príncipe herdeiro Gustaf Adolf

Sigge, ver Gullander, Nils Emil Sigurd

Sillanpää, Frans Eemil (1888-1964), escritor finlandês, ganhador do Prêmio Nobel de Literatura, 1939

Silfverstolpe, Gunnar Mascoll (1893-1942), poeta sueco, tradutor e crítico

Simeon II (1937-), rei da Bulgária 1943-1946

Skyllerstedt, presumidamente um/uma colega de Astrid Lindgren no escritório de censura, nenhuma outra informação disponível

Stäckig, Göran (1926-2007), amigo de infância de Lars Lindgren

Stäckig, Signe Elisabeth (1899-1974), nascida Lundström, mãe de Göran Stäckig

Stalin, Joseph (1878-1953), secretário-geral do Partido Comunista da União Soviética 1922-1952; depois da morte de Lênin, na prática, ele assumiu o poder como ditador, também, formalmente, chefe do governo a partir de 1941

Stauning, Thorvald (1873-1942), político social-democrata dinamarquês, primeiro-ministro 1924-1926 e 1929-1942

Stellan, ver Fries, Stellan

Stevens, John ("Esse") (1920-2007), irmão adotivo de Lars Lindgren durante os primeiros três anos da vida de Lars, quando ele foi cuidado pela família Stevens, em Copenhagen.

Stina, ver Hergin, Stina

Stolpe, Sven (1905-1996), escritor, jornalista e crítico literário sueco

Streicher, Julius (1885-1946), político nazista alemão

Strindlund, Gerhard (1890-1957), político sueco, membro do Bondeförbundet (a Liga dos Agricultores), ministro dos Assuntos Sociais 1936 em ministro das Comunicações 1938-1939.

Sture, ver Lindgren, Sture

Svensson, Johan Petter ("Lucke"), "O mais forte velho garoto de Vimmerby", de acordo com o jornal local, o *Vimmerby Tidning*

Taina, presumidamente uma criança evacuada da guerra finlandesa, abrigada com Elsa Gullander

Tanner, Väinö (1881-1966), político social-democrata finlandês, ministro das Finanças 1937-1939, ministro das Relações Exteriores 1939-1940 e ministro do Comércio e Indústria 1940-42

Tedder, Arthur (1890-1967), comandante sênior da Força Aérea Britânica

Terboven, Josef (1898-1945), político nazista alemão, Reichskommissar para a Noruega durante sua ocupação 1940-1945

Tjerneld, Staffan (1910-1989), jornalista e escritor sueco

Truman, Harry S. (1884-1972), político democrata americano, vice-presidente dos Estados Unidos, 1945, e, com a morte de Franklin D. Roosevelt, assumiu a presidência, 1945-1953

Umberto II, da Itália (1904-1983), rei da Itália por um breve período de tempo, em 1946

Vitório Emmanuel III (1869-1947), rei da Itália 1900-1946

Viridén, Alice ("Alli") (1904-2003), amiga próxima de Astrid Lindgren e uma das jovens mães que costumavam encontrar-se no Parque Vasa.

Viridén, Margareta ("Matte") (1934-), amiga de infância da filha de Astrid, Karin, e filha de Alice Viridén

Viridén, Per ("Pelle") (1902-1986), casado com Alice Viridén

Viridén, Peter, filho de Alice Viridén

Virtanen, Rauno, presumidamente um conhecido finlandês do irmão de Astrid, Gunnar Ericsson, que estava envolvido com a ajuda sueca à Finlândia.

Vovó, ver Lindgren, Karolina
Vovô, ver Ericsson, Samuel August
Vovozinha, ver Ericsson, Hanna
Wendt, Georg von (1876–1954), cientista, pesquisador, médico e político
Wenner-Gren, Axel (1881–1961), líder comercial e financista sueco
Wickman, Johannes (1882-1957), publicitário sueco e editor de assuntos estrangeiros do jornal *Dagens Nyheter* 1918–1948
Wickstrøm, Rolf (1912–1941), sindicalista norueguês, condenado à morte pelo regime Quisling
Wikberg, Greta, nenhuma informação disponível
Wilhelm II, da Alemanha (1859–1941), imperador alemão e rei da Prússia 1888–1918 e subsequentemente viveu na Holanda.
Wilhelmina da Holanda (1880–1962), rainha da Holanda 1890-1948
Willkie, Wendell (1892–1944), político republicano americano, candidato à presidência dos Estados Unidos e concorrente de Franklin D. Roosevelt nas eleições de 1940
Wrede af Elimä, Brita Anna (1894–1973), escritor e produtor de filmes
Wuolijoki, Hella (1886–1954), escritor finlandês, natural da Estônia
Wuori, Eero (1900–1966), político social-democrata e ministro de gabinete
Zetterström, Erik (1904–1997), escritor, humorista e colunista que às vezes escrevia sob o pseudônimo de Kar de Mumma
Zweig, Stefan (1881–1942), escritor austríaco